"十三五"职业教育国家规划教材

首届辽宁省教材建设奖

高等院校应用人才培养教材·公共课/通识课系列

实用法律基础

（第二版）

主　编　韩　冰
副主编　郭忠美
参　编　高　云　刘　玮

图书在版编目(CIP)数据

实用法律基础/韩冰主编. —2版. —北京：北京大学出版社，2020.5
高等院校应用人才培养教材. 公共课/通识课系列
ISBN 978-7-301-30225-5

Ⅰ.①实… Ⅱ.①韩… Ⅲ.①法律—中国—高等学校—教材 Ⅳ.①D92

中国版本图书馆CIP数据核字（2019）第002587号

书　　名	实用法律基础（第二版） SHIYONG FALÜ JICHU（DI-ER BAN）
著作责任者	韩　冰　主编
责 任 编 辑	温丹丹
标 准 书 号	ISBN 978-7-301-30225-5
出 版 发 行	北京大学出版社
地　　址	北京市海淀区成府路205号　100871
网　　址	http://www.pup.cn　新浪微博：@北京大学出版社
电 子 邮 箱	编辑部 zyjy@pup.cn　总编室 zpup@pup.cn
电　　话	邮购部010-62752015　发行部010-62750672　编辑部010-62756923
印 刷 者	北京虎彩文化传播有限公司
经 销 者	新华书店
	787毫米×1092毫米　16开本　16.5印张　410千字 2011年9月第1版 2020年5月第2版　2024年5月第9次印刷（总共16次印刷）
定　　价	42.00元

未经许可，不得以任何方式复制或抄袭本书之部分或全部内容。
版权所有，侵权必究
举报电话：010-62752024　电子邮箱：fd@pup.cn
图书如有印装质量问题，请与出版部联系，电话：010-62756370

第二版前言

"实用法律基础"课程是对学生进行法律基础知识教育的一门课程。本教材既可作为高等职业院校学生法制教育的公共基础课教材，也可作为开放教育、继续教育的通识课教材，更可作为各类非法律专业人士普及法律基础知识的一般读物。

本教材围绕法律基本概念、基本原理和基本知识展开，从法的基本理论到各个部门法分类，系统阐释了法理学、宪法、行政法、刑法、民法、经济法、诉讼法等法律内容。在编写过程中，本教材结合学生的实际需求，突出职业教育、开放教育的教学特殊性，使教材的针对性更强。

教材具有下列特色：

（1）在教材内容上，力求实用够用。

本教材针对职业教育、开放教育学生的实际需求，重点选择与之工作生活密切相关的部门法，进行合理取舍和归并。在讲清法律基本概念、原理和制度的同时，本教材注重内容实用、够用和合理，力求体现最新的立法精神和司法实践的动向。

（2）在编写体例上，力求活泼新颖。

为减少学生阅读的疲乏感，每章前都设有案例导入、重点提示，章后设有思考题和案例讨论。特别是把举案说法、议一议、案例讨论、法律提示、知识链接、法律词典等小栏目以副板块的形式穿插教材始终，既关注了近年有重大影响的法学案例，密切了和社会的联系，也使教材的内容得以延伸，体现交互式的学习，便于学生阅读和自学。

（3）教材内容与时俱进，时效性强。

本教材自2011年发行以来，受到读者普遍欢迎。此次修订，把新发布的法律法规内容（诸如《民法典》《行政处罚法》等）更新到教材中，体现了法律的时效性。

（4）将党的二十大精神有机融入课程教学。

习近平总书记在二十大报告中指出："法治社会是构筑法治国家的基础。弘扬社会主义法治精神，传承中华优秀传统法律文化，引导全体人民做社会主义法治的忠实崇尚者、自觉遵守者、坚定捍卫者。"教材在修订时，将这一核心思想融入思政元素的课程设计中，将知识传授、能力培养与价值塑造融为一体，让学生养成懂法守法并运用法律的良好习惯，培养学生的社会主义核心价值观。

本教材的编写分工如下（以章节先后为顺序）：

韩　冰（辽宁开放大学、辽宁装备制造职业技术学院 教授）第一、二章；
郭忠美（辽宁开放大学、辽宁装备制造职业技术学院 副教授）第三~五章；
刘　玮（辽阳职业技术学院 教授）第六章；
高　云（辽宁开放大学、辽宁装备制造职业技术学院 副教授）第七~九章。

由于编者水平有限，在内容、形式等方面难免存在不妥之处，敬请广大读者提出宝贵意见，以利于教材今后的完善和提高。

编　者

2020年3月

2023年7月修订

本教材配有教学课件或其他相关教学资源，如有老师需要，可扫描右边的二维码关注北京大学出版社微信公众号"未名创新大学堂"(zyjy-pku)索取。

· 课件申请
· 样书申请
· 教学服务
· 编读往来

本书课程思政元素

"实用法律基础"课程是为了提高学生的法律基本素养,增强法律观念和社会主义法治意识而设置的课程。本书围绕法律基本概念、基本原理和基本知识展开,从法的基本理论到各个部门法分类,系统传授法理学、宪法、行政法、刑法、民法、经济法、诉讼法等法律内容,在学生获得系统的法学专业知识同时,多维融入课程思政元素,将知识传授、能力培养与价值塑造融为一体,养成学生懂法守法并学会运用法律的良好习惯,提升个人修养,塑造良好品格,为建设社会主义民主法治国家打下坚实基础。

本书结合教学内容,通过举案说法、法律提示、知识链接、案例讨论、教师讲授等多种形式,引导学生深入领会法律规范中蕴含的思政元素,将法律职业道德、法治精神、理想信念、价值观理念,特别是党的二十大报告精神引入课程思政教学中,引导学生树立社会主义核心价值观,培养德法兼修的高素质法治人才。

序号	页码	内容引导 (案例或知识点)	展开讨论(思政内涵)	思政元素
1	1	《说文解字》对古体"法"字语义阐释	"灋"字蕴含着德法治的中华文明,既重视道德的教化作用,又强调法律的规范作用。	文化自信 法治理念
2	2	"公交车让座"案例讨论	你如何理解公交车让座既是道德问题也是法律问题?	尊老爱幼 德法兼修
3	11	社会主义法在对外方面的作用	讨论:以法律的形式反对殖民主义、霸权主义,维护国家主权的意义何在?	爱国主义 国家安全
4	18	"女司机驾驶无牌轿车"案例讨论	违章女司机行为的性质及其应承担的法律责任是什么?	遵纪守法 明法笃行
5	23	我国宪法的产生、发展和完善	1. 宪法的产生与中国革命的历程; 2. 宪法的修改与中国特色社会主义建设的开展过程	道路自信 人权入宪
6	25	我国的国家制度和社会制度	在我国,除了执政党中国共产党以外,还有多少参政党?他们通过何种方式参与执政?	制度自信 民主法治
7	34	我国公民的基本权利	如何从我国公民基本权利保障中认识中国人权现状?	爱国主义 人权保障
8	44	"维护宪法权威"案例讨论	如何看待某医科大学不招收吸烟学生?	宪法意识 人权保障
9	53	公务员的法律地位	当公民遇到危险向民警求助时,民警是否可以不出警?	权责意识 职业操守

续表

序号	页码	内容引导（案例或知识点）	展开讨论（思政内涵）	思政元素
10	57	行政许可的程序	考生参加强制性考前培训是否合法？	依法执政 依法行政
11	62	举案说法：马某"猥亵他人"受到行政处罚	马某在出租车上"猥亵他人"，对公安机关做出的拘留处罚你有什么看法？	遵纪守法 明法笃行
12	66	行政责任	民警接警后不出警，从而导致被害人因救治无效死亡，是否应承担行政责任？	权责统一 责任担当
13	78	"刑法的基本原则"案例讨论	对于党的高级领导干部犯罪问题，你认为量刑时应该从重还是从轻？	敬畏法律 人人平等
14	86	正当防卫的成立条件	江苏"昆山反杀案"案例讨论：刘海龙的行为是否属于刑法意义上的行凶？刘海龙的不法侵害正在进行吗？于海明的行为是否属于防卫过当？明辨：正当防卫的认定存在理论难点及现实障碍，刑法在强化公民防卫权利的同时，也为防止权利滥用规定了较为严格的行使条件。	法治思维，勇于担当；程序规范，公正执法
15	100	危害国家安全罪	国家安全包括国家的主权以及现行的政治制度、社会制度和领土完整。为什么说危害国家安全罪是最严重的刑事犯罪？	国家安全 爱国主义
16	111	民法的基本原则	为什么说平等、自愿、公平、诚实信用、公序良俗和绿色原则是社会主义核心价值观在民法上的体现？	社会主义核心价值观
17	144	"侵权民事责任"案例讨论	宠物狗伤人的人身损害赔偿谁来承担？	公德风尚 公平公正
18	148	婚姻家庭基本原则	如何看待夫妻关系是家庭的基础和核心？	平等友善 家庭美德
19	179	合同履行的绿色原则	举例说明合同履行的绿色原则体现的立法追求	生态文明 可持续发展
20	181	合同履行中的抗辩权	举例说明合同履行中的抗辩权是如何保护当事人合法权益的？	契约精神
21	196	"王某在超市购物抄录标价后受到超市保安人身侵害"案例	如果你是超市老板，对这类问题会如何处理？	客户至上 合法维权
22	207	"股份有限公司"案例讨论	如果你是甲公司的法定代表人，你会怎么做？	相互尊重 公平竞争
23	210	"设备厂与设计院技术开发协议"案例讨论	丁某的行为是否构成侵犯商业秘密罪？	诚实守信 正当竞争
24	215	生产者产品质量义务	从经济发展的角度谈一谈生产者产品质量义务的规定对推动国家高质量发展有什么意义？	社会责任 国家富强
25	225	自然资源法	自然资源保护对推动绿色发展、促进人与自然和谐共生的意义是什么？	生态文明 可持续发展
26	234	"刑事诉讼辩护制度"案例讨论	谈一谈为什么在犯罪事实清楚、证据确凿、被告人对犯罪事实供认不讳的刑事案件审理中，若被告人没有辩护人，法庭还要给其指派辩护律师吗？	公平、正义 法治、人权
27	244	行政诉讼当事人法律地位平等原则、对具体行政行为进行合法性审查原则	想一想行政诉讼法为什么要规定当事人法律地位平等和对具体行政行为进行合法性审查原则？	依法行政 诚信政府 民生民权
28	251	仲裁法的基本原则	说一说仲裁法规定的自愿、独立仲裁原则体现了什么样的立法精神？	自由、平等、公正 和谐、法治

目　　录

第一章　法学基础理论 ... 1
- 第一节　法的一般原理 ... 1
- 第二节　我国社会主义法的基本理论 ... 9
- 复习思考题 ... 20

第二章　宪法 ... 21
- 第一节　宪法概述 ... 21
- 第二节　我国的国家制度和社会制度 ... 25
- 第三节　我国公民的基本权利和义务 ... 33
- 第四节　我国的国家机构 ... 38
- 第五节　维护宪法权威，捍卫宪法尊严 ... 43
- 复习思考题 ... 44

第三章　行政法 ... 46
- 第一节　行政法概述 ... 46
- 第二节　行政机关和公务员 ... 50
- 第三节　行政行为和行政法制监督 ... 54
- 第四节　行政责任和行政救济 ... 66
- 复习思考题 ... 75

第四章　刑法 ... 77
- 第一节　刑法概述 ... 77
- 第二节　犯罪 ... 80
- 第三节　刑罚与刑罚的具体运用 ... 91
- 第四节　犯罪的种类及其常见的具体犯罪 ... 100
- 复习思考题 ... 108

第五章　民法 ... 110
- 第一节　民法概述 ... 110
- 第二节　民事法律关系的主体 ... 114
- 第三节　民事法律行为和代理 ... 122
- 第四节　民事权利 ... 127
- 第五节　民事责任 ... 140
- 复习思考题 ... 145

第六章　婚姻家庭与继承 ... 147
- 第一节　婚姻家庭 ... 147
- 第二节　继承 ... 159
- 复习思考题 ... 166

第七章　合同 …………………………………………………………………… 167
第一节　合同概述 ………………………………………………………… 167
第二节　合同的订立 ……………………………………………………… 170
第三节　合同的效力 ……………………………………………………… 174
第四节　合同的履行 ……………………………………………………… 178
第五节　合同的变更、转让和终止 ……………………………………… 184
第六节　违约责任 ………………………………………………………… 191
复习思考题 ………………………………………………………………… 194

第八章　经济法 ………………………………………………………………… 196
第一节　经济法概述 ……………………………………………………… 196
第二节　企业法和公司法 ………………………………………………… 200
第三节　反不正当竞争法和消费者权益保护法 ………………………… 208
第四节　产品质量法 ……………………………………………………… 215
第五节　劳动法和社会保障制度 ………………………………………… 219
第六节　环境保护法和自然资源保护法 ………………………………… 223
复习思考题 ………………………………………………………………… 227

第九章　诉讼与仲裁 …………………………………………………………… 228
第一节　刑事诉讼法 ……………………………………………………… 228
第二节　民事诉讼法 ……………………………………………………… 237
第三节　行政诉讼法 ……………………………………………………… 244
第四节　仲裁 ……………………………………………………………… 250
复习思考题 ………………………………………………………………… 253

参考文献 ………………………………………………………………………… 255

第一章　法学基础理论

　　法学基础理论是法学体系中的一个分支学科，属于基础理论学科。它所研究的法的原理、规律和概念等内容，对各个部门法学具有普遍的指导意义。通过本章的学习，读者可以对法的本质、特征和作用等一些最基本的法理有所把握，掌握社会主义法的基本理论，明确法律在当今社会生活中处于怎样的地位，并确立起这样一个观念，即把握法的主要内容与实质是树立现代法律意识和社会主义法治理念的前提。

重点提示

- 法的概念、特征和本质
- 法的作用
- 法产生的过程和规律
- 我国社会主义法的本质和作用
- 我国社会主义法的渊源
- 我国社会主义法的实施
- 我国社会主义法律意识

第一节　法的一般原理

　　什么是法？如何界定法的概念？在法学发展史上，哲学家和法学家们对于这一问题的争论，从国家和法律产生之时即已开始，延续了几千年，因此对法的概念有着不同的解释。马克思主义的创始者们以其独有的视角，深刻揭示："法的关系正像国家的形式一样，既不能从它们本身来理解，也不能从人类精神的一般发展来理解，相反，它们根源于物质的生活关系。"按照我国法学界的通说，法的概念可以表达为：法是由国家制定或认可的，并靠国家强制力保证实施的、反映统治阶级意志的行为规范的总和。这一概括源自对法的特征和法的本质的分析。

 知识链接

　　中文的"法"字古体写作"灋"。《说文解字》一书的解释："灋，刑也。平之如水，从水；廌，所以触不直者；去之，从去。"传说廌是一种神兽，能辨善恶。此句表示法的含义是正直、公平、惩恶。

　　要正确理解这一概念，让我们从法的特征讲起，再透过法的本质，去接近法的概念的丰富内涵。

一、法的特征

法的特征，是指法与其他的社会现象（如道德、宗教、政策等）相比较的过程中显示出来的特殊征象和标志。法具有以下基本特征：

（一）法是调整社会关系的行为规范

法是针对行为而设立的，它既提供特定的行为模式，又指明法的后果；既有确定性，又有可预测性。法的规范性告诉人们，一定情况下可以做什么，应当做什么，不能做什么，从而为人们确定了明确的行为模式和标准。

通过对人的行为的调控，法实现着对社会的调整和控制。同时，法还显示出其独有的规范性：

（1）它是一般的、概括的规则，可以反复适用。
（2）它包含大量的法律规范。
（3）它具有严密的逻辑结构。

这些特性是其他规范所不具有的。在社会生活中，道德规范、语言规范、思维规范、宗教规范、风俗习惯等，虽然它们也具有一定的规范性，但是这些规范大多内容分散，原则性规定多于具体规范，没有明确的罚则。相对而言，法具有极强的规范性，能有效地引导人们的行为，实现对社会关系的调整。

案例讨论

> 有一件发生在公交车上的让座事件在网上引起大家的争议。公交车上，一名女孩坐在老弱病残孕专座上，一位残疾老人上车后，公交车司机播放"请主动给老弱病残孕让座"的广播。乘客示意女孩让座，但女孩拒绝为残疾老人让座。一名男乘客当场掏出百元钞票抽打女孩的脸，逼其让座。请讨论：如何理解公交车让座既是道德问题也是法律问题？

（二）法由国家制定或认可，具有国家意志性

从产生的方式来看，法是由国家制定或认可的。制定和认可是国家创制法的两种方式。没有国家，就不可能有法的存在。

法的制定，通常是指特定的国家机关通过一定的程序制定具有法律效力的规范性文件。

法的认可，通常有以下三种情况：

（1）国家根据需要，赋予社会上早已存在的某些道德规范、习惯、礼仪、宗教以法律效力。
（2）国家根据需要，以加入国际组织、承认或者签订国际条约等方式，认可国际法规范。
（3）国家根据需要，由特定的国家机关对具体案件的裁决做出概括，产生规则或者原则，并赋予这些规则或者原则以法律效力。

法具有的国家意志性，主要表现为：

（1）法要求以国家的名义创制和颁布，因为它需要在全国范围内实施。

（2）法的适用范围以国家主权为界域。
（3）法是以国家强制力为保证的。
法具有的国家意志性是法区别于其他社会规范的重要特征。

（三）法是以权利与义务为内容的行为规范

从法的内容来看，法是规定人们权利与义务的行为规范。

法通过规定人们的权利与义务来确认、保护和发展一定的社会关系。法与权利、义务的概念不可分，同时，权利与义务相互关联、相辅相成。法以其明确的关于权利与义务的规定，为人们提供特定的行为模式，又指明行为的法律后果。基于法律规范内容上的这种特点，使它具有极强的规范性，从而引导人们的行为，实现对社会关系的调整。

（四）法由国家强制力保证实施

从法的保障实施来看，法是由国家强制力保证实施的。

国家强制力，是指国家的军队、警察、法庭、监狱等有组织的国家暴力。法的实施是以国家强制力作为后盾的，人们必须遵守法律，否则将招致国家强制力的干涉，受到相应的法律制裁。如果没有这一保障，也就无所谓法的尊严与权威。因此，任何社会规范要想成为法，就必须以系统化的国家暴力为后盾。

但是，这并不意味着，法的实施每时每刻都要借助国家政权及其暴力系统。一方面，如果法得到了遵守，或是一般的民事违法行为，违法主体依法进行了自我纠正（如承担了民事责任，予以赔偿或返还财产、恢复原状等。），就不需要国家暴力系统的介入。另一方面，国家强制力并非是保证法的实施的唯一的力量，社会舆论、道德观念、法制观念、思想教育等因素，对法的实施也起着积极的作用。

> **诚 举案说法**
>
> 某大学在校长办公会议上通过了这样的一条规定：学生考试作弊，将受记过处分。这样的强制性规定属于什么性质呢？是不是法？
>
> 评析：此类的校纪校规虽也具有强制性，但其强制力不是来自国家，不能动用国家暴力，它主要靠学生的自觉遵守。因为校规不是法，不具有国家强制性，因此违反者一般只会受到批评教育、责令改正和纪律处分等。

（五）法在国家权力管辖范围内普遍适用

从法的效力范围来看，法对国家权力管辖范围内的一切社会成员都具有约束力。法在全国范围内形成统一的体系，并被普遍地适用。法为所有的社会成员提供了统一的行为模式和准则，对所有的人普遍具有法律效力。

法具有普遍性，这是就法的属性而言的。如果就一个国家具体的法的效力而言，则呈现出不同的情况：有些法在全国范围内有效，如宪法、刑法等；有些法则在部分地区或仅对特定主体有效，如地方性法规、军事法规等。因此，对法的普遍性不能作片面理解。

以上是法的特征。这些特征是法区别于其他社会规范的特有属性，而它们仅是法的外在的、形式上的表现，这一切最终是由法的本质所决定的。

二、法的本质

法的本质不同于法的存在，法的存在是人们可以感受到的客观实在，而法的本质则是深藏于法的存在背后的精神或者物质因素，它是内在的、隐蔽的，是法存在的基础和变化的决定力量。

马克思主义关于法的本质的观点，与其他思想家们的认识完全不同，其基本观点如下所述。

（一）法是统治阶级意志的体现

在阶级社会里，人是被划分为阶级的。所谓统治阶级，是指掌握了国家政权，在经济上、政治上、思想上占统治地位的阶级。只有这样的阶级，才能凭借国家政权的力量将本阶级的意志，转变为整个社会共同遵循的法。具体来说，统治阶级须通过一定的程序，并经过其内部的民主制度，将本阶级的意志提炼、上升为国家意志，并将其制定为法。因此，法是以国家意志的形式表现出来的统治阶级的意志。

有了这层含义，才有了法的一系列特征，诸如法由国家制定或认可，法由国家强制力保证实施，法在国家权力管辖范围内普遍适用等。

因此，只有经过国家制定或者认可的统治阶级的意志才是国家意志。虽然统治阶级的政策也是统治阶级的意志，但它不是由国家制定或认可的，所以不是国家意志。因此，政策不是法。

（二）法的内容是由统治阶级所处的物质生活条件所决定的

物质生活条件，是指物质生活资料的生产方式、地理环境和人口状况等因素。这些因素构成了社会的基本经济关系，而统治阶级的阶级利益也蕴含其中。正是这些蕴含着的阶级利益，产生出了统治阶级的物质欲望和要求，并不断地形成着其阶级意志的具体内容。离开这些物质生活条件，统治阶级的意志将无从产生，法律自然无从谈起。

至此，我们对法的概念的认识可以初步确立，即通过对法的特征和本质的概括，我们可以明确：法是由国家制定或者认可的，并靠国家强制力保证实施的、反映统治阶级意志的行为规范的总和。

> **法律提示**
>
> 法律和道德的交叉与渗透，有两个重要表现：一是法律意识与道德观念具有同一属性而相互联系；二是法律规范与道德规范的调整范围有所重叠而相互包容。一般来说，凡是法律所禁止和制裁的行为，也是道德所禁止和谴责的行为；凡是法律所要求和鼓励的行为，也是道德所培养和倡导的行为。

三、法的作用

（一）法的规范作用和社会作用

法的作用，是指法本身及其实施对社会所发生的影响。人们一般都把法的作用，划分为相互关联的两个方面：一方面是规范作用，另一方面是社会作用。前者是手段，后者是目的。即通过调整人们行为的规范作用这一手段,来实现维护有利于统治阶级的社会关系和社会秩序的社会作用的目的。

1. 法的规范作用

法的规范作用,是指法作为一种规范体系而必然具有的规范人们行为的作用。根据行为的主体不同,法的规范作用可分为下列几个方面:

(1)指引作用。法规定了人们可以这样行为、应当这样行为或不应当这样行为的标准,为每个社会成员的行为提供了三种行为模式。这样就可以起到指引每个人抑制其做出违反法的行为,积极从事法所容许的行为的作用。

(2)评价作用。法为人们所提供的三种模式,同样可以作为评价他人行为的客观尺度,起到判断、衡量他人行为是合法或违法的作用。

(3)教育作用。教育作用,是指通过法的实施对一般人的行为发生的影响。这种教育作用既表现在某人的违法行为受到制裁,对一般人的行为所引起的警戒作用,又表现在人们合法行为受到保护和鼓励,对一般人的行为所引起的示范作用。

(4)预测作用。预测作用,是指人们凭借法,可以预先估计到他们相互将如何行为及行为的后果等。也就是说,人们根据有关法的规定,可以相互预测对方的行为,以及国家机关对这种行为应采取的相应措施。

(5)强制作用。强制作用,是通过国家机关以暴力为后盾实现的。它不仅表现为对违法犯罪行为的制裁,而且也表现为对违法犯罪行为的预防。

2. 法的社会作用

法的社会作用,是指法作为社会规范在调节社会关系方面的作用。法的社会作用主要表现在以下两个方面:

(1)维护统治阶级所需要的政治经济秩序。就政治领域而言,任何法所确立和维护的社会政治秩序都是对该社会的各种权利的分配、享有、运用方式的固定化。法所关注的政治秩序,既要

议一议
法的规范作用与法的社会作用的相互关系是怎样的?

考虑协调统治阶级内部对权利要求的矛盾与冲突,又要考虑统治阶级与同盟阶级的分权关系,更要考虑有效地防止被统治阶级对现有秩序的破坏和反抗。就经济领域而言,法为自己赖以生存的经济基础服务是其不可或缺的功能,但在通常情况下,法不直接关注生产力的发展,只要生产力的发展对统治阶级有利即可。也就是说,维护政治秩序、经济秩序是法的社会作用中的主导部分。

(2)执行社会公共事务。统治阶级为了维护自己的统治,在运用法律手段执行阶级政治统治职能的同时,还必须执行具有全社会意义的公共事务的职能,把某些属于人们共同生存的必要条件加以法律规定。例如,为维护交通秩序而制定的交通法规,为保护自然资源而制定的各种资源保护法,为防止环境污染而制定的各种污染防治法等。

(二)法的作用的局限性

在强调法的作用时,我们应该注意防止两种倾向:其一,要防止轻视法的作用的观点,即法律虚无主义;其二,要防止过分夸大法的作用的观点,即"法律万能论"。古

人云:"徒法不足以自行",并不是说只要制定出一系列法律、法规,国家自然就能治理好,人民生活和社会秩序自动就和谐美好。法的制定和实施,还需要具有基本法律素质和良好法律意识的公民。法是由人制定出来的,它必然也就带有各种主观认识上的局限性以及客观条件的约束。而我们在强调法的作用,完善立法、执法和法律监督的同时,还要注意积极发挥道德、政策、纪律、规章和良好的社会习俗等其他社会规范对社会的调整作用。

> **法律提示**
>
> 　　法的作用并不是无限的。在很多方面,只能通过道德、政策、纪律、规章、习俗等社会规范来调整。比如,在2011年发生的在社会上引起强烈反响的"小悦悦事件",2周岁的小悦悦在被车撞倒在马路上长达7分钟的时间里,竟然有18名路人对她视而不见,直到小悦悦被一位拾荒阿姨发现后送往医院。最后小悦悦还是遗憾离世。虽然肇事司机受到了法律应有的制裁,但对于那18名见死不救的路人,由于对小悦悦并无法定的救助义务,因此没有对他们进行任何的法律制裁。面对这些路人的冷漠与无视,人们只能依靠道德的谴责,而无法从法律上找到处理的依据,这也反映出法在道德领域的局限性。

四、法产生的过程和规律

(一)法产生的过程

法是一个历史范畴,它是人类社会发展到一定历史阶段的产物,是随着私有制的出现、阶级的形成、国家的产生而产生的。

原始社会没有法,调整人们行为的规范是长期社会生活实践总结出来的、约定俗成的氏族习惯。这种习惯对氏族全体成员都具有普遍的约束力,它的实施不是靠专门的机关,而是靠氏族全体成员的自觉性、氏族首领的威信和舆论来保证实施的。

在原始社会末期,由于生产工具得到改进,劳动生产率得到提高,因此出现了剩余产品,私有制和剥削得以产生。随着生产力的进一步发展,出现了社会大分工,人的劳动能够提供越来越多的剩余产品。于是,社会上的少数人逐渐将社会财富集中到自己手中而变成私有财产,私有制逐渐代替了氏族公社公有制。氏族内部也逐渐分化为奴隶主和奴隶两大阶级。奴隶主为了保护既得利益,就制定了若干新的行为规范。为保证新的行为规范的实施,奴隶主便逐渐建立了自己的国家机器,于是法和国家就产生了。法与国家产生以后,人类就进入了阶级社会。在世界上最早进入阶级社会建立国家的地方,都发现了成文法,如公元前18世纪古巴比伦的《汉穆拉比法典》(刻于石柱上),公元前5世纪古罗马的《十二铜表法》和中国战国时期魏国李悝的《法经》等。

由此可见,法的产生不是一朝一夕的事情,而是随着生产力的发展进程,经历了漫长的演变和发展过程,即由习惯到习惯法再到制定法的过程,从个别调整发展到规范性调整的过程。在此过程中,原始社会的习惯风俗、道德规范、祭祖规则等为法的产生提供了条件,习惯法和制定法有历史的承继关系。但是,习惯法和制定法在制定目的、实施保证、规范内容和调整范围等方面也存在许多区别。

（二）法产生的规律

法的产生是一个长期的社会历史过程，有其独特的发展规律，这主要表现在以下几个方面：

（1）法的产生经历了从个别调整到规范性调整、一般规范性调整到法的调整的发展过程。

原始社会初期的社会调整往往是个别调整，即针对具体人、具体行为所进行的只适用一次的调整。当某些社会关系发展为经常性、较稳定的现象时，人们为提高效率、节约成本而为这一类社会关系提供行为模式，于是个别调整便发展为规范性调整，即统一的、反复适用的调整。随着社会的发展，社会形成两个利益对立的阶级，统治阶级需要一种特殊的社会规范来维护其利益，迫使社会成员按照统治阶级的意志行事，于是法的调整从一般的规范性调整中分离出来并逐渐成为社会关系的主要调整方式。法的调整的主体是政治社会中最具权威的组织——国家，国家创制法并保证法的实施。

（2）法的产生经历了从习惯到习惯法、再从习惯法到制定法的发展过程。原始社会时期的社会规范主要是习惯，随着私有制和阶级的产生，习惯打上了阶级的烙印，并具有了阶级性，逐渐转变为习惯法。统治阶级有选择地利用原有的习惯，由国家加以确认，使之成为对本阶级有利的社会规范，而赋予法的效力，

议一议

　　法与氏族习惯作为社会的行为规范，有什么本质的差别？

从而形成最早的习惯法。随着社会关系的复杂化和社会文明的发展，国家机关根据一定的程序把体现统治阶级意志和利益的规范以明确的文字形式表现出来，逐渐产生了制定法。最早的制定法，主要是习惯法的整理和记载，还有个别立法文件和最主要的判决的记载。之后，国家为了适应社会的需要主动地制定新的法律规范，制定法成为法的主要渊源。因此，法的产生过程，是一个由简单到复杂、由不完善到完善、由自发形成到自觉形成的长期发展过程。

（3）法的产生经历了法与宗教规范、道德规范的浑然一体到法与宗教规范、道德规范的分化，再到法的相对独立的发展过程。原始社会的习惯融宗教、道德等社会规范于一体，国家产生之初的习惯法与宗教规范、道德规范等没有明显的界线，三者相互渗透。随着社会的进化、法的发展成熟，法与道德规范、宗教规范开始分化，法在调整方式、手段和范围等方面自成一体、相对独立，在社会调整体系中占有独特的地位，发挥特殊的作用。

五、法的分类

根据标准的不同，法可以有以下几种分类：

（一）国内法与国际法

按照法的创制与适用主体的不同，法可以分为国内法与国际法。国内法，是指由特定国家创制并适用于该国主权管辖范围内的法，包括宪法、民法、诉讼法等。国内法的主体一般为公民、社会组织和国家机关，国家只能在特定的法律关系中成为主体。国际法，是

指在国际交往中，由不同的主权国家通过协议制定或者公认的、适用于国家之间的法。国际法的主体一般是国家和在一定条件下或者一定范围内类似于国家的政治实体。此外，由一定国家参加和组成的国际组织也可以成为国际法的主体。

（二）根本法与普通法

按照法的效力、内容和制定程序的不同，法可以分为根本法与普通法。根本法是宪法的别称，它规定了国家基本的政治制度和社会制度，公民的基本权利和义务，国家机关的设置、职权等内容，在一个国家中占据最高的法律地位，具有最高的法律效力，是其他法律制定的依据。普通法是指宪法以外的其他法，它规定国家的某项制度或者调整某一方面的社会关系。在制定和修改程序上，根本法比普通法更为严格。

（三）一般法与特别法

按照法的效力范围的不同，法可以分为一般法与特别法。一般法，是指在一个国家的范围内，对一般的人和事有效的法。特别法，是指在一个国家的特定地区、特定期间或者对特定事件、特定公民有效的法，如戒严法、兵役法、特别行政区法、教师法等。一般情况下，法的适用遵循特别法优于一般法的原则。

（四）实体法与程序法

按照法规定的具体内容的不同，法可以分为实体法与程序法。实体法，是指规定主要权利和义务（或者职权和职责）的法，如民法、刑法、行政法等。程序法是指为保障权利和义务的实现而规定的程序的法，如民事诉讼法、刑事诉讼法等。当然，这种划分并不是绝对的，实体法中也可能有少数程序问题。实体法与程序法有着密切的关系，实体法是主要的法，一般称为主法；程序法保障实体法的实现，一般称为辅助法。

（五）成文法与不成文法

按照法的创制和表达形式的不同，法可以分为成文法与不成文法。成文法，是指由特定国家机关制定和公布，以文字形式表现的法，故又称制定法。不成文法，是指由国家认可的不具有文字表现形式的法。不成文法主要为习惯法。随着法的发展，成文法日益增多，已成为法的主要组成部分，而不成文法则逐渐减少。

（六）公法与私法

按照法的调整对象和调整主体的范围的不同，法可以分为公法与私法。一般认为，保护国家利益，调整国家与公民之间、国家机关之间关系的法为公法；保护私人利益，调整公民、组织之间关系的法为私法。公法一般包括宪法、刑法、行政法、诉讼法等，私法一般包括民法、商法等。

> **知识链接**
>
> 马克思主义认为法的历史类型是法的发展的特殊形式。根据法产生的经济基础、法所体现出来的阶级意志的不同，法的历史类型可以分为奴隶制法、封建制法、资本主义法和社会主义法。

第二节 我国社会主义法的基本理论

一、我国社会主义法的本质和作用

(一)我国社会主义法的本质

1. 我国社会主义法是工人阶级领导的广大人民的共同意志和利益的体现

我国社会主义法是工人阶级和广大人民意志的体现。我国是人民民主专政的社会主义国家,工人阶级在国家政权中居于领导地位。因此,作为国家意志表现形式的社会主义法,首先必然要反映工人阶级的意愿和要求,这是毫无疑义的。我国社会主义法首先反映工人阶级意志,但它并不仅仅是工人阶级意志的体现,同时也体现了广大人民的意志。"人民"这个概念在不同的国家和同一个国家的不同历史时期有着不同的内容。在我国现阶段,人民除了包括工人、农民和知识分子之外,还包括拥护和参加社会主义事业的建设者,热爱中华人民共和国和拥护祖国统一、致力于中华民族伟大复兴的爱国者。尽管在他们之间还存在着矛盾和差异,但他们在根本利益上是一致的。建设社会主义不仅是工人阶级的意愿和要求,也符合广大人民的根本利益。因此,我国社会主义法是工人阶级和广大人民共同意志和利益的体现。

2. 我国以工人阶级为领导的广大人民的意志的内容归根结底是由社会主义社会的物质生活条件决定的

社会主义社会的物质生活条件包括多方面因素,其中对社会主义法的本质有决定作用的是社会主义社会的生产关系。它直接决定着人们在经济生活中的地位,从而也决定着人们在政治和社会生活中的地位,决定着生产资料和其他社会财富的归属,决定着社会主义社会总体利益的分配关系。工人阶级和广大人民的意志和愿望就是在这个基础上形成的。同时,在社会主义发展的不同时期,由于社会主义生产关系的具体形式不同,工人阶级和广大人民的意志的具体内容也会有所不同。

(二)我国社会主义法的作用

1. 我国社会主义法促进和保障社会主义经济建设

法与经济的关系极为密切。法是社会上层建筑的重要组成部分,其本质、内容和发展都是由经济基础所决定和制约的;同时,法又对经济基础的形成、巩固和发展起引导、推进、保障和服务的作用。我国社会主义经济基础决定了我国社会主义法的本质、特征、内容和发展,而我国社会主义法又保障我国社会主义经济基础的形成、巩固和发展。这种相互作用表现在:第一,我国社会主义法确认和巩固社会主义公有制为主体、多种所有制经济共同发展的基本经济制度;第二,我国社会主义法促进社会主义市场经济体制的建立和完善;第三,我国社会主义法对经济体制改革起着保驾护航,将改革开放成果法律化、制度化的作用;第四,我国社会主义法可以调整人与自然的和谐,实现经济社会和人口资源环境的协调发展。

2. 我国社会主义法在政治方面的作用

(1)我国社会主义法切实保障人民民主。

① 确认人民当家做主的社会地位。《中华人民共和国宪法》(以下简称《宪法》)

议一议

我国社会主义法对党的政策的作用有哪些？

第2条明确规定：中华人民共和国的一切权力属于人民。人民行使国家权力的机关是全国人民代表大会和地方各级人民代表大会。这就从法律上确认和保障了人民当家做主的主人翁地位。

② 我国社会主义法确认人民享有广泛的政治权利和自由。根据我国《宪法》的规定，公民享有选举权和被选举权；有言论、出版、集会、结社、游行、示威的自由；对任何国家机关及其工作人员有提出批评、建议以及申诉、控告和检举的权利；有进行科学研究、文学艺术创作的权利和自由。国家采取行政的和物质的措施保障公民行使这些权利和自由，国家以强制力的手段保障公民的这些权利和自由不受侵犯。

③ 我国社会主义法解决人民内部的矛盾和纠纷。随着市场经济的建立和发展、社会关系的变化和利益多元化的出现，人民内部出现了大量矛盾和纠纷，我国社会主义法在解决这些矛盾和纠纷时起着重要作用。例如，婚姻纠纷、房屋纠纷、借贷纠纷、继承纠纷等的解决，离不开民法等法律部门。

（2）我国社会主义法坚决实行对敌专政、打击各种刑事犯罪。

在我国，剥削阶级作为一个阶级已经被消灭，但由于种种原因，阶级斗争在一定范围内仍然存在，有时还会激化，对敌对势力实行专政仍然是当代中国社会主义法的重要职能之一。同时，我国社会主义法还制裁人民内部的违法犯罪行为，以维护人民的合法权益。

3. 我国社会主义法在科技、教育、文化方面的作用

科技是第一生产力，它对立法、执法、司法和守法都有着重要的影响和作用。我国法律确认了科教兴国的发展战略，鼓励科技创新，加强科技的组织和管理，保证投入足够的经费，建立和健全各种规章和制度。法律通过确定科技成果审查鉴定管理制度、著作权制度、专利制度、注册商标制度、技术合同与技术市场管理制度来保证科技成果的合理使用和推广。科技的发展和高度工业化的实现有可能造成环境污染、生态平衡的破坏和自然资源的枯竭。国家通过制定和实施《中华人民共和国农业法》《中华人民共和国森林法》（以下简称《森林法》）、《中华人民共和国草原法》（以下简称《草原法》）、《中华人民共和国环境保护法》（以下简称《环境保护法》）、《中华人民共和国大气污染防治法》等来制约这些消极后果。随着科技的迅猛发展，国际交往越来越频繁，国际科技合作和科技贸易已成为法律调整的重要内容。为了保证科技成果的分享和合理使用，促进科技的进一步发展，建立和健全国际科技合作的法律制度势在必行。

我国社会主义法确认国家的教育方针、教育发展方向和基本任务。我国《宪法》规定，国家发展社会主义的教育事业，提高全国人民的科学文化水平。国家举办各种学校，普及初等义务教育，发展中等教育、职业教育和高等教育和学前教育。国家发展各种教育设施，扫除文盲，对工人、农民、国家工作人员和其他劳动者进行政治、文化、科学、技术、业务的教育，鼓励自学成才。国家鼓励集体组织、国家企业事业组织和其他社会力量依照法律规定举办各种教育事业。此外，国家还积极推动教育体制改革，通过制定《中华人民共和国教育法》（以下简称《教育法》）、《中华人民共和国高等教育法》《中华人民共和国义务教育法》（以下简称《义务教育法》）、《中华人民共和国教师法》《中华人民共和国职业教育法》等，将我国《宪法》规定的发展教育事业的方针、原则加以具体化，认真贯彻落实。

> **知识链接**
>
> 《义务教育法》于1986年4月12日第六届全国人民代表大会第四次会议通过，并于2018年12月29日的第十三次全国人民代表大会常务委员会第七次会议进行了第二次修正。该法的立法宗旨是为了保障适龄儿童、少年接受义务教育的权利，保证义务教育的实施，提高全民族素质。

我国社会主义法确认文化事业的发展方向和任务。我国《宪法》规定了国家在文化建设中的基本任务，确认国家发展自然科学和社会科学文化事业，普及科学技术知识，奖励科学研究成果和技术发明创造。开展群众性的卫生活动、体育活动；发展为人民服务、为社会主义服务的文学艺术事业、新闻广播电视事业、出版发行事业、图书馆博物馆文化馆和其他文化事业，开展群众性的文化活动，国家保护名胜古迹、珍贵文物和其他重要文化遗产等。国家发展面向现代化、面向世界、面向未来的，民族的、科学的、大众的社会主义文化。国家坚持为人民服务、为社会主义服务的方向和百花齐放、百家争鸣的方针，立足于中国现实，继承历史文化优秀传统，吸收外国文化有益成果，繁荣学术和文艺。

4. 我国社会主义法在对外方面的作用

我国社会主义法在发展对外政治关系方面的作用主要体现在对外政治行为和政治交往之中。我国以法律的形式反对殖民主义、霸权主义，维护国家主权，并在平等基础上建立和发展外交关系。截至2019年，我国已同180个国家和地区建立的外交关系都是以正式的法律形式来表达和确认的。我国一贯主张和平解决国际争端，也包括支持通过法律的方法，即国际仲裁和国际法院判决的方法，解决国际政治争端，维护国际和平。我国运用法律手段正当解决我国边界和双重国籍问题，反对军备竞赛，主张全面禁止和彻底销毁核武器和化学武器，并加入了《不扩散核武器条约》，为创造国际和平环境做出了贡献。我国积极参加国际人权领域的活动，尊重《联合国宪章》维护基本人权的宗旨，为促进国际人权事业的发展做出了自己的贡献。

此外，我国社会主义法还在保障对外经济贸易往来、发展对外文化交流和合作、生态建设、国际交流等方面都发挥了重要作用。

二、我国社会主义法的创制

（一）法的创制的概念与特征

法的创制，是指有权创制法律规范的国家机关在职权范围内依照法定程序制定、修改、废止和解释规范性法律文件以及认可法律规范的活动。法的创制有以下三个特点：

（1）法的创制是特定国家机关的专有活动。法是国家意志，是统治阶级整体意志的集中体现。按照现代法治的原则，哪些国家机关有权创制法律规范，以及各种法律规范创制的权限范围以及效力等级如何，应当由宪法和有关基本法律做出专门规定。任何未经授权的国家机关、社会团体和个人，都无权创制法律规范。

（2）法的创制过程必须严格符合法定程序，不符合法定程序的规范性文件不具有法律效力。

（3）法的创制活动包括制定、修改、废止和解释规范性法律文件以及认可法律规范等多种形式。虽然修改和废止规范性法律文件没有产生新的规范，但它们使原有的法律规范体系的内容发生了变动，因此也属于法的创制活动。

（二）法的创制程序

法的创制程序一般包括以下三个阶段：

（1）法律议案的准备。法律议案的准备包括立法动议的形成，草拟法律草案条文，修改、补充法律条文，征询有关单位和个人的意见等。这是一个基础阶段，直接关系到法的创制的质量。

（2）法律的确立。法律的确立包括法律议案的提出和审议、法律草案的审议、法律草案的通过、法律的公布。这是法律创制的核心阶段。

（3）法律的完备。法律的完备包括法律的解释、规范性法律文件的清理、法律汇编和法律编纂等。

> **法律词典**
>
> 法律汇编与法律编纂的区别如下：
>
> 法律汇编，是指将规范性法律文件按照一定的标准，加以系统排列，汇编成册。法律汇编不改变原有的规范性文件的内容，也不制定新的规范，因此，它本身不是创制社会主义法的活动。
>
> 法律编纂，是指在对某一部门法全部现行的法律规范进行审查、整理、修改、补充的基础上，制定更加完善并具有特定结构、统一的部门法典的活动。法律编纂是社会主义法的创制形式之一，只能由享有立法权的国家机关进行。

（三）我国社会主义法的渊源

法的渊源，是指法的创制方式和表现形式，也称为法的"形式渊源或效力渊源"，如制定法、习惯法、判例法等。法律规范的产生方式和制定机关的类别不同，其表现形式和法律效力的来源、等级也不同。

我国社会主义法的渊源主要表现为有权创制法律规范的国家机关制定的规范性法律文件，即制定法。被认可的习惯只在少数场合起补充作用，判例不是我国社会主义法的渊源。根据我国《宪法》和有关法律的规定，我国社会主义法的渊源可以分为以下几类：

1. 宪法

宪法是国家的根本法，它规定国家的各项基本制度、公民基本权利和义务、国家机关构成及其活动的基本原则。我国《宪法》由全国人民代表大会按照特殊程序制定和修改，具有最高的法律效力，是其他一切法律、法规的立法依据。

2. 法律

法律由全国人民代表大会和全国人民代表大会常务委员会制定。其中，刑事、民事以及有关国家机构等基本法律由全国人民代表大会制定，基本法律以外的其他法律［如《中华人民共和国商标法》（以下简称《商标法》）、《中华人民共和国文物保护法》等］由全国人民代表大会常务委员会制定。

3. 行政法规

行政法规是国务院根据我国宪法和有关法律的规定，在其职权范围内制定的有关国家行政管理活动的规范性文件。行政法规不得与我国宪法和法律相抵触。

4. 地方性法规

地方性法规是由各省、自治区、直辖市的人民代表大会及其常务委员会根据本行政区域的具体情况和实际需要制定的规范性法律文件。地方性法规在制定机关管辖的范围内有效，并不得与宪法、法律和行政法规相抵触。

此外，省、自治区人民政府所在地的市和设区的市、自治州的人民代表大会及其常务委员会在不同宪法、法律、行政法规和本省、自治区的地方性法规相抵触的前提下，有权制定地方性法规，报省、自治区的人民代表大会常务委员会批准后施行。

5. 自治条例和单行条例

自治条例和单行条例是自治区、自治州、自治县的人民代表大会依照当地民族的政治、经济和文化的特点制定的规范性法律文件。自治区的自治条例和单行条例，报全国人民代表大会常务委员会批准后生效。自治条例和单行条例可以依照当地民族的特点，对法律和行政法规的规定做出变通规定，但不得违背法律或者行政法规。

6. 规章

这里的规章，是指国务院以外的其他国家行政机关制定的规范性文件，通常包括两类：第一类是国务院各部、委员会、中国人民银行、审计署和具有行政管理职能的直属机构根据法律和国务院的行政法规、决定、命令而制定的规范性文件，称为部门规章；第二类是省、自治区、直辖市和设区的市、自治州的人民政府根据法律、行政法规和本省、自治区、直辖市的地方性法规制定的规范性文件，又称地方政府规章。

议一议

直辖市环保部门发布的关于治理该市环境污染的规范性文件属于法的渊源吗？

7. 特别行政区的法

特别行政区的法是由特别行政区的国家机关在我国宪法和法律赋予的职权范围内制定或者认可的，在特别行政区内具有普遍约束力的行为规则的总和。我国实行"一国两制"，因此特别行政区的法律渊源具有一定的特殊性。对此，《中华人民共和国香港特别行政区基本法》《中华人民共和国澳门特别行政区基本法》均做出了具体规定。

8. 军事法规和军事规章

中央军事委员会可以根据宪法和法律的规定，制定军事法规。中央军事委员会各总部、军兵种、军区，可以根据法律和中央军事委员会的军事法规、决定、命令，在其权限范围内制定军事规章。军事法规、军事规章在武装力量内部实施。

9. 国际条约

我国与外国签订的具有规范性内容的国际条约，以及我国宣布承认或者参加的一些已经存在的国际条约，也是我国社会主义法的渊源。

（四）我国社会主义法律部门和法律体系

法律部门也叫作法的部门，是指根据一定的标准和原则，按照法律规范自身的不同性质，调整社会关系的不同领域和不同方法等所划分的同类法律规范的总和。划分法律部门的标准是法律调整的对象和法律调整的方法。法律调整的对象，是指法律规范所调整的社会关系。法律调整的方法，是指法律规范所调整的具体社会关系的原则、方式和手段等。我国目前的主要法律部门有：宪法和宪法相关法、民法、商法、行政法、经济法、社会法、刑法、诉讼与非诉讼程序法等。

法律体系，是指一个国家或者地区的全部现行法律规范分类组合为不同的法律部门所形成的相互联系、相互协调、相互作用的统一整体。目前，一个立足中国国情和实际、适应改革开放和社会主义现代化建设需要、集中体现中国共产党和中国人民意志，以宪法为统帅，以宪法相关法、民法、刑法、诉讼法、商法等多个法律部门的法律为主干，由法律、行政法规、地方性法规等多个层次的法律规范构成的中国特色社会主义法律体系已经形成。

> **法律词典**
>
> 法系和法律体系不同。法系是在对各国法律制度的现状和历史渊源进行比较研究的过程中形成的概念，是具有共同法律传统的若干国家和地区的法律，它是一种超越若干国家和地区的法律现象的总称。大陆法系与英美法系是当今世界的两大主要法系，涵盖了世界上一些主要的国家。

三、我国社会主义法的实施

（一）我国社会主义法的实施的概念和实施方式

我国社会主义法的实施，是指通过一定的方式使法律规范的要求在社会生活中得到贯彻和实现的活动，是法作用于社会关系的特殊形式。它不仅包括国家机关及其工作人员执行法律规范的活动，而且还包括社会团体和公民实现法律规范的活动。通过这种活动，把法律规范中设定的权利义务关系转化为现实生活中的权利义务关系，以及人们的具体行为和活动。

根据主体的不同，我国社会主义法的实施方式可以分为我国社会主义法的遵守和我国社会主义法的适用。

我国社会主义法的遵守，是指社会团体和公民按照法律规范的规定，依法行使权利和履行义务。这是我国社会主义法实施的主要和基本的方式。当我国社会主义法的实施需要国家机关的参与时，就产生了法的实施的另一种形式——法的适用。

（二）我国社会主义法的适用的概念和特点

我国社会主义法的适用，是指我国国家机关及其工作人员以及国家授权的社会组织依照法定的职权和程序，运用国家权力，把法律规范的规定运用到具体的主体或者场合，用来解决具体问题的一种行使权力的专门活动。我国社会主义法的适用使具体的当事人之间发生、变更或者消灭一定的权利义务关系，或者对违法者适用法律制裁。

我国社会主义法的适用有以下一些特点：

（1）我国社会主义法的适用的主体主要是国家机关，也包括国家授权的单位，如《中华人民共和国学位条例》规定经批准公布的高等学校和科学研究机构有权授予学位，这就是适用法律规范的活动。

（2）我国社会主义法的适用是国家机关及其工作人员将法律规范的一般规定运用到具体主体或者具体场合，做出具有法律效力的个别性决定的活动，它使当事人之间发生具体的法律后果，并以判决、决定等个别性法律文件宣告这种后果。

（3）我国社会主义法的适用活动必须严格遵守法定的职权范围，遵守相关实体法和诉讼法与非诉讼程序法的规定。

（三）我国社会主义法适用的基本要求和原则

1. 我国社会主义法适用的基本要求

我国社会主义法适用的基本要求可以概括为：正确、合法、及时、合理、公正。

正确，是指在适用法律规范时，要做到事实清楚，证据确凿，定性准确，处理得当。合法，是指在适用法律规范时，要合乎国家的法律规定，严格依照法定权限和法定程序办事。及时，是指法的适用活动的每个环节要严格符合法律所规定的时间要求，提高办案效率。合理和公正，是指法的适用活动要符合社会主义道德要求，符合广大人民的公平正义观念，符合适用法的根本目的。

2. 我国社会主义法适用的原则

我国社会主义国家机关和公职人员在适用法律规范时还应遵循以下原则：

（1）以事实为根据，以法律为准绳的原则。以事实为根据，以法律为准绳，是我国司法实践中法的适用的基本原则。《中华人民共和国刑事诉讼法》（以下简称《刑事诉讼法》）第6条明确规定：人民法院、人民检察院和公安机关进行刑事诉讼，必须依靠群众，必须以事实为根据，以法律为准绳。我国的其他重要法律也都有这一原则的规定。

以事实为根据，要求国家机关及其工作人员在适用法律规范时必须弄清事实真相，掌握全部有关材料，把案件的审理和裁决建立在尊重客观事实的基础上。以事实为根据是定性准确、量刑适当、正确适用法律规范的前提条件。

以法律为准绳，要求国家机关及其工作人员在适用法律规范时，必须严格按照法律的规定办事。法律是衡量案件是非曲直的标准和尺度。一个人的行为是否违法犯罪，只能以法律来衡量，法律是定罪量刑的唯一准则。坚持以法律为准绳，不仅要求在确定是否违法和定罪量刑上依法办事，而且也要求在处理案件的全部过程中，司法机关及其办案人员的一切活动和行为，都必须符合法律规定，严格履行法律手续。任何离开法律的自由裁量、徇私枉法、营私舞弊的做法，都是同以法律为准绳的原则相违背的，是社会主义法治坚决反对的。

（2）公民在适用法律上一律平等的原则。在适用法律上，坚持公民在法律面前一律平等，这是我国社会主义法的适用的一项基本原则，也是我国社会主义法治的一项重要原则，是以事实为根据，以法律为准绳原则的必然引申。

坚持公民在适用法律上一律平等的原则，要求做到：对任何公民在适用法律规范时都一律平等，决不能因人而异；对任何公民的权利都依法平等地保护，任何公民都要平等地承担义务；对任何公民的违法犯罪行为，都要依法追究法律责任，给予应有的制裁，不允许有任何特权。

（3）司法机关依法独立行使职权的原则。在我国社会主义法的适用中坚持司法机关依照法律规定独立行使职权的原则,这是保障社会主义法律得以实现的基本措施之一。《宪法》第131条规定:人民法院依照法律规定独立行使审判权,不受行政机关、社会团体和个人的干涉。《宪法》第136条规定:人民检察院依照法律规定独立行使检察权,不受行政机关、社会团体和个人的干涉。这就是说,国家的司法权只能由国家司法机关统一行使;司法机关依法独立行使职权,不受其他行政机关、社会团体和个人的干涉;司法机关处理案件必须符合法律的规定。

案例讨论

2010年7月的一天,陕西省榆林市横山县波罗镇山东煤矿和波罗镇樊河村发生集体性械斗。这一事件起因于矿权纠纷导致的"民告官"案,榆林市中级人民法院判定陕西省国土资源厅违法行政,但陕西省国土资源厅召开"合议庭"性质的协调会,以会议决定的形式否定了生效的法院判决。请讨论:陕西省国土资源厅的做法合法吗?就如何保证法院裁判的拘束力与权威请你谈谈自己的看法。

(4)专门机关工作与群众路线相结合的原则。人民法院、人民检察院和公安机关是法律适用的专门机关,必须高度重视它们,充分发挥它们的作用。而群众路线是国家机关一切工作的根本路线,司法工作更要走群众路线。查明案情,要深入群众,调查研究;审理案件,要吸收群众参加,充分发挥人民陪审员的作用,保证案件判决合法、合理。专门机关工作与群众路线相结合,才能保证准确地适用法律。

(5)实事求是、有错必纠和国家赔偿的原则。实事求是、有错必纠原则是由我国国家性质和法律的本质决定的,它体现了我国社会主义法的适用的正义性和严肃性。这一原则要求:我国社会主义法的适用必须置于法律监督之下;发现在我国社会主义法的适用中有错误的,必须依法纠正;由于错误地适用法律而给公民、法人造成损失的,国家必须给予适当赔偿。

举例说法

1992年年底的一个晚上,XX省XX市振东区上坡下村XXX号房内突发火灾。接警后消防人员赶至现场灭火,发现房内一具男尸。经确认,死者是在此留守看管房屋的某公司职工钟某某,其是先被杀死,继而又被放火焚尸。时年29岁的陈某因曾在事发地租住,并且警察在钟某某未被烧焦的口袋里发现陈某的工作证,于是陈某被当作杀人并放火焚尸的嫌犯,在1992年12月27日夜被警方羁押。1994年11月9日,XX市中级法院以犯故意杀人罪和放火罪判处陈某死刑,缓期两年执行,并剥夺政治权利终身。此后,陈某开始申诉,终于在2015年12月29日,该案在XX市XX区法院开庭再审。再审宣判因原判事实不清,证据不足,指控的罪名不成立,法庭宣告陈某无罪,当庭释放。之后,陈某申请国家赔偿,获赔XXX万余元。

评析:实事求是、有错必纠和国家赔偿是我国社会主义法适用的基本原则之一。国家机关及其工作人员在行使职权的过程中,侵犯公民、法人和其他组织合法权益并给他人造成损害的,受害人有权取得国家赔偿。本案中陈某有权依照《中华人民共和国国家赔偿法》(以下简称《国家赔偿法》)的规定提出国家赔偿,国家也应当予以赔偿。

（四）我国社会主义法的遵守和违法

1. 我国社会主义法的遵守的概念及意义

我国社会主义法的遵守，是指在社会主义国家里，一切国家机关和武装力量、各政党和各社会团体、各企业事业组织和全体公民都必须遵守法律的规定，依法行使权利和履行义务，严格依法行使职权。广义的我国社会主义法的遵守不仅包括遵守宪法、法律、法规、规章和条例，而且包括遵守国家的有关政策、劳动纪律等，这些也是我国社会主义法制所要求的。

遵守我国社会主义法有利于巩固人民民主专政，维护公民的权利和自由，有利于实现社会的稳定和秩序，有利于促进改革开放和经济建设的发展，也有利于同各种违法犯罪行为作斗争。因此，一切国家机关和武装力量、企业事业组织、社会团体、各政党和全体公民都必须自觉守法，严格依法办事。

2. 违法的概念、构成条件和分类

违法，是指国家机关、企业事业组织、社会团体或者公民，因违反法律的规定，致使法律所保护的社会关系和社会秩序受到破坏，依法应承担法律责任的行为。

违法由下列条件构成：

（1）违法必须是人们违反法律规定的一种行为，包括作为和不作为。仅有思想而无行为不构成违法。

（2）违法必须是在不同程度上侵犯法律所保护的社会关系的行为，必须是对社会造成一定危害的行为。

（3）违法必须是行为人出于故意或者过失，也就是行为人要有主观方面的过错。

（4）违法的主体必须具有法定责任能力。

按照违法行为的具体性质、危害程度和所承担的法律责任的不同，违法可分为违宪、民事违法、行政违法和刑事犯罪四种。

3. 法律责任和法律制裁

（1）法律责任。法律责任一词有广义和狭义之分。广义的法律责任与法律义务同义，狭义的法律责任专指违法者对自己实施的违法行为必须承担的责任。法律责任的特点是：它与违法有不可分的联系，违法是承担法律责任的前提和根据；它体现了国家对违法行为的否定性评价；它通常只能由有权的国家机关或者经授权的组织予以认定；它是国家对违法行为实行法律制裁的依据。

按照违法行为的性质和危害程度，法律责任可分为违宪责任、刑事责任、民事责任和行政责任。

（2）法律制裁。法律制裁是国家专门机关对违法者依据其应当承担的法律责任而采取的惩罚措施。法律制裁的目的在于保护权利，惩罚违法行为，恢复被损害的法律秩序。法律制裁的主要特点有：它是由国家专门机关依法实施的；一种惩罚性的强制措施；必须以违法行为和法律责任为前提；一种"要式"的法律行为，即实施惩罚的国家机关必须遵守严格的程序，并制作相应的法律文书。

法律制裁可分为违宪制裁、刑事制裁、民事制裁和行政制裁。

案例讨论

某市一位女司机驾驶无牌红色中华轿车逆向行驶，被交警"逮"个正着。面对市电视台一位女记者的采访，违章女司机恼羞成怒，连扇女记者数个耳光并将其打进了医院。请讨论：违章女司机行为的性质及其应承担的法律责任是什么？

四、我国社会主义法与社会主义法律意识

（一）法律意识的概念和分类

法律意识是社会意识的一种特殊形式，是人们关于法律现象的感知、认识、情感、态度、评价、思想、观点、知识和心理等主观方面的总和。法律意识的内容十分广泛，包括对法的本质、作用的看法，对现行法律制度的要求和态度，对法律的理解以及对人们的行为是否合法的评价等。

依据不同的标准和不同的角度，法律意识有以下两种分类。

（1）按照对法律现象认识程度的不同，即法律意识水平的高低，法律意识可以分为法律心理、法律观点和法律理论。法律心理是人们对法律现象的心理反应，即对法律现象的感知、注意、体验、理解及伴随这种认知过程产生的情绪、情感、态度等。法律观点是人们对法律现象所做出的评价和判断，这种判断可分为事实判断、规范判断、价值判断等。法律理论也称法律学说，是人们关于法律现象的思想体系，是理论化、系统化的法律思想。

（2）按照不同法律意识在社会生活中的地位，法律意识可以分为占统治地位的法律意识和不占统治地位的法律意识。在一定社会中占统治地位的法律意识只能是统治阶级的法律意识，它是社会上层建筑的有机组成部分。不占统治地位的法律意识也就是被统治阶级的群体法律意识，它总是程度不同地否定现行法律。

（二）我国社会主义法律意识的基本内容和特点

我国社会主义法律意识是工人阶级领导下的广大人民的法律观、法律感、法律思想的总称。它是在扬弃旧的法律意识的基础上产生和形成的。

我国社会主义法律意识的基本内容包括马克思主义的法律观和正义观、工人阶级为领导的广大人民的法律要求、公民的权利义务观念以及相关的法律知识等。我国社会主义法律意识是公正、科学、进步的法律意识，完全符合历史发展的客观要求和规律，对推进社会进步具有重大作用。

我国社会主义法律意识的主要特点有：

（1）它以马克思列宁主义、毛泽东思想、邓小平理论、"三个代表"重要思想、科学发展观、习近平新时代中国特色社会主义思想为指导。

（2）它是以工人阶级为领导的广大人民群众意志的集中反映。

（3）它为维护和发展社会主义经济基础服务，为解放和发展社会主义生产力服务。

（4）它在社会主义现代化建设和民主法制建设中不断丰富、发展和完善。

（三）我国社会主义法律意识的作用

我国社会主义法律意识的重要作用在于，它能够直接指导我国的立法、执法和守法的

社会实践，保障社会主义法的实施。

1. 我国社会主义法律意识直接指导我国社会主义法的创制

我国社会主义法的创制是坚持人民民主专政和社会主义制度的需要，是建设中国特色社会主义事业的需要，是发展社会主义市场经济的需要，是加强社会主义政治文明、精神文明建设的需要。而这些对法律的客观需要首先必须反映到人们的头脑中来，形成法律意识，产生立法动机，否则就不会有立法的实践和社会主义法的产生。正是从这个意义上讲，我国社会主义法律意识是我国社会主义法创制的直接驱动力。再者，我国社会主义法的立法程序、操作技术、条文内容，无疑来源于社会生活，特别是社会经济生活，但它们并不是在社会实践的环节上形成的，而首先是在人们头脑中思考和形成的。因此，能否及时立法，能否正确创制法律，在一定意义上讲，取决于立法者的社会主义法律意识水平和对社会主义法的重要性的认识程度。人们必须先形成一定法律意识形态指导下的法律观念，然后根据这种观念来立法。因此，法律意识是立法的动因，并直接决定着法律规范的内容。此外，对现行法律的评价也决定着法律的废除、修改和补充。

2. 我国社会主义法律意识直接指导我国社会主义法的适用

从广义上说，司法机关及司法人员、国家行政机关及其公务员行使职权的活动都是适用法的活动。他们有无法律意识及法律意识是否正确、是否强烈，对他们能否严格执法和正确执法起决定性作用，对全民法律意识的培养和强化也起着十分关键的作用。执法者只有有了较强的法律意识，才能做到有法必依、执法必严、违法必究，真正使法律起到规范、打击、威慑、教育的功能。

3. 我国社会主义法律意识直接指导我国社会主义法的遵守

我国社会主义法是工人阶级领导的广大人民意志和利益的反映，是人民通过国家机关制定的，因此，我国社会主义法需要广大人民的自觉遵守和维护。而广大人民在社会生活中的行为要做到符合法律规范，了解法律规范的内容是必不可少的前提，但起着决定作用的不仅仅是对法律规范内容的了解，更重要的是确立起正确的法律意识。只要人们的法律意识水平提高，对我国社会主义法有了正确认识，法制观念变强，就能自觉遵守法律，运用法律保护自己的正当权益，敢于同一切违法行为做坚决斗争。

（四）我国社会主义法律意识的培养

作为一种特殊的社会意识，法律意识不同于一般的思想观念，它不会凭空产生，也不会自发养成，高度的法律意识需要经过长期的培养才能形成。我国社会主义法律意识的培养至少包括两个方面的内容：一是宣传马克思主义法律价值观，二是在全国范围内普及法律知识。

马克思主义法律价值观建立在历史唯物论的基础上，它科学地回答了关于法的起源、本质、特征、作用以及法产生、发展的一般规律等一系列基本问题，为我们正确认识、理解和评价法律现象提供了有力的思想武器。法律价值观是法律意识的核心部分，只有认真学习马克思主义法律价值观，才能深入领会我国社会主义法的价值取向，产生对法律的认同感，为社会主义法治观念奠定思想基础。开展法制宣传教育，普及法律基本知识，是培养和提高广大干部和群众法律意识最直接的途径。无论是马克思主义法律价值观，还是比较系统的法律知识，都必须通过专门的法制宣传教育才能传播和普及。

复习思考题

简答题

1. 什么是法？如何理解法的特征和法的本质？
2. 法的作用是什么？
3. 我国社会主义法的本质和作用是什么？
4. 简述法的创制概念和特征？
5. 什么是法的渊源？我国社会主义法的渊源有哪些？
6. 什么是法的适用？我国社会主义法的适用的基本要求和原则是什么？
7. 如何培养公民的社会主义法律意识？

第二章 宪 法

> 24周岁的男子李某死在了看守所，死因是"重度颅脑损伤"。云南省昆明市某区的公安局对此事件的解释是，李某的死亡是由于其与同监室的狱友在看守所天井里玩"躲猫猫"游戏时，遭到狱友踢打并不小心撞到墙壁而导致的。此番结论遭到网民一片质疑，后经调查得知李某系被牢头狱霸殴打致死。犯罪嫌疑人在被限制人身自由、身处不利境地的情况下，其生命权保护问题，是值得宪法关怀的。在本案中，看守所是否尽到了保护的职责、履行了我国《宪法》规定的"国家尊重和保障人权"的义务呢？

宪法与刑法、民法、行政法、诉讼法等都是一个国家法的组成部分，但它们在一个国家法律体系中的地位是不相同的。宪法是国家的根本法，是国家一切立法活动的基础。其核心内容是公民权利的保障和公共权力的正确行使。本章在学习宪法基本理论的基础上，掌握现行《宪法》对我国的根本制度、国家结构形式、公民的基本权利和义务以及国家机构的一般规定，以期大家对我国《宪法》规定的基本内容有一个全面的了解，为学习其他部门法打下基础。

重点提示

- 宪法的概念和特征
- 我国的国体
- 我国的政体
- 我国公民的基本权利和义务
- 我国的国家机构

第一节 宪法概述

一、宪法的概念和特征

（一）宪法的概念

什么是宪法？宪法是法的组成部分，它集中反映各种政治力量的实际对比关系，规定国家的根本任务和根本制度，即社会制度、国家制度的原则和国家政权的组织以及公民的基本权利、义务等内容。宪法是国家的根本法，具有最高法律效力。

宪法是国家的根本法，是民主制度化、法律化的基本形式，是阶级力量对比关系的集中表现。

宪法是法律体系的核心部分，具有同其他一般法律相同的特征。它们都是上升为国家意志的统治阶级意志的表现，都是由国家强制力保证其实施的，都是阶级统治的重要工具。

> **知识链接**
>
> "宪法"一词本来源于拉丁文,是组织、确立、结构之意。古罗马帝国时代,"宪法"一词被用来表示皇帝的各种建制及其所发布的诏令谕旨等。在我国古代书中有"宪"和"宪法"的词语,"赏善罚奸,国之宪法",一般是指法律、规章、制度等,与近代意义上的宪法还相去甚远。
>
> 近代意义上的宪法是随着十七八世纪欧美资产阶级革命的胜利而产生的。在资产阶级革命胜利后,欧美各国都确立了资产阶级的民主制度,并制定了自己的宪法。它用以专指规定国家的组织权限、活动原则、公民的基本权利和义务的根本法。随着美国宪法和法国宪法的制定,近代意义上的宪法才最终形成和确定。

(二)宪法的基本特征

宪法不同于其他一般法律,宪法是根本法,具有以下三个基本特征:

1. 宪法内容的根本性

宪法作为一个国家的根本法,它确立了一个国家的根本制度。国体、政体、国家结构形式、公民的基本权利和义务、国家机关与公民之间的关系等。宪法是国家的总章程。

宪法的内容无疑是统治阶级胜利成果的总结。所谓统治阶级的胜利成果,首先是指该阶级所取得并保持的国家政权及有利于这个政权的社会秩序、经济秩序;其次是指服务于本阶级需要的根本制度和反映其统治经验的一系列根本性的方针和政策。

2. 宪法效力的最高性

宪法作为根本法具有最高的法律效力,主要表现在:

(1)宪法是其他一般法律的立法基础。任何法律的制定必须以宪法为根据。

(2)任何法律、法规不得与宪法相抵触,如有抵触,法律、法规即无效。我国《宪法》序言规定:宪法具有最高的法律效力。《宪法》第5条规定:一切法律、行政法规和地方性法规都不得同《宪法》相抵触。

3. 宪法制定、修改程序的严格性

由于宪法是根本法,是统治阶级意志的集中体现,所以宪法的制定一般需要经过严格程序。由于宪法所规定的内容是国家生活中最根本性的问题,统治阶级为了保证它的尊严和相对稳定性,对其制定和修改程序的要求比普通法律更为严格。我国《宪法》第64条规定:《宪法》的修改,由全国人民代表大会常务委员会或者1/5以上的全国人民代表大会代表提议,并由全国人民代表大会以全体代表的2/3以上多数通过。法

> **法律提示**
>
> 《宪法》以外的其他法律,包括基本法律、行政法规等往往在第1条明确规定:"根据宪法……制定本法"。例如,1997年施行的《中华人民共和国刑法》(以下简称《刑法》)第1条规定:为了惩罚犯罪,保护人民,根据《宪法》,结合我国同犯罪做斗争的具体经验及实际情况,制定本法。这说明宪法是根本法,具有最高的法律效力。我们应时刻注意维护宪法权威。

律和其他议案由全国人民代表大会以全体代表的过半数通过。

二、我国宪法的产生、发展和完善

自1949年中华人民共和国成立以来,我国先后在各个不同的历史发展阶段制定了相应的《宪法》。

(一)1949年《中国人民政治协商会议共同纲领》

1949年9月29日中国人民政治协商会议第一届全体会议通过了《中国人民政治协商会议共同纲领》,除了序言外,分为总纲、政权机关、军事制度、经济政策、文化教育政策、民族政策和外交政策,共7章60条。它肯定了中国人民革命的胜利成果,反映了全国各民族的共同愿望,起到开国宪法的作用。

(二)1954年《宪法》

1954年《宪法》是第一届全国人民代表大会第一次会议通过的,在内容上充分反映了社会主义原则和人民民主原则。它确认了生产资料的社会主义公有制,确认了社会主义建设和社会主义改造的基本路线,保证消灭剥削制度和建立社会主义社会;它确认了工人阶级领导的人民民主政权,规定对一小撮敌对分子实行专政;它反映了工人阶级的根本意志。这部《宪法》无论是它的指导思想、基本原则、主要内容还是结构形式,都受到人们的普遍好评,并为我国以后几部《宪法》的修订确立了基本模式。

(三)1975年《宪法》

1975年《宪法》是第四届全国人民代表大会第一次会议通过的。由于当时正处于"文化大革命"中后期,"左"倾色彩浓厚,它强调"继续革命""阶级斗争""全面的专政"等极"左"的口号,故与1954年《宪法》相比,1975年《宪法》的内容很不完善并有许多错误。

 议一议

我国的历史源远流长,出现过的法律制度也浩如烟海,在你的记忆或印象中,我国历史上的各朝代有没有制定过国家的宪法,再想想为什么?

(四)1978年《宪法》

1978年《宪法》是第五届全国人民代表大会第一次会议通过的,共60条。它将"把我国建设成为农业、工业、国防和科学技术现代化的伟大的社会主义强国"作为全国人民在新时期的总任务,恢复了人民检察机关的设置,增添了公民权利和自由等。1979年和1980年两次对《宪法》进行局部修改,但从总体上说仍不能适应新时期的需要。

(五)1982年《宪法》

1982年《宪法》是第五届全国人民代表大会第五次会议通过的,是我国的现行《宪法》。这部《宪法》对我国国家制度、经济制度、建设社会主义精神文明、公民的基本权利和义务以及国家机构的设置和职权范围等一系列重大问题都做了极为明确的规定,体现了以经济建设为中心，坚持四项基本原则的指导思想。

随着改革开放和社会主义现代化建设事业的发展，我国社会生活各个领域都发生了巨大变化，为了适应新的变化，全国人民代表大会先后五次对1982年《宪法》进行了修改和补充。即1988年4月12日第七届全国人民代表大会第一次会议通过的《中华人民共和国宪法修正案》、1993年3月29日第八届全国人民代表大会第一次会议通过的《中华人民共和国宪法修正案》、1999年3月15日第九届全国人民代表大会第二次会议通过的《中华人民共和国宪法修正案》、2004年3月14日第十届全国人民代表大会第二次会议通过的《中华人民共和国宪法修正案》和2018年3月11日第十三届全国人民代表大会第一次会议通过的《中华人民共和国宪法修正案》。

通过对《宪法》进行修改和补充，及时地把在经济建设和改革开放中所取得的成果固定下来，有利于保障经济建设和改革开放的顺利进行，特别是2018年3月最近的一次修订，把习近平新时代中国特色社会主义思想载入国家根本法，体现了党和国家事业发展的新成就、新经验、新要求，必将为实现"两个一百年"奋斗目标和中华民族伟大复兴提供有力的宪法保障。

三、我国现行宪法的指导思想和基本原则

（一）我国现行宪法的指导思想

坚持四项基本原则是1982年《宪法》的指导思想。坚持党的领导，坚持人民民主专政，坚持社会主义道路，坚持马列主义、毛泽东思想，是中国人民不断前进的共同政治基础。我国现行宪法在总结历史经验、分析现实状况的基础上，将四项基本原则作为一个整体写入《宪法》，成为宪法总的指导思想。

随着改革开放和社会主义现代化建设事业的纵深发展，宪法的指导思想也不断丰富和发展。2018年3月11日第十三届全国人民代表大会第一次会议通过了《中华人民共和国宪法修正案》，确立了马克思列宁主义、毛泽东思想、邓小平理论、"三个代表"重要思想、科学发展观、习近平新时代中国特色社会主义思想为现行宪法的指导思想。

（二）我国现行宪法的基本原则

宪法的基本原则是指宪法在调整社会关系过程中必须遵循的最基本的准则，是贯穿立宪和行宪的基本精神。我国现行宪法的基本原则主要有：

1. 人民主权原则

我国《宪法》第2条规定：中华人民共和国的一切权力属于人民。这是人民主权原则的确认和体现。

人民行使国家权力的机关是全国人民代表大会和地方各级人民代表大会。我国是人民当家作主的社会主义国家。在实践中，宪法为实现一切权力属于人民提供保障；宪法通过确认我国人民民主专政的国体，保障广大人民群众在国家中的主人翁地位；通过确认以公有制为主体、多种所有制经济共同发展的基本经济制度，为人民当家作主奠定了经济基础；通过确认人民代表大会制度的整体，为人民当家作主提供了组织保障；通过确认广大

人民可以依据有关法律的规定，通过其他各种途径和方式管理国家事务和其他社会事务，把人民当家作主贯彻于国家社会生活的各个领域。

2. 公民权利与人权原则

公民权利和人权保障在我国《宪法》有明确体现。我国《宪法》明确规定了公民在政治、经济、文化和社会生活等方面享有的权利和自由，规定了对妇女、儿童、老人、残疾人和华侨等具有特定身份人员的权益的保护。此外，我国《宪法》还规定了国家要为公民实现权利和自由以及其他人权提供物质上和法律上的保障，从而使公民行使权利和自由有了可靠保障。《中华人民共和国宪法修正案（2004年）》第一次增加了"国家尊重和保障人权"的规定，从而使其成为宪法的一项基本原则。

3. 法治原则

我国《宪法》第5条明确规定：中华人民共和国实行依法治国，建设社会主义法治国家。国家维护社会主义法制的统一和尊严。一切法律、行政法规和地方性法规都不得同宪法相抵触。一切国家机关和武装力量、各政党和各社会团体、各企业事业组织都必须遵守宪法和法律。一切违反宪法和法律的行为，必须予以追究。任何组织或者个人都不得有超越宪法和法律的特权。所有这些规定，都充分体现了宪法的法治原则。

> **法律词典**
>
> 我国《宪法》第3条规定：国家行政机关、监察机关、审判机关、检察机关都由人民代表大会产生，对它负责，受它监督。第140条规定：人民法院、人民检察院和公安机关办理刑事案件，应当分工负责，互相配合，互相制约，以保证准确有效地执行法律。

4. 民主集中制原则

我国宪法采取的不是分权原则，而是民主集中制原则。根据《宪法》第3条的规定，中华人民共和国的国家机构实行民主集中制的原则；全国人民代表大会和地方各级人民代表大会都由民主选举产生，对人民负责，受人民监督；国家行政机关、监察机关、审判机关、检察机关都由人民代表大会产生，对它负责，受它监督；中央和地方的国家机构职权的划分，遵循在中央的统一领导下，充分发挥地方的主动性、积极性的原则。但是，民主集中制原则并不排斥行使国家权力的各部门之间的分工，也不排斥监督和制约。

第二节　我国的国家制度和社会制度

一、我国的国体

国体即国家的阶级性质，国家的本质，是指社会各阶级在国家中的地位。人类历史上迄今为止出现过四种不同阶级专政的国体，即四种历史类型的国家：奴隶制国家、封建制国家、资本主义国家和社会主义国家。我国《宪法》第1条规定：中华人民共和国是工人阶级领导的、以工农联盟为基础的人民民主专政的社会主义国家。这是对我国的国家阶级性质，亦即我国国体的明确规定。

（一）人民民主专政是民主和专政的有机结合

人民民主专政是我国国家制度的核心，是对人民的民主和对敌人的专政两个方面的有机结合。没有对人民的广泛民主，就不能形成对敌人的有力专政；没有对敌人的强有力专政，也就不能保障人民的民主权利。民主与专政是统一的辩证关系，两者紧密相连、相辅相成。

（二）工人阶级是人民民主专政的领导力量

工人阶级的领导是人民民主专政的根本标志。工人阶级对国家的领导是通过自己的先锋队——中国共产党来实现的。中国的革命和建设都离不开中国共产党的领导。在新的历史时期，更要加强和改善党对国家的领导，坚持党的基本路线和各项方针政策。党要通过各级组织深入细致的思想政治工作和广大党员的模范带头作用来贯彻执行党的路线、方针和政策，以更好地实现党对国家的领导。《宪法》第1条规定：中国共产党领导是中国特色社会主义最本质的特征。

（三）工农联盟是人民民主专政的阶级基础

工人阶级领导下的工农联盟是人民民主专政的阶级基础。工人阶级和农民阶级都是劳动者阶级，这两个阶级约占我国人口总数的90%以上，是我国革命和建设的基本力量。农民阶级始终是工人阶级的天然同盟军。工人阶级只有得到广大农民的积极支持，才能彻底实现自己的任务；而广大农民也只有在工人阶级的领导下，才能求得自己的翻身解放，成为国家的主人，走上社会主义道路。因此，我们在新的基础上应不断巩固和加强工农联盟。

（四）爱国统一战线和中国人民政治协商会议

1. 爱国统一战线

爱国统一战线的存在，是我国人民民主专政国家政权的重要特点之一。在中国不同的革命历史时期，统一战线的性质是变化、发展的。在现阶段，爱国统一战线是由中国共产党领导的，由各民主党派和各人民团体参加的，包括全体社会主义劳动者、社会主义事业的建设者、拥护社会主义的爱国者、拥护祖国统一和致力于中华民族伟大复兴的爱国者的广泛的联盟。它包括两个范围的联盟：一是由祖国大陆范围内全体劳动者、社会主义事业的建设者、拥护社会主义的爱国者组成的，以爱国主义和社会主义为政治基础的联盟，这个联盟必须坚持四项基本原则；二是广泛团结台湾同胞、港澳同胞、海外侨胞，以拥护祖国统一、致力于中华民族伟大复兴为政治基础的联盟。这个联盟只要是赞成祖国统一和民族复兴，即使是不赞成社会主义的人也是爱国统一战线团结的对象。

2. 中国人民政治协商会议

中国人民政治协商会议（以下简称"人民政协"）是具有广泛代表性的爱国统一战线的组织。人民政协由中国共产党领导，各民主党派、无党派人士、人民团体、少数民族人士和爱国人士组成。在全国设政协地方委员会。人民政协的主要职能是：对国家的大政方针、地方重要事务及群众生活，统一战线的内部关系等重大问题，进行政治协商，并通过协商向中国共产党和国家机关提出批评和建议，发挥民主监督的作用。通过参加讨论政府工作报告及其他重大问题，参政议政，建言献策。

3. 中国共产党领导的多党合作和政治协商制度

中国共产党领导的多党合作和政治协商制度是中华人民共和国的一项基本的政治制度。

中国共产党领导的多党合作制度是：中国共产党是中华人民共和国的唯一执政党，8个民主党派在接受中国共产党领导的前提下，具有参政党的地位，与中国共产党通力合作，参与执政。

> **知识链接**
>
> 在我国，除了执政党中国共产党以外的8个参政党统称为民主党派。它们分别是中国国民党革命委员会、中国民主同盟、中国民主建国会、中国民主促进会、中国农工民主党、中国致公党、九三学社和台湾民主自治同盟。民主党派是爱国统一战线的重要组成。我们应加强同民主党派的团结合作，铸牢中华民族共同体意识，全面推进国家建设，共同致力于民族复兴伟业。

政治协商制度是在中国共产党的领导下，各民主党派、各人民团体、各少数民族和社会各界的代表，对国家的大政方针以及政治、经济、文化和社会生活中的重要问题在决策之前举行协商和就决策执行过程中的重要问题进行协商的制度。

政治协商以中国人民政治协商会议为组织形式，是中国共产党领导的多党合作的最主要的政治内容和组织形式，是统一战线的形式之一。

中国共产党领导的多党合作和政治协商制度存在的政治基础是四项基本原则。

中国共产党与各民主党派合作的基本方针是：长期共存，互相监督，肝胆相照，荣辱与共。

二、我国的政体

政体又叫政权组织形式或者政治制度，主要是指最高国家权力机关的组织形式，包括政权的构成、组织程序和最高权力的分配情况，以及公民参加管理国家和社会事务的程序和方式。我国的政权组织形式是人民代表大会制度。

视频

（一）人民代表大会制度是我国政权组织形式

人民代表大会制度，是指国家的一切权力属于人民，人民通过民主选举产生各级人民代表，组成全国人民代表大会和地方各级人民代表大会，作为人民行使国家权力的机关，其他国家机关由人民代表大会产生，受它监督，向它负责；人民代表大会常务委员会向本级人民代表大会负责，人民代表大会向人民负责的根本政治制度。全国人民代表大会制度的优越性表现在以下几点：

1. 便于人民参加国家管理

全国人民代表大会和地方各级人民代表大会的代表由选民直接或者间接选举产生。人民代表对选举单位负责，并受它监督，选民和原选举单位有权依法随时撤换自己选出的代表；人民代表有权就国家生活中的一切问题发表意见，并根据民主集中制的原则做出决定；人民代表有权向其他国家机关提出质询，受质询的机关必须负责答复。这就保证了全国各族人民通过行使选举权利将自己满意和信任的公民选为人民代表，组成人民代表大会，行使管理国家的权力，真正成为国家的主人。

2. 便于集中统一地行使国家权力

全国人民代表大会是最高国家权力机关，全国人民代表大会常务委员会是它的常设机关，它们有权依法决定国家政治生活中的一切重大问题；地方各级人民代表大会是地方国家权力机关，它有权依法决定本地方的各种重大问题；各级国家行政机关、监察机关、审判机关、检察机关都由同级人民代表大会产生，对它负责，受它监督，并报告工作。通过人民代表向人民群众传达它所通过的《宪法》、法律和决议，并以自己的模范行动带动、带领人民群众贯彻实施。这就充分证明人民代表大会制度最便于集中统一行使国家权力。

> **议一议**
>
> 全国人民代表大会召开会议时，通常都邀请政协委员列席会议，这是为什么？

3. 人民代表大会制度能够比较全面地表现我国人民民主专政的国家性质

一方面，人民代表大会制度体现了人民民主专政的国家本质，是我国人民当家做主、行使管理国家事务权力的基本形式。通过民主集中制的原则，从而使国家权力最终掌握在人民手中，达到维护人民群众根本利益的目的。另一方面，从全国人民代表大会和地方各级人民代表大会的代表构成来看，人民代表大会制度能够体现我国国家阶级、阶层和各族人民在国家中的地位，便于实现最广泛的民主。此外，我国的选举制度也保证了国家权力机关的组成人员的结构，能够比较鲜明地表现国家的性质，同时又保证这样的政权组织能够比较完善地实现人民民主专政的职能。

（二）我国的选举制度

我国的选举制度是人民代表大会制度的重要组成部分。它是选举全国人民代表大会和地方各级人民代表大会代表的原则、程序以及方式、方法的总称。其内容由《中华人民共和国选举法》（以下简称《选举法》）和其他有关选举的规范性文件做出规定。

根据我国《宪法》和《选举法》的规定，我国的选举制度有以下基本原则：

1. 选举权的普遍性原则

在我国，年满18周岁的公民，不分民族、种族、性别、职业、家庭出身、宗教信仰、教育程度、财产状况、居住期限，都有选举权和被选举权；但是依照法律被剥夺政治权利的人除外。

2. 选举权的平等性原则

在我国，每个选民在一次选举中只有一个投票权；同时，全国人民代表大会代表名额，由全国人民代表大会常务委员会根据各省、自治区、直辖市的人口数，按照每一位代表所代表的城乡人口数相同的原则，以及保证各地区、各民族、各方面都有适当数量代表的要求进行分配。

> **举案说法**
>
> 某市某区人大换届选举时，在某饭店打工的王某等16名员工，在该饭店登记为合法选民，但该饭店并未发给他们选民证，也没有通知他们参加选举，导致这些员工不能参加投票。为此，王某等16名员工向区人民法院起诉，要求该饭店承担法律责任，并赔偿经济损失。请问该饭店是否侵害王某等16名员工的选举权？为什么？
>
> 评析：该饭店侵害了王某等16名员工的选举权，因为按照我国《宪法》的规定，年满18周岁的公民，不分民族、种族、性别、职业、家庭出身、宗教信仰、教育程度、财产状况、居住期限，都有选举权和被选举权，这充分体现了我国选举的普遍性和广泛性。而城市中的外来打工者，年龄一般超过了18周岁，只要其依照法律规定没有被剥夺政治权利，都拥有选举权和被选举权，不能以任何理由剥夺其权利。因此，饭店应承担侵权责任。

3. 直接选举和间接选举并用的原则

在我国，不设区的市、市辖区、乡、民族乡、镇和县、自治县的人民代表大会的代表，由选民直接投票选举产生；全国人民代表大会的代表，省、自治区、直辖市、设区的市、自治州的人民代表大会的代表，由下一级人民代表大会选举产生。

4. 无记名投票原则

我国的选举采取无记名投票的方法进行。在选票上不记投票人的姓名，选民按照自己的意愿填写选票，并亲自投入票箱。这样，选民可以排除外来干扰，自主地选出自己信赖的人担任代表。

三、我国的民族区域自治制度和特别行政区制度

（一）我国的国家结构形式

国家结构形式，是指特定国家为表现其国家的整体和局部之间的相互关系所采取的外部总体形式。它与政体同属国家形式，是国家制度的重要内容之一。简而言之，国家结构形式是指国家整体和部分之间、中央和地方之间的相互关系。现代国家基本上有两种国家结构形式：单一制和复合制。

我国《宪法》序言中明确规定：中华人民共和国是全国各族人民共同缔造的统一的多民族国家。这表明，单一制是我国国家结构形式。我国之所以采取单一制国家结构形式的原因有以下几点：

1. 历史原因

我国自秦汉以来，一直是统一的中央集权制国家。两千多年来，虽曾出现过短暂的民族压迫、民族分裂的局面，但是各民族之间在经济与文化上的交流，却从未中断。国家的统一、各民族的团结，始终是我国历史的主流。

2. 民族原因

我国是一个以汉族为主体的统一的多民族国家。各民族在长期的历史发展和相互交往中，形成了大杂居和小聚居的民族分布状况。一方面，全国各省、自治区、直辖市都有少数民族居住，绝大部分县级单位都有两个以上的民族居住；另一方面，在各少数民族聚居的地区，也有大量的汉族或者其他少数民族居住。这种民族分布状况，促进了各民族之间在政治、经济和文化等方面的密切联系和交往，为我国建立统一的多民族国家提供了客观条件。

3. 我国所处的国际环境原因

我国少数民族地区绝大部分地处边疆，而外国敌对势力总是在千方百计地挑拨我国的民族关系，破坏我国各族人民的团结和国家的统一。因此，我们建立统一的多民族国家，有助于反对外国敌对势力的分裂阴谋，有利于祖国的独立、统一和各民族的团结合作。

知识链接

（1）单一制，是指国家由若干不具有独立性的行政单位或者自治单位组成，各组成单位都是国家不可分割的一部分的国家结构形式。

（2）复合制，分为联邦制和邦联制等形式。联邦制，是指由两个或者两个以上的成员单位（共和国、邦、州等）联合组成一个统一国家的制度。邦联制则是指两个或者两个以上的独立国家为了某种特定目的而结成国家联合的制度。

总之，我国采取单一制的国家结构形式，建立统一的多民族国家，是各族人民的共同愿望，符合各族人民的根本利益。

（二）我国的民族区域自治制度

我国《宪法》第4条规定：各少数民族聚居的地方实行区域自治，设立自治机关，行使自治权。各民族自治地方都是中华人民共和国不可分离的部分。这就是说，民族区域自治，是指在统一的祖国大家庭内，在国家统一领导下，以少数民族聚居区为基础，建立相应的自治地方，设立自治机关，行使自治权，使实行区域自治的民族实现人民当家做主、管理本民族内部地方性事务的政治制度。

民族区域自治作为一项完整的制度，包括以下主要内容：

（1）民族自治地方是国家统一领导下的行政区域，是中华人民共和国不可分离的组成部分，民族自治地方的自治机关是自治区、自治州、自治县的人民代表大会和人民政府。

（2）民族区域自治必须以少数民族聚居区为基础，是民族自治与区域自治的结合。

（3）民族自治机关可以根据《宪法》和有关法律的规定，行使广泛的自治权。

（4）依照行政地位标准，民族自治地方分为自治区、自治州、自治县三级，它们分别相当于省级、地级、县级。

此外，凡是相当于乡的少数民族聚居的地方，应当建立民族乡，但它不属于民族自治地方。

民族区域自治制度，体现了国家集中统一领导与民族区域自治的正确结合，体现了国家的方针政策同少数民族地区的特点正确结合，体现了国家的富强同少数民族的繁荣正确结合，体现了把热爱祖国同热爱民族正确结合。中华人民共和国成立以来，我国各少数民族地区实行民族区域自治，保证了祖国的统一和民族的团结；保障了少数民族区域自治，保证了国家的统一和民族的团结；保障了少数民族行使当家做主、管理本民族内部事务的权利；巩固和发展了各民族平等、团结和互助的社会主义民族关系；促进了少数民族地区经济、文化的发展。实践充分证明，我国民族区域自治制度具有无比的优越性。

（三）我国的特别行政区制度

我国《宪法》第31条规定：国家在必要时得设立特别行政区。在特别行政区内实行的制度按照具体情况由全国人民代表大会以法律规定。这一规定是我国建立特别行政区制度的宪法依据，而这一规定又是邓小平同志"一国两制"伟大构想的体现。

特别行政区，是指在中华人民共和国行政区域范围内设立的享有特殊法律地位、实行资本主义制度和资本主义生活方式的地方行政区域。特别行政区是中华人民共和国不可分离的一部分，是地方一级行政区域；特别行政区政权是中华人民共和国的一个地方政权，直辖于中央人民政府，中央人民政府与特别行政区的关系是中央与地方的关系，特别行政区享有高度自治权，但它不享有国家主权，没有外交权和国防方面的权力，也不是一个独立的政治实体。

特别行政区依照法律规定，在相当长的期限内不实行社会主义制度，原有的社会经济制度，生活方式可以保留。特别行政区政府由当地人组成，除了外交和国防由中央统一管理以外，可以享有高度的自治权。其高度的自治权包括享有行政管理权、立法权、独立的司法权和终审权等，原来实行的法律基本不变。

四、我国的基本经济制度

经济制度，是指人类历史发展一定阶段上的经济基础，即生产关系的总和。我国《宪法》第6条明确规定：国家在社会主义初级阶段，坚持公有制为主体、多种所有制经济共同发展的基本经济制度，坚持按劳分配为主体、多种分配方式并存的分配制度。

（一）公有制经济为主体

公有制经济不但包括国有经济和集体经济，还包括混合所有制经济中的国有成分和集体成分。公有制经济的主体地位主要体现在：公有资产在社会总资产中占优势；国有经济控制国民经济命脉，对经济发展起主导作用。公有制实现形式可以而且应当多样化。一切反映社会化生产规律的经营方式和组织形式都可以大胆利用。例如，股份制是现代企业的一种资本组织形式，社会主义国家亦可利用。公有制主要有国有经济和集体经济两种形式。

（1）国有经济，即社会主义国家所有制经济。它是由代表人民利益的国家占有生产资料的一种所有制经济。国有经济是国民经济中的主导力量，对国民经济的发展起着主导作用。而这种主导作用主要体现在对国民经济命脉的控制上。因此，国家要调整国有经济布局，增强国有经济的控制力和竞争力，保障国有经济的主体地位的顺利发展。

（2）集体经济，即由集体单位内的劳动群众共同占有生产资料的一种所有制经济。它是公有制经济的重要组成部分。集体经济包括农村中的家庭联产承包为主的责任制和生产、供销、信用、消费等各种形式的合作经济，以及城镇中的手工业、工业、建筑业、运输业、商业、服务业等行业的各种形式的合作经济。集体经济可以体现共同致富原则，可以广泛吸收社会分散资金，缓解就业压力，增加公共积累和国家税收。因此，国家大力支持、鼓励和帮助城乡多种形式集体经济的发展。

（二）非公有制经济是社会主义市场经济的重要组成部分

非公有制经济包括个体经济、私营经济和外商投资经济，它是我国社会主义市场经济的重要组成部分。国家对个体经济、私营经济和外商投资经济采取鼓励、支持和帮助引导的政策，同时要健全财产法律制度，依法保护它们的合法利益和公平竞争，并加强对它们的监督和管理，保障它们的健康发展，发挥它们满足人们多样化的需要、增加就业和促进国民经济发展的作用。

案例讨论

自2008年9月以来，山西省推行"煤矿兼并重组"，两千多座煤矿被挂上了"国字号"的牌子。这场改革成为几十年来，山西煤炭领域最大的一场变革，由此也引发了很多社会争议。《中华人民共和国宪法修正案（1999年）》将个体经济、私营经济的法律地位修改为"个体经济、私营经济等非公有制经济，是社会主义市场经济的重要组成部分"，即将非公有制经济与公有制经济置于同等保护的宪法地位。请讨论：在此事件中，有关做法是否符合宪法这一规定的精神？

（三）以按劳分配为主体、多种分配方式并存的分配制度

按劳分配，是指在各尽所能的前提下，由代表人民的国家或者集体经济组织按照每个公民劳动的数量和质量分配给公民应得的生活资料。按劳分配原则是建立在生产资料公有制基础上的社会主义分配原则。我国目前实行的是以按劳分配为主体、多种分配方式并存的分配制度。坚持多劳多得，鼓励勤劳致富，促进机会公平，增加低收入者收入，扩大中等收入群体，规范收入分配秩序，规范财富积累机制。国家依法保护合法收入（包括债券利息、股份分红、风险补偿、私营企业主的非劳动收入等），这些收入是按劳分配形式的辅助和补充，不能也不应改变按劳分配的主体地位。同时，国家允许和鼓励资本、技术等生产要素参与收益分配；取缔非法收入，对侵吞公有制财产和用偷税逃税、权钱交易等非法手段牟取利益的，坚决依法惩处；整顿不合理收入，对凭借行业垄断和某些特殊条件获得个人额外收入的，必须纠正；调节过高收入，完善个人所得税制，使收入差距趋向合理，防止两极分化。

第三节　我国公民的基本权利和义务

一、公民的基本权利和义务概述

（一）公民、国民和人民

"公民"是一个法律概念，指的是具有一国国籍，并根据该国宪法和法律的规定享有权利承担义务的自然人。我国《宪法》第33条规定：凡具有中华人民共和国国籍的人都是中华人民共和国公民。

国民与公民的含义相同，只是不同国家或者同一个国家不同时期的使用习惯不同而已。我国在1953年《选举法》以前的法律称"国民"，后来在1953年《选举法》和1954年《宪法》上，为与大多数国家相一致，改称"公民"。

"人民"是相对于敌人而言的政治概念，同公民是有区别的。

（二）公民的基本权利和基本义务的概念

公民的基本权利，是指公民依照宪法享有的人身、政治、经济、文化等方面的基本权益。宪法是国家的根本法，不可能把公民的一切权利都规定进来，而只能规定最主要、最基本而又是公民不可缺少的权利。公民的基本义务，是指公民依照宪法规定应当履行的最主要、最基本的责任。宪法不可能将公民所有的义务都加以规定，也只能规定最基本、最主要的义务。

（三）公民权利同人权的联系和区别

公民权利同人权既有联系又有区别。公民权利，是指由法律规定或者赋予的公民应当依法享有的权益。人权就是在一定的社会历史条件下，每个人按其本质和尊严享有或者应该享有的基本权利。公民权利同人权的联系十分密切，二者的内容是相互交叉、相互渗透的。

公民权利同人权也是有区别的。这种区别主要表现在以下几点：

（1）人权是人性反对神性的历史产物，公民权利是由宪法和法律规定赋予的。

（2）人权同公民权利的内容范围不一样。人权的内容范围要广泛得多，就基本人权的内容来说，它主要包括生存权，发展权，公民的政治权利，经济、社会、文化权利等，具体的人权内容则有上百种。而且人权的内容应然性成分多，相当原则和笼统，可行性和可操作性相对差一些。而公民权利则不同，它是由宪法和法律规定的，内容明确、具体，完全是实然性的，可行性和可操作性相对容易得多。

（3）人权有个人人权和集体人权之分，它的主体除了个人以外，还有民族、国家、群体和团体。而公民权利只是公民个人的权利，它的主体只能是公民个人，根本不存在也不会产生集体公民权的问题。

（4）人权既有国际的一面，也有国内的一面，而且本质上是属于一国主权范围内的问题。在一定条件下，人权可以依国际人权法实行有限的国际保护。而公民权利则完全是国内的问题，它是由一国的宪法和法律规定的，它的贯彻实施和行使也只能依靠本国的宪法和法律来保障，国际社会和国际法无权进行干预。

总之，公民权利同人权既有联系又有区别，所以党和国家既要维护和保证公民权利和自由，又要尊重和保障人权。

二、我国公民的基本权利

根据我国《宪法》的规定，我国公民享有以下基本权利和自由。

举案说法

大学毕业生张某，在当地公务员招考中笔试和面试成绩均获得第一名，然而他却因为在随后的体检中被查出"乙肝"病毒携带者而被拒绝录用。随后张某以当地人力资源和社会保障局的歧视行为违反《宪法》"中华人民共和国公民在法律面前一律平等"的规定为由，向法院提起行政诉讼，最终以胜诉告终。

评析：这是全国首例因歧视乙肝患者引发的涉及宪法平等权的官司。之后国家人事主管部门进一步统一了国家公务员录用体检标准。张某用法律武器让遭受不公平待遇的人触摸到一次真实的平等，也是人权保障的切实体现。

（一）平等权

《宪法》第33条规定：中华人民共和国公民在法律面前一律平等。平等权，是指任何公民都平等地享有我国《宪法》和法律规定的各项权利，也都平等地履行我国《宪法》和法律规定的各项义务，任何公民都平等地受到法律的保护；任何公民的违法犯罪行为也都平等地依法予以追究和制裁；任何公民都不得有超越我国《宪法》和法律的特权。

（二）公民的政治权利和自由

政治权利和自由，是指我国《宪法》和法律规定公民有权参加国家政治生活的民主权利，以及在政治上享有表达个人见解和意愿的自由。它是我国公民的一项极其重要的基本权利。我国《宪法》和法律规定的公民的政治权利和自由有以下几种：

1. 选举权和被选举权

选举权和被选举权体现了我国人民当家做主，管理国家的主人翁地位。我国《宪法》和《选举法》规定：凡年满18周岁的公民，不分民族、种族、性别、职业、家庭出身、宗教信仰、教育程度、财产状况、居住期限，都有选举权和被选举权；但是依照法律被剥夺政治权利的人除外。这就体现了我国选举制度的民主性和平等性。

2. 政治自由

《宪法》第35条规定：中华人民共和国公民有言论、出版、集会、结社、游行、示威的自由。因此，公民的政治自由主要有以下几种：

（1）言论自由。它是指公民对于政治和社会的各项问题，有通过语言方式表达其思想和见解的自由。

（2）出版自由。它是指公民以出版物的形式表达其思想和见解的自由。

议一议

言论自由权作为人权的一项基本内容，随着科技和社会的进步，新的表达平台——互联网的出现，让言论自由权出现了新的表现形式，即网络言论自由权。微博、微信等新兴载体成为人们行使网络言论自由权的重要平台。然而无度的言论自由造成了侵犯他人名誉权、隐私权等问题。请同学们议一议：如何在法律的边界内充分行使网络言论自由权？

（3）集会自由、游行自由和示威自由。集会自由，是指公民为了共同的目的，临时集合在一定的场所，讨论问题或者表达意愿的自由。游行自由，是指公民在公共道路或者露天场所进行的表达一定政治或者经济上的要求、愿望的活动的自由。示威自由，是指公民以游行、集会、静坐等方式表达强烈愿望，以示决心和力量的自由。

（4）结社自由。它是指公民为一定的宗旨，依照法定程序组织或者参加具有持续性的社会团体的自由。

（三）公民的宗教信仰自由

《宪法》第36条规定，公民有宗教信仰自由。主要含义包括以下几个方面：

（1）每个公民有信仰宗教的自由，也有不信仰宗教的自由。

（2）有信仰这种宗教的自由，也有信仰那种宗教的自由。

（3）在同一个宗教里，有信仰这个教派的自由，也有信仰那个教派的自由。

（4）有过去不信教现在信教的自由，也有过去信教现在不信教的自由。

任何国家机关、社会团体和个人都不得强制公民信仰宗教或者不信仰宗教，也不得歧视信仰宗教和不信仰宗教的公民。国家保护正常的宗教活动，但不允许任何人利用宗教进行破坏社会秩序、损害公民的身体健康和妨碍国家教育的活动。宗教团体和宗教事务不受外国势力的支配。

（四）公民的人身自由

公民的人身自由也是公民最重要的基本权利之一，主要包括以下几种：

（1）人身自由不受侵犯的权利。《宪法》第37条规定：任何公民，非经人民检察院批准或者决定或者人民法院决定，并由公安机关执行，不受逮捕。禁止非法拘禁和以其他方法非法剥夺或者限制公民的人身自由，禁止非法搜查公民的身体。

（2）公民的人格尊严不受侵犯。禁止用任何方法对公民进行侮辱、诽谤和诬告陷害。

（3）公民的住宅不受侵犯。禁止非法搜查或者非法侵入公民的住宅。

（4）公民的通信自由和通信秘密受法律的保护。除因国家安全或者追查刑事犯罪的需要，由公安机关或者检察机关依照法律规定的程序对通信进行检查外，任何组织或者个人不得以任何理由侵犯公民的通信自由和通信秘密。此外，随意私拆别人信件是违法的。侵犯公民的人身自由构成犯罪的，要受到刑事制裁。

> 议一议
>
> 手机实名制有没有侵犯公民的通信自由？

（五）公民的监督权和取得赔偿权

《宪法》第41条规定：公民对于任何国家机关和国家工作人员，有提出批评和建议的权利；对于任何国家机关和国家工作人员的违法失职行为，有向有关国家机关提出申诉、控告或者检举的权利，但是不得捏造或者歪曲事实进行诬告陷害。对于公民的申诉、控告或者检举，有关国家机关必须查清事实，负责处理。任何人不得压制和打击报复。由于国家机关和国家工作人员侵犯公民权利而受到损失的人，有依照法律规定取得赔偿的权利。

（六）公民的社会经济权利

公民的社会经济权利，是指公民在经济生活和物质利益方面所享有的权利，是公民实现其他权利的物质保证。它包括公民的财产权、继承权、劳动权、休息权、获得物质帮助权等。

1. 财产权

财产权,是指公民个人有通过劳动和其他合法收入取得和占有财产的权利。《宪法》第13条规定:公民的合法的私有财产不受侵犯。国家依照法律规定保护公民的私有财产权和继承权。

2. 继承权

继承权,是指公民依照法律规定或者被继承人生前立下的合法有效的遗嘱,承受被继承人遗产的权利。对此,《宪法》《中华人民共和国民法典》(以下简称《民法典》)中都有明确的规定。

3. 劳动权和义务

劳动权,是指有劳动能力的公民有获得工作并取得相应报酬的权利。我国《宪法》和《中华人民共和国劳动法》(以下简称《劳动法》)规定:劳动是一切有劳动能力的公民的权利和义务。国家采取各种措施和途径,创造劳动就业的条件,加强劳动保护,改善劳动条件,提高劳动报酬,保障劳动权利的实现。

4. 休息权

休息权,是指劳动者为保护身体健康和提高劳动效率而休养生息的权利。我国《宪法》和《劳动法》规定:劳动者有休息的权利。国家采取各种措施,发展劳动者休息和休养的设施,规定职工的工作时间和休假制度,保障劳动者休息权利的实现。

5. 获得物质帮助权

我国《宪法》规定:公民在年老、疾病或者丧失劳动能力的情况下,有从国家和社会获得物质帮助的权利,国家建立社会保险、社会救济和医疗卫生等社会保障制度,以保障公民享有和行使这一权利。

(七)特定人的权利

1. 离退休人员和军烈属的生活保障权

我国《宪法》和有关法规对企业事业组织的职工和国家机关工作人员的退休制度做了严格规定,国家采取一系列措施,保障退休人员的生活受到国家和社会的保障。此外,对残废军人生活的保障,对烈士家属的抚恤,对军人家属的优待,对残疾人的劳动、教育和生活,我国法律都做了规定,国家采取各种措施,保证这些规定的贯彻执行。

2. 妇女、婚姻、家庭、母亲、儿童和老人受国家保护

妇女、婚姻、家庭、母亲、儿童和老人受国家保护,这是我国社会主义制度优越于资本主义制度的重要表现。我国《宪法》规定:我国妇女在政治、经济、文化、社会和家庭生活等各方面享有同男子平等的权利。国家制定和实施了《中华人民共和国妇女权益保障法》(以下简称《妇女权益保障法》),将我国《宪法》规定的妇女权利进一步具体化,以保障妇女的各项权益,特别是就业、求学、担任国家机关各级干部的权利和实现,禁止任何歧视和排斥妇女求职、求学的现象。

我国《宪法》规定:婚姻、家庭、母亲和儿童受国家的保护。《民法典》规定结婚自由和离婚自由,任何人不得干涉和破坏;规定父母对子女有抚养教育的义务、子女对父母有赡养扶助的义务;禁止虐待儿童和老人。虐待儿童和老人构成犯罪的,以及拐卖妇女和

儿童的犯罪，法律严厉惩处。国家的集体组织大力发展社会福利事业，保障老人安度晚年。

> **举案说法**
>
> 在因靠近首都机场而被誉为"国门第一村"的北京顺义区天竺村，有这样一条规定：1982年以后离婚的外来人员不享受村民待遇。数名拥有该村户口的离婚妇女因此被剥夺了享受存本付息（该村给村民发放村集体存款利息的一种称谓）、取暖费、粮食和燃气补助以及购房优惠等村里福利的权利。天竺村这样规定的原因是：近些年来，随着该村集体经济的蓬勃发展，村民可以享受越来越多的福利，一些人便以"假结婚"的方式设法成为该村村民。为保障"大多数村民的利益"，村民代表大会只好出此下策。
>
> 评析：这一村规明显与我国有关法律、法规和政策相抵触。我国《宪法》和《妇女权益保障法》都明确规定：妇女享有同男子平等的权利，国家保护妇女的权益和利益。村民代表大会通过民主程序做出的决定，不得违背国家的法律、法规。

3. 保护华侨、归侨和侨眷的合法权利和利益

保护华侨、归侨和侨眷的合法权利和利益，对于团结和调动广大爱国华侨、归侨和侨眷的积极性，支持和促进建设中国特色社会主义事业和改革开放，完成祖国统一大业有着非常重要的意义。

（八）公民的教育、科学、文化权利和自由

公民的教育、科学、文化权利和自由包括受教育权和进行科学研究、文学艺术创作和其他文化活动的自由。

受教育权利，是指公民享有在各类学校、各种教育机构或者通过其他方式学习文化科学知识，提高自己的文化业务水平的权利。我国《宪法》规定：公民有受教育的权利和义务。主要内容包括以下几个方面：

（1）学习的权利，即以适龄儿童和少年为主的权利主体享有接受教育并通过学习而在智力和品德方面得到发展的权利。

（2）义务教育的无偿化。我国目前实行九年义务教育，根据《义务教育法》第2条的规定：实施义务教育，不收学费、杂费。

（3）教育机会的均等。我国《教育法》第9条规定：公民不分民族、种族、性别、职业、财产状况、宗教信仰等，依法享有平等的受教育机会。

公民有进行科学研究、文学艺术创作和其他文化活动的自由。国家采取各种措施，制定和实施各种法律、法规，保障公民享有和行使这些权利和自由，保障学术民主，提倡不同风格、不同学派，促进科学、艺术的繁荣和发展。对在科学研究、文学艺术创作中有突出贡献的学者、专家实行重奖，发给特殊津贴。国家制定和实施了《中华人民共和国著作权法》（以下简称《著作权法》）、《中华人民共和国专利法》（以下简称《专利法》），以保障著作者和发明发现者的著作权和专利权，推进我国科学事业的发展，使作为第一生产力的科学技术在经济建设和改革开放中发挥更大的作用。

> 案例讨论
> 今年才念初中二年级的小建，平时成绩很好。这几天，班主任看见小建没来上课，就打电话到他家，小建哭着说父母不让他上课。班主任到小建家里了解情况后，才知道小建的父母最近下岗了，在自家门口开了一个杂货店，生意不错，就叫小建帮忙。请讨论：小建父母的做法是否合法？

三、我国公民的基本义务

根据我国《宪法》的规定，公民的基本义务有以下几个方面：

（一）维护国家统一和全国各民族团结

维护国家统一和全国各民族团结，是我国《宪法》规定的公民必须履行的基本义务之一。国家统一和全国各民族团结是建设中国特色社会主义事业并取得胜利的基本保证。全体公民必须认真履行我国《宪法》的这一规定，自觉维护国家统一和全国各民族团结，坚决反对任何分裂国家和破坏民族团结的行为。

（二）遵守宪法和法律，保守国家秘密，爱护公共财产，遵守劳动纪律，遵守公共秩序，尊重社会公德

我国宪法和法律是工人阶级领导下的广大人民群众共同意志和利益的集中表现和反映，遵守宪法和法律就是尊重人民的意志，维护人民的利益。任何公民都必须不断增强法制观念和法律意识，自觉遵守宪法和法律，维护宪法和法律的权威。

（三）维护国家的安全、荣誉和利益

维护国家的安全、荣誉和利益是保障社会主义现代化建设和改革开放顺利进行所必需的，任何公民都不得为一己私利或者小集团的利益而危害国家的安全、荣誉和利益。如果危害国家的安全，给国家利益造成损害的，要依法追究其刑事责任。

（四）保卫祖国，抵抗侵略，依照法律服兵役和参加民兵组织

保卫祖国，抵抗侵略，依照法律服兵役和参加民兵组织，这是维护国家独立和安全的需要，是保卫社会主义现代化建设和保卫人民的幸福生活所必需的，所以每一个公民都必须自觉地依法履行这一义务和职责。

（五）依照法律纳税

公民依法纳税，对于增加国家财政收入，保证国家经济建设资金的需要，对于改善和提高人民生活均有重要意义。国家制定和实施了各种税收法规和政策，每个公民都应自觉遵守和执行这些税收法规和政策。偷税、漏税是违法的，国家要依法追究其法律责任，以维护国家的利益。

第四节 我国的国家机构

国家机构，是指统治阶级为了实现国家职能而建立起来的互有联系的国家机关的总称。国家机构的性质是由国家的性质决定的。我国是工人阶级领导的、以工农联盟为基础的人民民主专政的社会主义国家，因此，我国的国家机构必然是社会主义性质的，必然是实现人民民主专政和建设中国特色社会主义国家的有力工具。我国国家机构主要包括以下组成部分：

一、全国人民代表大会及其常务委员会

（一）全国人民代表大会

全国人民代表大会是我国的最高国家权力机关，是国家的立法机关，在我国国家机关体系中居于最高地位。它由各省、自治区、直辖市、特别行政区和军队选出的代表组成，每届任期5年，每年举行一次会议。全国人民代表大会行使下列职权：

（1）修改宪法。
（2）监督宪法的实施。
（3）制定和修改刑事、民事、国家机构的和其他的基本法律。
（4）选举中华人民共和国主席、副主席。
（5）根据中华人民共和国主席的提名，决定国务院总理的人选；根据国务院总理的提名，决定国务院副总理、国务委员、各部部长、各委员会主任、审计长、秘书长的人选。
（6）选举中央军事委员会主席；根据中央军事委员会主席的提名，决定中央军事委员会其他组成人员的人选。
（7）选举国家监察委员会主任。
（8）选举最高人民法院院长。
（9）选举最高人民检察院检察长。
（10）审查和批准国民经济和社会发展计划和计划执行情况的报告。
（11）审查和批准国家的预算和预算执行情况的报告。
（12）改变或者撤销全国人民代表大会常务委员会不适当的决定。
（13）批准省、自治区和直辖市的建置。
（14）决定特别行政区的设立及其制度。
（15）决定战争和和平的问题。
（16）应当由最高国家权力机关行使的其他职权。

（二）全国人民代表大会常务委员会

全国人民代表大会常务委员会是全国人民代表大会的常设机关，是我国最高国家权力机关的组成部分，它对全国人民代表大会负责并报告工作。它由全国人民代表大会选出的委员长、副委员长、秘书长、委员组成，每届任期5年，委员长、副委员长连续任期不得超过两届。全国人民代表大会常务委员会的组成人员不得担任国家行政机关、监察机关、审判机关和检察机关的职务。全国人民代表大会常务委员会行使下列职权：

（1）解释宪法，监督宪法的实施。
（2）制定和修改除应当由全国人民代表大会制定的法律以外的其他法律。
（3）在全国人民代表大会闭会期间，对全国人民代表大会制定的法律进行部分补充和修改，但是不得同该法律的基本原则相抵触。
（4）解释法律。

（5）在全国人民代表大会闭会期间，审查和批准国民经济和社会发展计划、国家预算在执行过程中所必须做的部分调整方案。

（6）监督国务院、中央军事委员会、国家监察委员会、最高人民法院和最高人民检察院的工作。

（7）撤销国务院制定的同宪法、法律相抵触的行政法规、决定和命令。

（8）撤销省、自治区、直辖市国家权力机关制定的同宪法、法律和行政法规相抵触的地方性法规和决议。

（9）在全国人民代表大会闭会期间，根据国务院总理的提名，决定部长、委员会主任、审计长、秘书长的人选。

（10）在全国人民代表大会闭会期间，根据中央军事委员会主席的提名，决定中央军事委员会其他组成人员的人选。

（11）根据国家监察委员会主任的提请，任免国家监察委员会副主任、委员。

（12）根据最高人民法院院长的提请，任免最高人民法院副院长、审判员、审判委员会委员和军事法院院长。

（13）根据最高人民检察院检察长的提请，任免最高人民检察院副检察长、检察员、检察委员会委员和军事检察院检察长，并且批准省、自治区、直辖市的人民检察院检察长的任免。

（14）决定驻外全权代表的任免。

（15）决定同外国缔结的条约和重要协定的批准和废除。

（16）规定军人和外交人员的衔级制度和其他专门衔级制度。

（17）规定和决定授予国家的勋章和荣誉称号。

（18）决定特赦。

（19）在全国人民代表大会闭会期间，如果遇到国家遭受武装侵犯或者必须履行国际间共同防止侵略的条约的情况，决定战争状态的宣布。

（20）决定全国总动员或者局部动员。

（21）决定全国或者个别省、自治区、直辖市进入紧急状态。

（22）全国人民代表大会授予的其他职权。

二、中华人民共和国主席

国家主席是我国国家机构的组成部分，它与全国人民代表大会和全国人民代表大会常务委员会结合行使国家元首权。中华人民共和国主席、副主席由全国人民代表大会选举产生，有选举权和被选举权的年满45周岁的中华人民共和国公民可以被选为国家主席、副主席。中华人民共和国主席、副主席每届任期同全国人民代表大会每届任期相同。国家主席的职权有以下几种：

（1）对外代表国家，对内提名国务院总理人选。

（2）根据全国人民代表大会和全国人民代表大会常务委员会的决定任免政府领导人员和驻外全权代表。

（3）荣典权，授予国家的勋章和荣誉称号。

（4）公布法律、发布命令等。

三、国务院

国务院,即中央人民政府,是最高国家权力机关的执行机关,是最高国家行政机关。国务院在全国行政机关系统中居于最高地位,它对全国人民代表大会和全国人民代表大会常务委员会负责并报告工作。国务院由总理、副总理、国务委员、各部部长、各委员会主任、审计长、秘书长组成。其中,总理由国家主席提名,全国人民代表大会决定,国家主席任免;其他组成人员由总理提名,全国人民代表大会决定,国家主席任免。国务院每届任期与全国人民代表大会每届任期相同,总理、副总理、国务委员连续任职不得超过两届。总理、副总理、国务委员、秘书长组成国务院常务会议。国务院的职权有以下几种:

(1) 制定行政法规,发布决定和命令。

(2) 规定行政措施,向全国人民代表大会或者全国人民代表大会常务委员会提出议案。

(3) 统一领导各部、各委员会和地方各级国家行政机关的工作。

(4) 领导和管理国防、民政、公安、司法、行政、文化、教育、科学、卫生、体育、计划生育、经济、城乡建设、生态文明建设、民族事务、侨胞权益等各项工作,管理对外事务。

(5) 编制和执行国民经济和社会发展计划和国家预算。

(6) 改变或撤销各部、各委员会发布的不适当的命令、指示和规章。

四、中央军事委员会

中央军事委员会领导全国武装力量,是我国最高军事领导机关。它由主席、副主席和委员组成。中央军事委员会主席由全国人民代表大会选举产生,其他组成人员由中央军事委员会主席提名,由全国人民代表大会决定,每届任期与全国人民代表大会每届任期相同。中央军事委员会实行主席负责制,中央军事委员会主席对全国人民代表大会和全国人民代表大会常务委员会负责。

五、地方各级人民代表大会和地方各级人民政府

地方各级人民代表大会是地方国家权力机关。省、直辖市、设区的市人民代表大会代表由下一级的人民代表大会选举产生,并接受原选举单位的监督;县、不设区的市、市辖区、乡、民族乡、镇的人民代表大会代表由选民直接选举,并受选民监督。地方各级人民代表大会每届任期5年。

县级以上的人民代表大会设立常务委员会,由同级人民代表大会选举产生。地方各级人民政府,是地方各级国家权力机关的执行机关,是地方各级国家行政机关,它对本级人民代表大会和

> **法律提示**
>
> 《中华人民共和国地方各级人民代表大会和地方各级人民政府组织法》规定:地方人民代表大会选举产生政府正副职负责人,而对于政府部门正职负责人的产生则授权县级以上地方人民代表大会常务委员会。也就是说,地方政府组成部门正职负责人的任免权归于同级人民代表大会常务委员会。因此,只有地方人民代表大会常务委员会经过法定程序,才能任免地方政府组成部门的正职负责人。

本级人民代表大会常务委员会负责并报告工作；同时，它也对上一级国家行政机关负责并报告工作。

六、我国民族自治地方的自治机关

我国民族自治地方的自治机关是自治区、自治州、自治县的人民代表大会和人民政府。它们是民族自治地方行使自治权的国家机关，既行使相应一级一般地方国家机关的职权，又行使自治权。

民族自治地方的人民代表大会常务委员会中，应当有实行区域自治的民族的公民担任主任或者副主任；自治区主席、自治州州长、自治县县长一律由实行区域自治的民族的公民担任；人民政府的其他组成人员以及自治机关所属工作部门的干部，也要尽量配备实行区域自治的民族和其他少数民族的人员。民族自治机关除了行使一般地方国家机关的职权以外，还可以依照我国《宪法》和有关法律的规定行使广泛的自治权。

七、监察委员会

中华人民共和国各级监察委员会是国家的监察机关，中华人民共和国设立国家监察委员会和地方各级监察委员会。监察委员会由下列人员组成：主任、副主任和委员。监察委员会主任每届任期同本级人民代表大会每届任期相同，国家监察委员会主任连续任职不得超过两届。监察委员会的组织和职权由法律规定。

中华人民共和国国家监察委员会是最高监察机关。国家监察委员会领导地方各级监察委员会的工作，上级监察委员会领导下级监察委员会的工作。

国家监察委员会对全国人民代表大会和全国人民代表大会常务委员会负责。地方各级监察委员会对产生它的国家权力机关和上一级监察委员会负责。

监察委员会依照法律规定独立行使监察权，不受行政机关、社会团体和个人的干涉。监察机关办理职务违法和职务犯罪案件，应当与审判机关、检察机关、执法部门互相配合、互相制约。

八、人民法院和人民检察院

（一）人民法院

人民法院是国家的审判机关，是我国国家机构的有机组成部分，依照法律规定独立行使审判权。我国人民法院的组织体系是：最高人民法院、地方各级人民法院和专门人民法院。地方各级人民法院分为基层人民法院、中级人民法院和高级人民法院；专门人民法院包括军事法院、海事法院、铁路运输法院、森林法院等。地方各级人民法院对产生它的人民代表大会负责，人民代表大会闭会期间对同级人民代表大会常务委员会负责。最高人民法院作为我国的

议一议

我国人民代表大会应如何对人民法院的工作进行监督？

最高审判机关和审判监督机关,监督地方各级人民法院和专门人民法院的审判工作;上级人民法院监督下级人民法院的审判工作。各级人民法院院长由同级人民代表大会选举,由同级人民代表大会常务委员会任免副院长、庭长、副庭长、审判员。各级人民法院院长的任期与产生它的人民代表大会每届任期相同,最高人民法院院长连续任职不得超过两届。人民法院依照法律规定独立行使审判权,不受行政机关、社会团体和个人的干涉。

(二)人民检察院

人民检察院是国家的法律监督机关,是我国国家机构的有机组成部分,依照法律规定独立行使检察权。

人民检察院的组织系统是:最高人民检察院、地方各级人民检察院(如省、自治区、直辖市人民检察院,省、自治区、直辖市人民检察院分院等)和专门人民检察院(如铁路检察院、军事检察院等)。最高人民检察院对全国人民代表大会和全国人民代表大会常务委员会负责。地方各级人民检察院对产生它的国家权力机关和上级人民检察院负责。最高人民检察院领导地方各级人民检察院和专门人民检察院的工作,上级人民检察院领导下级人民检察院的工作。最高人民检察院检察长由全国人民代表大会选举和罢免,副检察长、检察委员会委员和检察员由检察长提请全国人民代表大会常务委员会任免。地方各级人民检察院检察长由本级人民代表大会选举和罢免,副检察长、检察委员会委员和检察员由检察长提请本级人民代表大会常务委员会任免。地方各级人民检察院检察长的任免,须报上一级人民检察院检察长提请本级人民代表大会常务委员会批准。省、自治区、直辖市人民检察院分院检察长、副检察长、检察委员会委员和检察员,由省、自治区、直辖市人民检察院检察长提请本级人民代表大会常务委员会任免。各级人民检察院检察长的任期与产生它的同级人民代表大会每届任期相同,最高人民检察院检察长连续任职不得超过两届。

第五节 维护宪法权威,捍卫宪法尊严

一、维护宪法权威,全面贯彻实施宪法

维护宪法权威,就是维护党和人民共同意志的权威。捍卫宪法尊严,就是捍卫党和人民共同意志的尊严。保证宪法实施,就是保证人民根本利益的实现。全面贯彻实施宪法,是建设社会主义法治国家的首要任务和基础性工作,要把实施宪法摆在新时代全面依法治国的突出位置,采取有力措施加强宪法实施和监督工作,为保证宪法实施提供强有力的政治和制度保障,把依法治国、依宪治国提高到一个新水平。

翻开我国《宪法》的序言,从站起来、富起来到强起来,中华民族伟大复兴的历程清晰可见。维护宪法作为国家根本法的权威地位,更好发挥宪法治国安邦总章程的作用,中国特色社会主义道路就一定能越走越宽广,中华民族伟大复兴的梦想就一定能实现。

二、保证宪法实施,为民族复兴提供有力的宪法保障

(一)建立、健全宪法解释制度,宪法监督制度和违宪审查制度

根据我国《宪法》的规定,全国人民代表大会有修改宪法和监督宪法实施的职权,全

国人民代表大会常务委员会有解释宪法和监督宪法实施的职权。它们要认真履行职权，把解释宪法和监督宪法实施的工作制度化、规范化。在检查各种法律贯彻实施的情况时，首先要注意检查宪法的贯彻实施情况，发现违宪案件要认真调查、严肃处理，情节严重者要追究法律责任。尤其是注意检查国务院及其部委制定的行政法规和规章，各省、直辖市、自治区以及其他有立法权的市制定的地方性法规和规章有无与宪法相抵触的情况，如果有，就应该立即撤销，宣布无效，以维护宪法的最高权威，维护社会主义法制的统一和尊严。

（二）各级领导干部带头学习宪法和遵守宪法是维护宪法尊严、保证宪法实施的关键

宪法的实施主要依靠各级国家机关和各级领导干部。国家机关和领导干部依法办事，领导干部带头学习宪法、遵守宪法，就成为维护宪法尊严和保障宪法实施的关键。

（三）全体公民认真学习宪法，提高宪法意识是维护宪法尊严，保证宪法实施的基本社会力量

每个公民都要认真学习宪法，了解和掌握宪法的基本精神和基本内容，使宪法精神和内容深入人心。同时，每个公民都要遵守宪法，都要把宪法作为自己行为的根本准则，并且运用宪法的武器，同一切违反宪法、破坏宪法的行为做斗争，以维护宪法的尊严，保证宪法的实施。

案例讨论

某医科大学考虑到吸烟是世界上公认的三大不良公害之一，而医学院又是培养健康卫生工作人员的地方，因而做出决定，从下一个学期起该校不招收吸烟的学生。此举得到部分媒体的肯定，但也引起了吸烟学生和家长的反对。

请用学过的宪法理论分析上述决定是否合适？为什么？

（四）党是维护宪法尊严，保障宪法实施的根本保证

宪法是党领导人民制定的，是党的意志上升为国家意志的集中表现。党必须在宪法的范围内活动，党的各项方针、政策和决议都要依据并符合宪法的规定，不能同宪法相抵触。党是我们国家的执政党，许多党员都是各级国家机关的领导干部，代表人民掌握一定权力，要依据宪法运用自己手中的权力。因此，党在宪法和法律范围内活动，党员个人模范地遵守宪法和法律，就能够维护宪法尊严，保证宪法实施。

复习思考题

在线答题

一、简答题

1. 如何理解宪法的基本特征？
2. 如何理解我国的国体与政体？
3. 人民代表大会制度的基本含义是什么？
4. 我国选举制度的基本原则有哪些？

5. 如何理解我国的民族区域自治制度？
6. 公民的基本权利和基本义务有哪些？

二、案例分析

某省一县城有一处著名的旅游胜地。为了创收，该县人民代表大会做出了一项地方性法规规定：凡是通过该县著名旅游胜地的车辆，一律征收过路费。有一天，商人杨某开着自己的私家车路过该县城，在通行过程中遭到该县有关人员的拦截，要求其缴纳过路费并声称这是本县人民代表大会的规定。杨某拒绝交付"过路费"，结果遭到该工作人员的扣押。

根据上述案情，请分析：
1. 该县侵犯了杨某的何种宪法权利？其宪法依据是什么？
2. 县人民代表大会是否有权制定征收过路费的地方性法规？为什么？
3. 杨某应当如何维护自己的权利？

第三章 行政法

> 李某一年前下岗后，在家门口经营了一所超市。一天早上，工商所的一名工作人员王某来到李某的超市买烟。王某拿了烟后就想走，李某让王某付款，王某却执意不肯。为此，两人厮打起来，最后双方都受了伤，李某伤得比较严重。事后，工商所的负责人主持调解，让王某付给李某烟款，双方治疗的医药费各自承担。工商所的负责人让李某在调解协议书上签字，李某认为工商所在偏袒王某就未签字。结果此事一直未解决，2个月后，李某再去工商所，工商所的负责人和王某不是避而不见，就是说还没有协商好，李某也不知道该如何是好。请问本案该如何处理？

作为一个独立的法律部门，行政法与刑法、民法等一样，都是构成法律体系的最高层次的、独立的法律规范集合体之一。行政法主要是调整行政法律关系，保障、规范和监督行政管理活动的法律，它直接涉及国家权力的确定和行使，有关国家机关之间的关系和国家机构与公民法人之间的关系的宪法规范，主要通过行政法具体实施。因此，行政法在法律体系中具有不可替代的地位。

通过对本章的学习，大家可以了解和掌握行政法的基本原则、行政主体、行政行为、行政违法与行政责任、行政复议与行政赔偿等相关内容，并且能够理论联系实际，解决生活中的行政纠纷，增强行政法律意识。

▎重点提示

- 行政法的概念、特征和基本原则
- 行政法律关系的主体
- 行政机关的概念、特征及种类
- 公务员的权利和义务
- 行政行为的概念及特征
- 治安管理处罚的种类与适用
- 行政法制监督的概念
- 行政复议的概念与特征
- 行政赔偿的概念与特征

第一节 行政法概述

一、行政法的概念、特征和基本原则

（一）行政法的概念及特征

1. 行政法的概念

行政是具有国家行政职能的机关依法对国家行政事务进行的组织管理活动。

行政法，是指规定国家行政主体的组织、职权和行使职权的方式、程序以及对行使行政职权的法制监督、调整行政关系的法律规范的总称。其中，行政权被行使过程中所产生的社会关系称为行政关系。它是现代社会最基本和最重要的社会关系之一，是行政主体在行使行政职能过程中与行政管理相对人发生的各种社会关系。行政法调整的行政关系主要包括四种：行政管理关系、行政法制监督关系、行政救济关系和内部行政关系。

2. 行政法的特征

（1）行政法在形式上的特点是：行政法没有统一、完整的法典；行政法律规范赖以存在的法律形式、法律文件的数量很多，居部门法之首。

（2）行政法在内容上的特点是：行政法的内容非常广泛；行政法规、规章等形式表现的行政法律规范易于变动；行政法的实体性规范与程序性规范常常交织在一起，并往往共存于一个法律文件之中。

（二）行政法的基本原则

行政法的基本原则，是指反映行政法的本质和基本价值要求，体现行政法各个制度和具体规则的内在联系，调节基本行政关系的共同性规则。行政法的基本原则主要包括合法行政原则和合理行政原则。

1. 合法行政原则

合法行政原则是行政法的首要原则，其他原则都是这一原则的延伸。实行合法行政原则是行政活动区别于民事活动的主要标志。

合法行政原则，在结构上包括以下两个方面：

（1）行政机关必须遵守法律，即"依法行政"。行政机关违反法律做出的规定和决定，不能取得法律效力。行政机关不积极执行和实施法律规定的义务，将构成不作为违法。

（2）行政机关应当依照法律授权活动，即"无法律无行政"。没有法律根据，行政机关不得做出影响公民合法权益或者增加公民义务的决定，否则，将构成行政违法。

2. 合理行政原则

合理行政原则，是指行政行为内容要客观、适度，符合公平、正义等法律理性。其核心含义是行政裁量决定应当具有理性基础，禁止行政决定的武断专横和随意。它要求行政行为符合法律的目的，具有合理的动机，考虑相关因素，符合正当程序和最一般的法律正义要求。

行政合理性涉及行政裁量权，行政裁量权包括三个方面：种类裁量权、幅度裁量权和程度裁量权。

合法行政原则与合理行政原则之间的关系是：合法行政原则与合理行政原则都是行政行为应当同时遵循的原则。从广义上讲，合理行政原则也属于合法行政原则。我们只是在合法行政原则的基础上探讨合理行政原则，也就是说，行政行为应当首先是合法的，其次是合理的。因此，行政机关的行为包括三种状况：合法、合理；合法、不合理；不合法、不合理。不存在"合理、不合法"的状况。

> 知识链接
>
> 除了合法行政原则和合理行政原则以外，行政法的原则还包括程序正当原则、高效便民原则、诚实守信原则和权责统一原则。这些原则是依法行政、依法执政的基础，原则的贯彻落实有利于促进法治政府的建设。

二、行政法的渊源

行政法的渊源，是指行政法的表现形式。行政法由于调整的社会关系广泛，难以制定一部统一的法典，因此，行政法规极为分散，表现形式多样，具体内容如下：

（1）宪法。宪法是国家的根本法，具有最高的法律效力，是一切立法的依据。宪法与行政法有着最为密切的联系，宪法中规定的行政管理活动基本原则、国家行政机关的组织体系与职权、行政区域划分制度等也是行政法规范。

（2）法律。我国《宪法》规定：全国人民代表大会和全国人民代表大会常务委员会均有权制定法律。国家立法机关制定的法律中许多都涉及行政管理事项，如《商标法》中关于商标登记管理的规范就属于行政法规范。

（3）行政法规和部门规章。行政法规是国务院依宪法授权制定的规范性文件，它作为行政法的渊源，调整着广泛的行政社会关系，其数量最多。部门规章是国务院各部门，包括各部、各委员会、中国人民银行、审计署和直属机构制定的规范性文件的总称。

（4）地方性法规。省、自治区、直辖市的人民代表大会及其常务委员会根据本行政区域的具体情况和实际需要，在不同宪法、法律、行政法规相抵触的前提下，可以制定地方性法规。设区的市的人民代表大会及其常务委员会根据本市的具体情况和实际需要，在不与宪法、法律、行政法规和本省、自治区的地方性法规相抵触的前提下，可以对城乡建设与管理、环境保护、历史文化保护等方面的事项制定地方性法规，法律对设区的市制定地方性法规的事项另有规定的，从其规定。

（5）民族自治条例和单行条例。民族自治条例和单行条例是民族自治地方的人民代表大会，依据我国《宪法》及《中华人民共和国民族区域自治法》的规定，根据自治地方的特点和实际情况，所制定的规范性文件。

> **议一议**
> 立法解释、司法解释、行政解释三者的区别。

（6）地方政府规章。省、自治区、直辖市和设区的市、自治州的人民政府，可以根据法律、行政法规和本省、自治区、直辖市的地方性法规，制定规章。

（7）国际条约和协定。我国所签订、加入或承认的国际条约和协定，其中涉及行政管理的，也是行政法的渊源。

（8）与行政法有关的法律解释。包括立法解释、司法解释和行政解释等。

三、行政法律关系

（一）行政法律关系的概念及特征

行政法律关系，是指行政法调整的具有行政法律权利和义务内容的行政关系，具有以下特征：

（1）在行政法律关系的双方当事人中，必有一方是行政主体。因为行政关系得以发生的客观前提是行政职权的行使，而行政主体是行政职权的行使者，国家行政机关是主要的行政主体。

（2）行政法律关系当事人的权利和义务由行政法律规范预先规定。行政法律关系当事人之间不能相互协商约定权利和义务，也不能随意放弃权利或者转让义务，而必须依据行政法律规范的规定享有权利或者承担义务。

（3）行政法律关系具有不对等性，行政主体始终处于主导地位。

(4)行政法律关系引起的争议,在解决方式及程序上有其特殊性,多由行政机关依照行政程序自己解决。

行政法律关系由行政法律关系的主体、客体和内容三大要素构成。

(二)行政法律关系的主体

行政法律关系的主体亦称行政法主体或者行政法律关系当事人,是指在具体的行政法律关系中权利的享有者和义务的承担者,包括行政主体和行政相对人。

1. 行政主体

行政主体,是指依法能以自己的名义代表国家对外行使行政职权并独立参加行政诉讼的组织,即行政管理过程中的管理者,具体包括国家行政机关和法律、法规授权的组织(公务组织)。行政主体具有以下特征:

(1)行政主体是一种组织,而不是个人。
(2)行政主体是依法拥有行政职权的组织,是行政权的归属者。
(3)行政主体有权在法律、法规规定的范围内代表国家并独立行使职权。
(4)行政主体能以自己的名义独立参加诉讼。

我国的行政主体具体包括:国务院,国务院的组成部门,国务院的直属机构,国务院各部、各委员会管理的国家局,地方各级人民政府,县级以上地方各级人民政府的职能部门,县级以上地方人民政府的派出机关,经法律、法规授权的其他组织。

 案例讨论

某市好运来酒店于某年6月向该市的城市管理综合行政执法监察部门申请装修店面,该市的城市管理综合行政执法监察部门同意其装修,但是该店在装修时超出核准的范围。该市的城市规划管理部门发现后,认为好运来酒店是违章建筑,做出限期拆除非法建筑并罚款2000元的处罚决定,处罚决定书加盖了该市的城市规划管理部门的印章。请讨论:本案中该市的城市规划管理部门是否为合法的行政主体?其处罚决定是否有效?

2. 行政相对人

行政相对人,是指行政法律关系中与行政主体相对应的另一方当事人,即行政主体的行政行为影响其权益的个人和组织。行政相对人是行政法律关系中的一方主体。行政相对人包括:国家行政机关在内的国家机关;我国公民、法人和其他组织;我国境内的外国人、无国籍人和外国组织。

行政相对人的法律地位包括:行政相对人是行政主体行政管理的对象,行政相对人也是行政管理的参与人,行政相对人在监督行政法律关系中可以转化为救济对象和监督主体。

(三)行政法律关系的客体

行政法律关系的客体,是指行政法律关系内容即权利和义务所指向的目标。

行政法律关系的客体包括人身、行为和财物。人身即人的身体和人的身份。某些行政法律关系中,如治安管理和行政处罚中的拘留,涉及的客体即是人身。行为既包括行政机关的行政行为,也包括行政相对人的一般行为。财物是行政法律关系的客体,它包含的内

容很多，既可以是实物，也可以是金钱，还可以是精神财富等。

（四）行政法律关系的内容

行政法律关系的内容，是指行政法律关系主体在该关系中所享有的权利和承担的义务。不同种类的行政法律关系，相关主体的权利和义务是不同的。

内容是行政法律关系的核心要素。没有内容，行政法律关系也便失去了存在的意义。

第二节　行政机关和公务员

一、行政机关

（一）行政机关概述

1. 行政机关的概念

行政机关，是指一个国家的统治阶级根据其统治意志依照宪法和有关法律设置的，依法行使国家职权，组织和管理国家行政事务的国家机关。行政机关也称为国家管理机关，简称政府，是国家机构的重要组成部分，是行政法最主要的主体。

我国的行政机关由国家权力机关产生，是国家权力机关的执行机关。它对国家权力机关负责，接受国家权力机关的监督。

2. 行政机关的特征

行政机关具有以下特征：

（1）行政机关是具有国家强制性质的社会组织。

（2）行政机关是具有较强的执行色彩的组织。

（3）行政机关是按照一定的层次和结构组织起来并按照科学方法依法进行活动的组织。

3. 行政机关的种类

行政机关的种类，从不同的角度可以做不同的划分：

（1）按照行政机关所辖的区域范围不同，行政机关可分为中央行政机关和地方行政机关。

（2）按照行政机关的工作权限不同，行政机关可分为一般权限行政机关和专门权限行政机关。

（3）按照行政管理活动的环节不同，行政机关可分为决策机关、执行机关、辅助机关与监督机关等。

（4）按照行业和产品不同，行政机关可分为各种不同的专门行政机关。

（二）行政机关的设置原则

行政机关的设置一般应遵循以下原则：

（1）适应需要原则。行政机关应适应社会需求、国家发展需要来适当地规划，不能无原则地设置。

（2）精简原则。行政机关的设置不在于多而杂，在于精而细。根据需要设置机关，不必要的机构根据具体情况精简整合。

（3）高效率原则。行政机关的设置应根据国家及社会发展需要，本着节约、迅速、有效的标准，力求高效实现国家行政。

（4）依法设置的原则。行政机关必须在法定权限范围内，依法定程序进行设置，否则就是不合法的。

（三）能够作为行政主体的行政机关

行政主体，是指享有国家行政权力，能以自己的名义从事行政管理活动并独立承担由此产生的法律责任的组织。根据行政主体的概念并结合我国行政机关的实际情况，可以看出，能够作为行政主体的行政机关主要有以下几种：

1. 国务院

国务院作为最高国家行政机关，享有管理全国的行政事务的职权，可以规定行政措施、制定行政法规、发布决定和命令。因此，国务院是行政主体。

根据我国《宪法》和《中华人民共和国国务院组织法》以及其他法律规范的规定，国务院作为行政主体行使的行政职权可以归纳为以下几个方面：

（1）制定行政法规权。
（2）领导各级国家行政机关权。
（3）领导和管理全国各项行政工作权。
（4）国家最高权力机关授予的其他职权。

国务院实行总理负责制。国务院会议分为国务院全体会议和国务院常务会议。国务院总理召集和主持国务院全体会议和国务院常务会议，国务院工作中的重大问题，必须经国务院全体会议或者国务院常务会议讨论决定。

2. 国务院的组成部门

国务院由总理、副总理、国务委员、各部部长、各委员会主任、审计长、秘书长组成。各部、各委员会，中国人民银行、审计署、国务院办公厅作为国务院的工作部门或者职能机关，依法对某一方面的行政事务行使全国范围内的管理权限。国务院组成部门一方面接受国务院的领导和监督，执行国务院的行政法规、决定和命令；另一方面又可以在法定的职权范围内，就自己所管辖的事项，以自己的名义实施活动，并承担由此产生的责任。因此，国务院的组成部门（各部、各委员会，中国人民银行、审计署、国务院办公厅）是行政主体。

国务院各部、各委员会，中国人民银行、审计署、国务院办公厅在行政法上的职权主要有：

（1）制定规章权。
（2）本部门所辖事务的管理权。

3. 国务院的直属机构

国务院的直属机构是在国务院的直接领导下主办各项专门业务的机构，地位低于国务院各部、各委员会，中国人民银行、审计署、国务院办公厅。国务院的直属机构具有独立职权和专门职责，可以在主管事项的范围内，对外发布命令和指示。因此，国务院的直属机构可以成为行政主体。

国务院的直属机构的职权主要包括：

（1）制定规章权。
（2）行政事项处理权。

（3）裁决争议权。

4. 国务院各部、各委员会管理的国家局

国务院各部、各委员会管理的国家局是管理某些专门事项的行政职能部门，由于其管理的行政事务与一些部、委员会的职能有联系，因而就由相应的部、委员会对其进行管理。这些国家局在其成立时就具有独立的法律地位，依法行使某项专门事务的行政职权。因此，具有行政主体资格。

国务院各部、各委员会管理的国家局具有专项行政事务管理权和裁决争议权。

5. 地方各级人民政府

地方各级人民政府是地方国家行政机关，管理地方各级所辖范围内的行政事务。省、直辖市、县、市、市辖区、乡、民族乡、镇设立人民政府。

地方各级人民政府的地位具有双重性：一方面，它是地方国家权力机关的执行机关；另一方面，它是国务院统一领导下的国家行政机关。地方各级人民政府在管辖的地域范围内，依照我国《宪法》和有关法律规定的权限，管理本行政区域内的各项行政事务，并依法对自己的行为所产生的法律后果承担责任。因此。地方各级人民政府都是行政主体。

地方各级人民政府的法定行政职权主要是：

（1）制定地方规章权或者发布决定、命令权。

（2）本区域内行政事务的管理权。

（3）领导和监督本级政府的职能部门和下级人民政府的行政职权。

6. 县级以上地方各级人民政府的职能部门

地方各级人民政府的职能部门，是县级以上地方各级人民政府根据工作需要设立的承担某一方面行政事务的组织与管理职能的工作部门。职能部门依照有关法律规定独立享有并行使行政职权，以自己的名义做出决定，并承担相应的法律后果。因此，县级以上地方各级人民政府的职能部门具有行政主体资格。

县级以上地方各级人民政府的职能部门的法定职权主要有：

（1）决定和命令的发布权。

（2）主管行政事项处理权。

7. 县级以上地方人民政府的派出机关

派出机关，是指由县级以上地方人民政府经有权机关批准，在一定区域内设立的、代表该级人民政府组织与管理该区域内所有行政事务的行政机关。根据法律、法规的规定，派出机关能以自己的名义做出行政行为并对行政后果承担法律责任，实际上履行了一级人民政府的职能。因此，县级以上地方人民政府派出机关具有行政主体的资格。

派出机关的职权归纳起来主要是以下两项：

（1）就本行政区域内的行政事务依法发布决定和命令。

（2）就本区域内的行政事务依法进行行政管理。

二、公务员

（一）公务员的概念

公务员，是指依法履行公职、纳入国家行政编制、由国家财政负担工资福利的工作人员。即我国公务员的范围限于在政府系统任职的国家公职人员，不包括各级行政机关中的工勤人员。

公务员具有双重身份：一是普通公民，二是公务员。

（二）公务员的法律地位

公务员的法律地位，是指公务员在各种法律关系中享有权利、承担义务的综合表现。公务员的法律地位是一种外在的形式，公务员依法享有的权利和必须承担的义务才是其实质内容。

公务员作为公民，在法律地位上有下列特点：公务员享受宪法和法律赋予公民的各种权利，同时履行宪法和法律要求公民履行的各种义务；公务员可以自己的名义从事个人行为，但不能以国家的名义从事公务行为，否则就是另外一种身份；公务员的个人行为只代表他个人，不具有强制性，而且行为效果归属于他自己。

> **议一议**
> 当公民遇到危险向民警求助时，民警是否可以不出警？

（三）公务员的权利

公务员的权利，是指国家法律对公务员在履行职责、执行国家公务的过程中，有权做出一定行为、要求他人做出一定行为或者不做出一定行为的许可和保障。目的是为了使公务员更有效地行使职权，更好地执行国家公务。其基本权利包括：

（1）获得履行职责应当具有的工作条件。
（2）非因法定事由、非经法定程序，不被免职、降职、辞退或者处分。
（3）获得工资报酬，享受福利、保险待遇。
（4）参加培训。
（5）对机关工作和领导人员提出批评和建议。
（6）提出申诉和控告。
（7）申请辞职。
（8）法律规定的其他权利。

（四）公务员的义务

公务员的义务，是指国家法律对公务员必须做出一定行为或者不得做出一定行为的约束和限制。其目的是为了保证公务员能在国家法律规定的范围内准确行使职权，忠实执行国家公务，不得滥用权力。其基本义务包括：

（1）忠于宪法，模范遵守、自觉维护宪法和法律，自觉接受中国共产党领导。
（2）忠于国家，维护国家的安全、荣誉和利益。
（3）忠于人民，全心全意为人民服务，接受人民监督。
（4）忠于职守，勤勉尽责，服从和执行上级依法做出的决定和命令，按照规定的权限和程序履行职责，努力提高工作质量和效率。
（5）保守国家秘密和工作秘密。
（6）带头践行社会主义核心价值观，坚守法治，遵守纪律，恪守职业道德，模范遵守社会公德、家庭美德。

（7）清正廉洁，公道正派。
（8）法律规定的其他义务。

第三节 行政行为和行政法制监督

一、行政行为

（一）行政行为的概念及特征

行政行为，是指行政主体为实现国家行政管理目的，行使行政职权和履行行政职责所实施的具有法律意义、产生行政法律效果的行为。

行政行为是行政主体实施国家行政管理的手段和方式，它与其他行为相比较具有以下特征：

（1）行政行为是行政主体所实施的行为。

（2）行政行为是行政主体行使行政职权和履行行政职责的行为，这是行政行为的职能要素。行政行为是一种公务行为，体现了国家的意志，具有强制性，行政主体从事的非公务行为不是行政行为。

（3）行政主体在实施行政行为时具有单方意志性，不必与行政相对人协商或者征得其同意，即可依法自主做出。

（4）行政行为是能产生法律效果的行为。

（二）行政行为的种类

行政行为可按不同标准划分为各种不同的种类，主要有以下几种：

1. 抽象行政行为与具体行政行为

根据行政行为实施的对象及适用力的不同，行政行为可以分为抽象行政行为与具体行政行为。抽象行政行为，是指行政主体针对不特定的行政管理对象，制定和发布具有普遍约束力的规范性文件的行为，包括行政主体制定行政法规和行政规章的行为，也包括行政主体制定行政措施，发布行政命令、通知、通告、决议、决定的行为等。具体行政行为，是指行政主体针对特定对象具体适用法律规范所做出的，对特定对象产生约束力的行政行为。例如，土地行政管理部门对非法占用土地者实施处罚的行为。

2. 内部行政行为与外部行政行为

根据行政行为适用与效力作用的对象的范围不同，行政行为可分为内部行政行为与外部行政行为。内部行政行为，是指行政主体在内部行政组织管理过程中所做的只对行政组织内部产生法律效力的行政行为，如行政处分和上级机关对下级机关所下达的行政命令等。外部行政行为，是指行政主体在对社会实施行政管理活动过程中针对公民、法人或者其他组织所做出的行政行为，如行政许可行为、行政处罚行为等。

3. 羁束行政行为与自由裁量行政行为

根据行政行为受法律规范拘束的程度不同，行政行为可分为羁束行政行为与自由裁量行政行为。羁束行政行为，是指法律规范对其范围、条件、标准、形式、程序等做了较详细、具体、明确规定的行政行为。例如，税务机关征收税款，应严格按照法律规定的税种和税率征收，不能有任何变动。自由裁量行政行为，是指法律规范仅对行为目的、行为范围等做一个原则性的规定，而将行为的具体条件、标准、幅度、方式等留给行政机关自行选择和决定的行政行为。例如，治安处罚中的罚款数额，在法定的200元以下幅度内，执法机关可以根据情况选择具体数额。

> **知识链接**
>
> 以行政机关是否可以主动做出行政行为为依据，行政行为可以分为依职权的行政行为和依申请的行政行为；以做出行政行为时参与意思表示的当事人的数目为依据，行政行为可以分为单方行政行为、双方行政行为和多方行政行为；以行政行为是否应当具备一定的法定形式为依据，行政行为可以分为要式行政行为和非要式行政行为；以行政行为是否有作为方式来表现为依据，行政行为可分为作为行政行为和不作为行政行为；以行政权作用的表现方式和实施行政行为所形成的法律关系为依据，行政行为可以分为行政立法行为、行政执法行为与行政司法行为等。

（三）行政行为的合法要件

行政主体的行政行为只有符合法律规定才能产生法律效力。一般来说，行政行为的合法要件主要包括以下内容：

1. 行政行为的主体合法

行政行为的主体合法，是指做出行政行为的组织必须具有行政主体资格，能以自己的名义做出行政行为，并能独立承担法律责任。例如，如果公安机关行使了登记机关的职权，就是越权，主体不合法。

2. 行政行为的内容合法

行政行为的内容合法要求是：

（1）行为有确凿的证据证明，有充分的事实根据。

（2）行为有明确的依据，正确适用了法律、法规、规章和其他规范性文件。

（3）行为必须公正、合理，符合立法目的和立法精神。

3. 行政行为的程序合法

行政行为的程序，是指实施行政行为所经过的步骤和时限方式等。任何行政行为均须通过一定的程序表现出来，没有脱离程序的行政行为。行政行为的程序的合法性，影响着行政行为主体的合法性。行政行为的程序合法的要求主要有：行为符合法定方式，行为符合法定步骤、顺序，行为符合法定时限。

（四）行政行为的效力

1. 行政行为的效力的概念和特征

行政行为的效力，是指行政行为所发生的法律后果。即行政行为一经做出，就具有以国家强制力保障实施的拘束力。

行政行为的效力具有以下特征：

（1）效力先定。行政行为一经做出，就具有法律约束力，即使它是不符合法定条件的，在没有被有权机关经过法定程序确认为违法并撤销其效力之前，仍推定有效。

（2）单方意志性。行政行为是行政主体运用国家行政权力的活动，这种权力的性质决定了行政行为通常单方面就能决定行政相对人的权利和义务。也就是说，行政行为的做出无须征得行政相对人的同意，它的成立生效不以行政相对人的同意为必要条件。

2．行政行为的效力的内容

行政行为的效力的内容，是指行政行为生效后，对有关各方主体所产生的法律约束力，这种法律约束力主要表现为以下几个方面：

（1）确定力。确定力，是指行政行为一经生效，其内容具有确定性，没有经法定程序不可随意变更和撤销。

（2）拘束力。拘束力，是指行政行为成立后即对有关的组织或者个人产生法律上的约束力，不能再做出与该行为相抵触或者违反该行为的相关要求的行为。具体表现在：行政机关不得随意变更其做出的行政行为；其他国家机关不得以相同的事实和理由再次受理和处理同一案件，也不得以同一个事实做出重复的具体行政行为；当事人对某个具体行政行为不服或者对行政行为的合法性存有疑问并在有权机关做出最终裁决或者停止执行的程序裁决以前，一般是要遵守该具体行政行为的。

（3）执行力。执行力，是指行政行为成立之后，行政相对人必须自觉履行行政行为所设定的义务；否则，行政主体依法有权采取一定的手段，使行政行为的内容得以实现。

二、行政许可

（一）行政许可的概念和特征

行政许可，是指行政主体根据行政相对人的申请，依照有关法律、法规的规定，通过颁发许可证、执照或者批准、登记、认可等方式，依法赋予行政相对人从事某种活动的法律资格或者实施某种行为的法律权利的行政执法行为。根据《中华人民共和国行政许可法》（以下简称《行政许可法》）的规定，设定和实施行政许可，应当遵循公开、公平、公正的原则。

议一议

交通警察对违章司机做出罚款决定属于何种行政行为？

行政许可具有以下特征：

（1）行政许可是准予特定行政相对人享有某种权利或者具有某种资格、能力的一种受益性具体行政行为。

（2）行政许可对行政相对人既具有职权性，又具有职责性，是二者相互重叠的一种具体行政行为。

（3）行政许可在程序上是依申请的行政行为。

（4）行政许可是要式行政行为。

（二）设定行政许可的范围

根据《行政许可法》第12条的规定，下列事项可以设定行政许可：

（1）直接涉及国家安全、公共安全、经济宏观调控、生态环境保护以及直接关系人身健康、生命财产安全等特定活动，需要按照法定条件予以批准的事项。

（2）有限自然资源开发利用、公共资源配置以及直接关系公共利益的特定行业的市场准入等，需要赋予特定权利的事项。

（3）提供公众服务并且直接关系公共利益的职业、行业，需要确定具备特殊信誉、特殊条件或者特殊技能等资格、资质的事项。

（4）直接关系公共安全、人身健康、生命财产安全的重要设备、设施、产品、物品，需要按照技术标准、技术规范，通过检验、检测、检疫等方式进行审定的事项。

（5）企业或者其他组织的设立等，需要确定主体资格的事项。

（6）法律、行政法规规定可以设定行政许可的其他事项。

通过下列方式能够予以规范的，可以不设行政许可：

（1）公民、法人或者其他组织能够自主决定的事项。

（2）市场竞争机制能够有效调节的事项。

（3）行业组织或者中介机构能够自律管理的事项。

（4）行政机关采用事后监督等其他行政管理方式能够解决的事项。

（三）行政许可的程序

1. 申请与受理

申请是行政主体实施行政许可的前提程序。受理是行政许可机关在对申请材料进行形式上的审查后，做出受理或者不予受理的书面决定。

2. 审查与决定

行政许可机关对行政相对人的申请及材料进行审查、核实，确定是否具备取得相应许可的法定条件，针对不同情况做出是否准予许可的决定。行政许可机关可以做出准予行政许可的决定和不予行政许可的决定。根据《行政许可法》第42条的规定，除可以当场做出行政许可决定的外，行政机关应当自受理行政许可申请之日起20日内做出行政许可决定。法律、法规、规章规定的实施行政许可应当听证的事项，或者行政机关认为需要听证的其他涉及公共利益的重大行政许可事项，行政机关应当向社会公告，并举行听证。

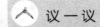

议一议

考生在参加某种资格考试时，常常被迫参加强制性的考前培训，购买指定教材，请问这种做法与《行政许可法》的相关规定是否相符？

行政机关实施行政许可和对行政许可事项进行监督检查，不得收取任何费用。但是，法律、法规另有规定的，按照其规定。

三、行政处罚

（一）行政处罚的概念和特征

行政处罚是一种重要的而且应用十分广泛的具体行政行为，是指特定的行政主体依照法定权限和程序对违反行政法律规范，依法应当给予行政处罚的行政相对人的法律制裁。

行政处罚具有以下特征：

（1）行政处罚的适用主体是具有法定职权的行政主体，即行政机关或者法律、法规授权的组织。

（2）行政处罚的适用对象是违反行政法律规范的公民、法人或者其他组织。

（3）行政处罚在性质上属于行政制裁，这使它有不同于其他法律制裁的程序和方式。在程序上，行政处罚针对的是轻于犯罪的行政违法行为，因此处罚较轻；在方式上，有许多与行政管理相关的方式，如罚款、吊销执照等。

> **举案说法**
>
> 胡某和赵某是邻居，两家为房屋间的通道发生争吵，当胡某拉赵某到村委会评理时，赵某躺在地上大喊"打死人了，打死人了……"张某闻声赶来劝架，并在赵某的要求下把赵某搀扶回家。之后，赵某将胡某告到当地派出所，派出所根据张某所说的"听到喊声赶到，见赵某躺在地上"的证词，决定对胡某拘留3天。胡某不服，申诉到市公安局。请问本案中派出所的做法是否合法？
>
> 评析：本案中派出所的做法不合法，其无权对胡某拘留3天，而且对胡某拘留3天的行政处罚程序不合法。因为派出所在做出处罚决定时，没有遵循《中华人民共和国行政处罚法》（以下简称《行政处罚法》）规定的公正、公开原则和查明事实、说明理由、听取当事人的陈述申辩等制度。

（二）行政处罚的原则

1. 处罚法定原则

处罚法定原则是行政合法性原则在行政处罚行为中的集中体现，是指行政处罚必须依法进行。其内容主要包括以下四个方面：

（1）处罚依据是法定的。由于行政处罚涉及行政权的运用，关系到保护公民、法人和其他组织的合法权益，因此行政处罚必须以法律、法规、规章为依据。凡是法律、法规、规章没有规定进行行政处罚的，任何公民、法人或者其他组织均不得受行政处罚。

（2）实施处罚的主体是法定的。在我国，行政处罚是一种特定的行政权力，实施行政处罚的主体必须是有行政处罚权的行政机关或者法律、法规授权的组织，其他任何组织和个人均无权实施处罚。

（3）实施处罚的职权是法定的。具有行政处罚主体资格的行政机关或者组织必须在法定的职权范围内行使行政处罚权，不得超越职权和滥用职权。

（4）处罚程序是法定的。当行政机关适用行政处罚时，必须依照法定的行政处罚程序进行。程序合法是实体合法的保障。处罚机关在适用处罚中如果不严格按照法定的程序进行，如立案、调查取证、听证、期间、送达处罚裁决书等程序，就会损害公民、法人或者其他组织的合法权益。违反程序所做出的处罚是违法的、无效的。

2. 处罚公正、公开原则

公正，是指公平、正义，其基本精神是要求行政主体及其工作人员办事公道不徇私情，平等地对待不同身份、民族、性别和不同宗教信仰的人。公正是国家活动的一项基本原则，也是公民所应享有的一项基本权利。

在行政处罚中,公平原则要求行政主体必须依法裁判,公平地处罚违法的公民、法人或者其他组织,做到同样的违法行为受到同样的处罚,不同的违法行为不应受到同等的处罚。同时,必须以公正而无偏私的程序达到公正的结果。

3. 处罚与教育相结合的原则

行政处罚是法律制裁的一种形式,具有惩戒与教育双重功能。处罚不是目的,而是手段,通过处罚达到教育的目的。行政主体在行政处罚的适用过程中,对违法者要始终坚持教育与处罚相结合的原则,分不同情况,区别对待,摆事实、讲道理,以理服人;对于情节显著轻微,主动承认错误并能及时改正的,可以从轻或者免予处罚。对于应予以行政处罚的行为,也要注意轻重之别,施以必要、恰当的处罚,从而达到特殊预防和教育的目的,收到较好的社会效果。

4. 一事不再罚的原则

一事不再罚的原则,是指行政主体对违法行为人的同一个违法行为,不得以同一事实和同一依据,给予两次以上的行政处罚。

(三) 行政处罚的种类

行政处罚的种类,主要是指行政处罚机关对违法行为的具体惩戒制裁手段。

根据《行政处罚法》的规定,行政处罚的种类有以下几种:

(1) 警告、通报批评。警告,是指由行政主体对违法者提出告诫或者谴责。通报批评是行政主体公布的影响违法者声誉的处分行为。二者兼有教育与制裁双重性。警告、通报批评是最轻微的行政处罚形式,一般适用于情节特别轻微、没有造成实际危害后果的违法行为。

(2) 罚款。罚款是适用最广泛的一种形式,它是行政主体强制违法者承担一定的金钱给付义务的处罚。罚款主要适用于较严重的行政违法行为或者以牟取非法利益为目的的行政违法行为。

(3) 没收违法所得、没收非法财物。没收违法所得是行政主体对行政相对人剥夺其因违法行为而获得的非法金钱收入;没收非法财物是行政主体对行政相对人剥夺其与违法行为有关的财物。

(4) 责令停产停业、责令关闭、限制从业。这是行政主体对违法从事生产经营活动的行政相对人,在一定期限和范围内限制或者取消生产经营活动资格的处罚。它一般适用于违法行为严重的行政相对人。

(5) 暂扣或者吊销许可证件、降低资质等级。这是行政主体依法取消或者在一定期限内扣留许可证或者执照或者根据具体情况降低行政相对人资质等级的处罚形式。这种处罚多适用于违反经济管理秩序,违反工商行政管理法律规范的企业、个体经营户或者其他经济组织。

(6) 行政拘留。行政拘留是行政主体依法在一定期限内剥夺违法者人身自由的处罚形式。此种处罚由于涉及公民的人身自由,故只能由法律对它进行设定。

(7) 法律、行政法规规定的其他行政处罚。

(四) 行政处罚的程序

1. 简易程序

简易程序又称当场处罚程序,是指行政处罚主体对于事实清楚、情节简单、后果轻微

> **举案说法**
>
> 某县环保部门接到一群众举报，称某纸业有限公司夜间偷排污水，造成附近的农田被污染。县环保部门在没有具体调查的情况下，对某纸业有限公司做出处罚决定：罚款2万元并责令限期整改。请问县环保部门的做法是否合法？
>
> 评析：本案中县环保部门的处罚行为在程序上是违法的，根据《行政处罚法》的规定，行政机关在实施行政处罚时，必须遵循法定程序，先调查取证，后裁决。

的行政违法行为，当场做出行政处罚决定的程序。设置行政处罚的简易程序有助于提高行政管理的效率，但其适用的条件是很严格的。《行政处罚法》第51条规定：违法事实确凿并有法定依据，对公民处以200元以下、对法人或者其他组织处以3000元以下罚款或者警告的行政处罚的，可以当场做出行政处罚决定。

行政执法人员当场做出行政处罚决定的，应当出示执法身份证件，表明执法人员的身份；告知做出行政处罚决定的事实、理由和根据；听取当事人的陈述和申辩；填写预定格式、编有号码的行政处罚决定书；将行政处罚决定书当场交付当事人。

行政执法人员当场做出行政处罚决定，必须报其所属行政机关备案。当事人对以简易程序做出的行政处罚决定不服的，可以依法申请行政复议或者提起行政诉讼。

2. 一般程序

一般程序是行政机关进行行政处罚的基本程序，而简易程序属于特殊情况。

（1）一般程序的适用范围是处罚较重的案件，即对个人处以警告和200元以下罚款以外的所有行政处罚，对组织处以警告和3000元以下罚款以外的所有行政处罚；情节复杂的案件，即需要经过调查才能弄清楚的处罚案件；当事人对于执法人员给予当场处罚的事实认定有分歧而无法做出行政处罚决定的案件等。

（2）一般程序的具体内容。一般程序依次要经过：立案；调查取证；告知处罚事实、理由、依据和有关权利；听取陈述、申辩或者举行听证；做出行政处罚决定；做出行政处罚决定书等阶段。

3. 听证程序

行政处罚的听证程序，是指行政处罚决定在被做出之前，在非本案调查人员的主持下，举行由该案的调查人员和当事人参加的公开听取当事人陈述、申辩以及与调查人员辩论的听证会。听证程序是一般程序的一个中间程序，在特殊情况下才采用。

行政机关做出责令停产停业、吊销许可证或者执照，较大数额罚款等行政处罚决定之前，应当告知当事人有要求举行听证的权利；当事人要求听证的，行政机关应当组织听证。除了涉及国家秘密、商业秘密或者个人隐私以外，听证公开举行。

4. 行政处罚决定的执行

依法给予100元以下罚款的，不当场收缴事后难以执行的，执法人员可以当场收缴罚款。

依一般程序和听证程序做出的行政处罚，当事人应自觉履行，逾期不履行的，做出行政处罚决定的行政机关可以采取相应措施：如到期不缴纳罚款的，每日按罚款数额的3%加处罚款；根据法律规定，将查封、扣押的财物拍卖或者将冻结的存款划拨抵缴罚款；申请人民法院强制执行。

四、治安行政管理

（一）治安管理处罚法的概念和特征

治安管理处罚法是调整公安机关实施治安管理处罚过程中所发生的各种社会关系的法律规范的总称。该法规定了什么行为是违反治安管理的行为，以及对这类行为应如何处罚。《中华人民共和国治安管理处罚法》（以下简称《治安管理处罚法》）由中华人民共和国第十届全国人民代表大会常务委员会第十七次会议通过，2005年8月28日公布，2012年10月26日修正。

《治安管理处罚法》第2条规定：扰乱公共秩序，妨害公共安全，侵犯人身权利、财产权利，妨害社会管理，具有社会危害性，依照《刑法》的规定构成犯罪的，依法追究刑事责任；尚不够刑事处罚的，由公安机关依照本法给予治安管理处罚。依此规定，适用治安管理处罚的行为应具有的特征是：

（1）违法行为属于扰乱公共秩序，妨害公共安全，侵犯人身权利、财产权利，妨害社会管理的行为。其他的行为以及其中有特别规定的行为不适用《治安管理处罚法》。

（2）行为具有社会危害性，但还不够刑事处罚。不具有社会危害性的行为不予处罚，社会危害的程度已达到应追究刑事责任的，也不适用此法处罚。

（3）处罚的机关必须是公安机关。应当注意的是，公安机关的性质比较特殊，在刑事案件中，它属于侦查机关，因此，它做出的处罚不都是治安管理处罚。

（二）治安管理处罚的原则

治安管理处罚应遵循如下四个原则：

（1）处罚适当原则。处罚适当原则又称比例性原则，是刑法中的罪刑相适应原则在治安管理处罚中的具体体现。处罚适当原则要求治安管理处罚必须根据事实进行裁判，没有违法事实的存在，就不存在处罚的基础。

（2）处罚公开、公正原则。处罚公开、公正原则是保证当事人权利的必然要求。

（3）尊重和保障人权的原则。尊重和保障人权的原则是宪法原则在治安管理处罚中的体现，是以人为本的理念在立法和执法上的体现，是构建和谐社会的要求。

（4）教育与处罚相结合的原则。教育与处罚相结合的原则是由治安管理处罚的性质决定的，违反治安管理的行为虽然对社会造成一定的危害，但仍属于一般的违法行为，尚未触犯刑律。对违反者给予相应的处罚是必要的，但同时应注意有效的教育。这种教育，既包括对违法者的教育，使其引以为戒，防止再犯类似的错误，杜绝违法行为；又包括对社会公众的教育，特别是对那些可能违法或者犯罪的人，起到应有的警示作用。

> **知识链接**
>
> 《治安管理处罚法》将有些构成犯罪但是情节轻微的，如发送信息干扰他人正常生活，制造假证照，偷窥、偷拍、窃听、散布他人隐私，以滋扰他人的方式乞讨等行为都列为违法行为并进行处罚。以法律的形式规范这些行为，切实保护个人信息权益，维护个人的基本人权。

（三）治安管理处罚的种类与适用

1. 治安管理处罚的种类

治安管理处罚，是指对实施了违反治安管理行为的当事人所采取的一种行政制裁措施。根据违反治安管理行为的危害大小、情节轻重，《治安管理处罚法》规定了四种处罚种类：警告、罚款、行政拘留和吊销公安机关发放的许可证。另外，对违反治安管理的外国人，可以附加使用限期出境或者驱逐出境。

（1）警告。警告，是指公安机关对违反治安管理行为人的一种否定性评价，属于最轻微的一种治安管理处罚，具有谴责和训诫作用，只适用于违反治安管理情节轻微的情形，或者违反治安管理行为人具有法定从轻、减轻处罚情节的情况。警告由县级以上人民政府公安机关决定，也可以由公安派出所决定。

举案说法

某晚，违法嫌疑人马某与同乡刘某（女）乘坐出租车去某地。途中，马某在后排座位上强行对刘某进行亲吻、抚摸等。下车后刘某立即打电话报警。警方经查证后对马某依法行政拘留10日。

评析：本案中，马某强行对刘某亲吻、抚摸的行为，明显构成"猥亵他人"的行为，违反了《治安管理处罚法》的规定，公安机关在查证属实的基础上，依照《治安管理处罚法》第44条的规定，对马某予以10日拘留。对违法行为人进行法律制裁，既能对其起到教育作用，同时也维护了受害人的权利和法律的尊严。

（2）罚款。罚款，是指给违反治安管理行为人处以支付一定金钱义务的处罚。根据《治安管理处罚法》的规定，罚款一般由县级以上人民政府公安机关决定，但是对于500元以下的罚款，可以由公安派出所决定。

（3）行政拘留。行政拘留，是指短期内剥夺违反治安管理行为人的人身自由的一种处罚，也是最为严厉的一种治安管理处罚。行政拘留一般分为5日以下、5日以上10日以下、10日以上15日以下三种。另外，《治安管理处罚法》第16条规定：有两种以上违反治安管理行为的，分别决定，合并执行。行政拘留处罚合并执行的，最长不超过20日。行政拘留的处罚只能由县级以上人民政府公安机关决定。

（4）吊销公安机关发放的许可证。这是剥夺违反治安管理行为人已经取得的，由公安机关依法发放的从事某项与治安管理有关的行政许可事项的许可证，使其丧失继续从事该项行政许可事项的资格的一种处罚。此项处罚应当由县级以上人民政府公安机关决定。

限期出境或者驱逐出境的适用对象仅限于外国人，且属于附加处罚，一般不得独立适用。驱逐出境的程度强于限期出境，不履行限期出境的，可再行驱逐出境。

2. 治安管理处罚的适用

（1）主体的适用。已满14周岁不满18周岁的人违反治安管理的，从轻或者减轻处罚；不满14周岁的人违反治安管理的，不予处罚，但是应当责令其监护人严加管教。精神病人在不能辨认或者不能控制自己行为时违反治安管理的，不予处罚，但是应当责令其监护人严加看管和治疗；间歇性的精神病人在精神正常时违反治安管理的，应当给予处罚。盲人或者又聋又哑的人违反治安管理的，可以从轻、减轻或者不予处罚。醉酒的人违反治安管理的，应当给予处罚。教唆、胁迫、诱骗他人违反治安管理的，按照其教唆、胁迫、诱骗的行为处罚。一个人有两种以上违反治安管理行为的，分别决定，合并执行，行政拘留处罚合并执行的，最长不超过20日。共同违反治安管理的，根据违反治安管理行为人在违反治安管理行为中所起的作用，分别处罚。单位违反治安管理的，对其直接负责的主管人员和其他直接责任人员进行处罚。

（2）处罚程度的适用。

① 违反治安管理有下列情形之一的，减轻处罚或者不予处罚：情节特别轻微的；主动消除或者减轻违法后果，并取得被侵害人谅解的；出于他人胁迫或者诱骗的；主动投案，向公安机关如实陈述自己的违法行为的；有立功表现的。

② 违反治安管理有下列情形之一的，从重处罚：有较严重后果的；教唆、胁迫、诱骗他人违反治安管理的；对报案人、控告人、举报人、证人打击报复的；6个月内曾受过治安管理处罚的。

（3）违反治安管理行为人有下列情形之一，应当给予行政拘留处罚的，不执行行政拘留处罚：已满14周岁不满16周岁的；已满16周岁不满18周岁，初次违反治安管理的；70周岁以上的；怀孕或者哺乳自己不满1周岁婴儿的。

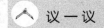 议一议

轻生跳楼的行为是否触犯了《治安管理处罚法》？

（4）追诉时效的适用。违反治安管理的行为从行为发生之日起计算，在6个月内没有被公安机关发现的，不再处罚。其行为有连续或者继续状态的，从行为终了之日起计算。

（四）处罚的程序

1. 调查

调查，是指公安机关对获取的各种违反治安管理行为的线索进行的专门性调查工作。

公安机关对报案、控告、举报或者违反治安管理行为人主动投案，以及其他行政主管部门、司法机关移送的违反治安管理案件，应当及时受理，并进行登记。

公安机关受理报案、控告、举报、投案后，认为属于违反治安管理行为的，应当立即进行调查；认为不属于违反治安管理行为的，应当告知报案人、控告人、举报人、投案人，并说明理由。

公安机关及其人民警察对治安案件的调查，应当依法进行。严禁刑讯逼供或者采用威胁、引诱、欺骗等非法手段收集证据。以非法手段收集的证据不得作为处罚的根据。

对违反治安管理行为人，公安机关传唤后应当及时询问查证，询问查证的时间不得超过8小时；情况复杂，依照《治安管理处罚法》规定可能适用行政拘留处罚的，询问查证的时间不得超过24小时。公安机关应当及时将传唤的原因和处所通知被传唤人家属。

2. 决定

决定，是指公安机关调查终结后对确认的违反治安管理的行为所适用的具体处罚。

治安管理处罚由县级以上人民政府公安机关决定，其中警告、500元以下的罚款可以由公安派出所决定。对决定给予行政拘留处罚的人，在处罚前已经采取强制措施限制人身自由的时间，应当折抵。限制人身自由1日，折抵行政拘留1日。

公安机关查处治安案件，对没有本人陈述，但其他证据能够证明案件事实的，可以做出治安管理处罚决定。但是，只有本人陈述，没有其他证据证明的，不能做出治安管理处

罚决定。公安机关做出治安管理处罚决定前，应当告知违反治安管理行为人做出治安管理处罚的事实、理由及依据，并告知违反治安管理行为人依法享有的权利。违反治安管理行为人有权陈述和申辩。公安机关必须充分听取违反治安管理行为人的意见，对违反治安管理行为人提出的事实、理由和证据，应当进行复核；违反治安管理行为人提出的事实、理由或者证据成立的，公安机关应当采纳。公安机关不得因违反治安管理行为人的陈述、申辩而加重处罚。

治安案件调查结束后，公安机关应当根据不同情况，分别做出以下处理：

（1）确有依法应当给予治安管理处罚的违法行为的，根据情节轻重及具体情况，做出处罚决定。

（2）依法不予处罚的，或者违法事实不能成立的，做出不予处罚决定。

（3）违法行为已涉嫌犯罪的，移送主管机关依法追究刑事责任。

（4）发现违反治安管理行为人有其他违法行为的，在对违反治安管理行为做出处罚决定的同时，通知有关行政主管部门处理。公安机关做出治安管理处罚决定的，应当制作治安管理处罚决定书。决定书应当由做出处罚决定的公安机关加盖印章。

公安机关应当向被处罚人宣告治安管理处罚决定书，并当场交付被处罚人；无法当场向被处罚人宣告的，应当在2日内送达被处罚人。决定给予行政拘留处罚的，应当及时通知被处罚人的家属。有被侵害人的，公安机关应当将决定书副本抄送被侵害人。

> **议一议**
>
> 很多人都认为装修房屋是自家的事，而不顾是否会给邻居带来影响和不便。特别是在一些新建小区，为了抢进度，早点住进新房，不少业主要求装修工人加班加点工作，邻居往往也只能无奈地接受。请问《治安管理处罚法》对此是否有相关规定？

公安机关做出吊销许可证以及处2000元以上罚款的治安管理处罚决定前，应当告知违反治安管理行为人有权要求举行听证；违反治安管理行为人要求听证的，公安机关应当及时依法举行听证。

公安机关办理治安案件的期限，自受理之日起不得超过30日；案情重大、复杂的，经上一级公安机关批准，可以延长30日。为了查明案情进行鉴定的期间，不计入办理治安案件的期限。

3．执行

执行，是指公安机关为使处罚决定得以实现而采取的各种措施。

对被决定给予行政拘留处罚的人，由做出决定的公安机关送达拘留所执行。

受到罚款处罚的人应当自收到治安管理处罚决定书之日起15日内，到指定的银行缴纳罚款。但是，有下列情形之一的，人民警察可以当场收缴罚款：

（1）被处50元以下罚款，被处罚人对罚款无异议的。

（2）在边远、水上、交通不便地区，公安机关及其人民警察依照《治安管理处罚法》的规定做出罚款决定后，被处罚人向指定的银行缴纳罚款确有困难，经被处罚人提出的。

（3）被处罚人在当地没有固定住所，不当场收缴事后难以执行的。

罚款实行收缴分离的原则执行。人民警察当场收缴的罚款，应当自收缴罚款之日起2

日内，交至所属的公安机关；在水上、旅客列车上当场收缴的罚款，应当自抵岸或者到站之日起2日内，交至所属的公安机关；公安机关应当自收到罚款之日起2日内将罚款缴付指定的银行。人民警察当场收缴罚款的，应当向被处罚人出具省、自治区、直辖市人民政府财政部门统一制发的罚款收据；不出具统一制发的罚款收据的，被处罚人有权拒绝缴纳罚款。

五、行政法制监督

（一）行政法制监督的概念及构成

1. 行政法制监督的概念

行政法制监督，是指国家权力机关、国家司法机关、上级行政机关、专门行政监督机关及国家机关体系以外的公民、组织依法对行政主体及其工作人员是否依法行使行政职权和是否遵纪守法所进行的监督。

2. 行政法制监督的构成

行政法制监督由主体、对象和内容三个部分构成。

（1）行政法制监督的主体，是指依法对行政主体及其工作人员是否依法行使行政职权和是否遵纪守法进行监督的国家权力机关、国家司法机关、上级行政机关、专门行政监督机关以及国家机关体系以外的公民、组织。

（2）行政法制监督的对象，是指行政主体及其工作人员。

（3）行政法制监督的内容，是指监督行政主体是否依法行使行政职权以及国家公务员和被授权组织中的工作人员是否遵纪守法。

（二）行政法制监督的内容和种类

行政法制监督包括对各级政府制定各种行政法律规范的行政行为的合法性和合理性进行监督，对各级政府及其公务员实施的具体行政行为的合法性和合理性进行监督，对国家公务员是否守法、廉洁奉公进行监督。

行政法制监督有以下几种分类：按监督的主体，可分为国家监督和社会监督；按监督的对象，可分为对国家行政机关的监督和对公务员的监督；按监督的内容，可分为对行政机关抽象行为的监督和具体行政行为的监督，也可以认为是行政合法性监督和行政合理性监督；按监督主体同监督对象的关系，可分为外部行政法制监督和内部行政法制监督；按实施监督权的时间，可分为事前监督、事中监督和事后监督。

（三）行政法制监督主体的监督

1. 国家权力机关的监督

国家权力机关对行政主体的监督是全面的，具有最高权威性。国家权力机关的监督方式主要有法律监督、工作监督和人事监督。

2. 国家司法机关的监督

国家司法机关的监督包括审判机关的监督和检察机关的监督。

（1）审判机关的监督主要是通过行政诉讼的方式进行。
（2）检察机关的监督主要是通过查处行政机关工作人员的职务犯罪案件的方式进行。

3. 国家行政机关的监督

国家行政机关的监督包括行政监察机关、审计机关和上级行政机关的监督。它属于内部监督，有较大的监督范围。

（1）行政监察机关，是指对国家公务员遵纪守法情况进行监督。
（2）审计机关，是指对各级人民政府及其工作部门的财政收支行为进行监督。
（3）上级行政机关，是指对下级行政机关负有领导和监督职责，主要是通过检查工作、受理复议申请等方式进行监督。

4. 国家机关体系以外的公民、组织的监督

公民、组织的监督主要是通过批评、建议、检举、揭发或者申诉、申请等方式进行。

第四节 行政责任和行政救济

一、行政责任

（一）行政责任的概念及构成要件

1. 行政责任的概念

行政责任，是指行政主体及其执行公务的人员因行政违法或者行政不当，违反其法定职责和义务而应依法承担的否定性的法律后果。

2. 行政责任的构成要件

行政责任的构成要件是使行政责任得以成立的基本条件。行政责任的构成要件是理解和把握行政责任的重要理论依据，根据行政责任的构成要件，可以对行政机关及其工作人员的行政行为是否应承担行政责任进行较为准确的判断。行政责任的构成要件主要有以下几种：

议一议

民警接警后不出警，从而导致被害人因救治无效死亡，是否应承担行政责任？为什么？

（1）行政责任主体的特定性。行政责任的主体是构成行政责任的必备条件之一。行政责任的主体即行政责任的承担者。行政责任的主体一般为行政机关及其工作人员。由于行政行为的实质是一种国家行为或者政府行为，因此，一般情况下，只有行政机关及其公务人员才有可能成为行政责任主体。

此外，得到法律、法规授权的非行政机关的社会组织以及接受行政机关委托的组织或者个人在执行公务时也能产生行政责任，从而成为行政责任的主体。也就是说，行政责任的主体不以行政机关及其工作人员为限，任何行为主体，只要获得合法从事国家行政行为的资格并实际实施行政行为，就有可能产生行政责任，成为行政责任主体。

（2）行政行为违法。行政责任必须是由行政机关及其工作人员的违法行政行为产生的。行政责任的这一要件实际上包括两个内容：

第一,承担行政责任的行政行为必须是执行职务的行为。行政机关作为一种组织,除了行使职权与社会发生行政管理关系外,还有可能以普通民事主体的身份与社会发生一般的民事关系。换句话说,行政机关的行为可以分为执行职务的行为和普通民事行为。由于行政责任是一种国家责任,所以只有行政机关及其工作人员以国家的名义实施行政管理、执行公务的行为才有可能产生行政责任,而行政机关及其工作人员以私法意义上的法人名义所从事的普通民事行为则不产生行政责任。后一种行为造成的损害由行政机关或者个人负民事责任,国家对此并不负责。

第二,承担行政责任的行政行为必须是违法的执行职务的行为。行政机关及其工作人员违法行使职权的行为可能会引起一系列的法律后果,就会产生相应的行政责任。

(3)有法律、法规的规定。行政责任是一种法定的责任,因而必须有法律、法规的明确规定,必须经由法律、法规的确认才有可能产生。没有法律、法规的规定,行政机关及其工作人员的行政行为即使发生损害性后果,也不能产生行政责任。这种情况在实践中通常表现为无法追究行政责任。行政责任的这一构成要件包括如下内容:

第一,行政责任由有关的法律、法规规定和确认。这就是说,行政责任作为一种特定的国家现象,由法的规定而产生并依照法的规定而执行,离开了法的规定,行政责任就无从谈起。因此,在西方国家的法律体系中,一般都有关于行政责任的法律原则以及相应的法律规定。

第二,若没有法的规定,则不产生行政责任。行政机关及其工作人员的行政行为即使在事实上造成损害,但由于没有法的规定而不需要承担法律上的行政责任,至多承担道义上的责任。在这里,法律、法规的规定是追究和执行行政责任的基本依据。

第三,由法律、法规规定的例外情况不产生行政责任。这是国家豁免说的一种有条件的沿用。在通常情况下,不承担行政责任的行政行为的范围多局限于特定的领域,像政治、军事、外交活动等领域。对这些方面的国家责任,各个国家一般按照"国家免责"的原则进行处理。

(4)损害事实的存在。也就是说,行政责任必须有特定的行为后果存在。只有当行政机关及其工作人员的行政行为造成特定的损害后果时,才产生实际承担行政责任的问题。这一要件的内容如下:

第一,行政机关及其工作人员的行政行为造成了特定的可引起行政责任的损害性后果。

第二,损害性后果与行政机关及其工作人员的行政行为存在直接的因果关系,即行政行为涉及的对象所受到的损害必须是由行政机关及其工作人员的行政行为直接造成或者引起的。由于第三者的行为或者自然力的原因所产生的损害不产生行政责任。例如,战争、自然灾害等原因引起的损害不产生行政责任。

(二)行政责任的种类

行政责任可分为惩罚性行政责任、强制性行政责任和补救性行政责任。

惩罚性行政责任的主要形式有通报批评、行政处分等;强制性行政责任包括强制划拨、税务机关收缴滞纳金等;补救性行政责任的形式较多,主要有赔礼道歉、恢复名誉、消除影响、撤销违法行为、纠正不当、返还权益、行政赔偿等。

（三）行政责任的追究

追究行政责任是在确定行政责任的基础上，有权追究行政责任的机关强制让负有责任的行政机关及其工作人员履行一定的义务。有权追究行政责任的机关主要是国家权力机关、行政机关、监察机关和审判机关。

权力机关追究行政机关的行政责任，主要是通过依法撤销其不适当的决定和命令来实现的。罢免行政机关工作人员的职务不是追究行政责任的一种形式，因此，权力机关不能直接追究行政机关工作的行政责任。

行政机关具有追究有关行政机关及其工作人员行政责任的权力，这主要表现在：

（1）追究下级行政机关或者所属机构的行政责任，如命令其纠正不当的行为，做出赔偿，必要时直接改变或者撤销其行为。

（2）追究本机关内工作人员的行政责任，如命令工作人员对行政相对人赔礼道歉等。

监察机关依据法定职责范围、任务和权限，享有追究行政机关及其工作人员行政责任的权力。对于监察对象违反国家政策和法律、法规以及违反政纪的行为，行政监察机关有权进行检查和调查，对它们进行一定的行政处分，或者向有关部门提出处分或者法律制裁的建议。

审判机关的地位和任务决定了它享有监督行政机关依法行政的职责。在一定条件下有权直接追究有关行政机关的行政责任。人民法院追究行政责任的内容与方式和权力机关、行政机关有很大的不同，这主要表现在：① 行政案件的当事人不起诉，人民法院不能主动追究有关行政机关的行政责任；② 因为行政诉讼是以行政机关而不是以个人为被告的，故人民法院不能追究行政机关工作人员的行政责任，只限于追究行政机关的行政责任；③ 人民法院追究的行政责任具有补救性，不能追究惩罚性行政责任，也不能处分行政机关工作人员。

二、行政救济

（一）行政复议

1. 行政复议的概念和特征

行政复议，是指公民、法人或者其他组织认为行政机关的具体行政行为侵犯其合法权益，按照法定的程序和条件向做出该具体行政行为的上一级行政机关提出申请，由受理申请的行政机关对具体行政行为依法进行审查并做出行政复议决定的活动。

行政复议不仅是行政司法制度，而且也是一种重要的行政救济制度。

行政复议具有以下特征：

（1）行政复议是行政机关内部的层级监督。行政复议是行政机关行使职权的行为，是上级行政机关对下级行政机关行使监督权的一种形式。行政复议应由行政相对人提出，如果行政相对人不提出复议申请，则行政机关不能自主启动行政复议程序。因此，行政复议是一种被动的，依申请而不是依职权产生的行为。

（2）行政复议是一种事后救济措施。行政复议是由于行政相对人认为行政机关行使行政管理权，侵犯其合法权益而采取的补救措施，也是行政机关纠正自身错误行为的途径。

 案例讨论

刘某因超载被公路管理部门的执法人员李某拦截,李某对刘某口头做出罚款200元的处罚决定,并要求刘某当场缴纳。刘某要求李某出具书面处罚决定和罚款收据,李某认为刘某的要求属于强词夺理,拒绝听取其申辩。请讨论:该案应该如何解决?

2. 申请行政复议的范围

行政复议的范围,是指行政机关受理行政复议案件的范围,这也是行政相对人可以通过行政复议获得救济的范围。《中华人民共和国行政复议法》(以下简称《行政复议法》)规定行政复议的范围包括以下几个方面:

(1)具体行政行为。具体行政行为,是指行政机关针对特定的公民、法人或者其他组织做出的影响其权益的决定。根据《行政复议法》第6条的规定,申请人对下列具体行政行为不服的,可以申请行政复议:对行政机关做出的警告、罚款、没收违法所得、没收非法财物、责令停产停业、暂扣或者吊销许可证、暂扣或者吊销执照、行政拘留等行政处罚决定不服的;对行政机关做出的限制人身自由或者查封、扣押、冻结财产等行政强制措施决定不服的;对行政机关做出的有关许可证、执照、资质证、资格证等证书变更、中止、撤销的决定不服的;对行政机关做出的关于确认土地、矿藏、水流、森林、山岭、草原、荒地、滩涂、海域等自然资源的所有权或者使用权的决定不服的;认为行政机关侵犯合法的经营自主权的;认为行政机关变更或者废止农村承包合同,侵犯其合法权益的;认为行政机关违法集资、征收财物、摊派费用或者违法要求履行其他义务的;认为符合法定条件,申请行政机关颁发许可证、执照、资质证、资格证等证书,或者申请行政机关审批、登记有关事项,行政机关没有依法办理的;申请行政机关履行保护人身权利、财产权利、受教育权利的法定职责,行政机关没有依法履行的;申请行政机关依法发放抚恤金、社会保险金或者最低生活保障费,行政机关没有依法发放的;认为行政机关的其他具体行政行为侵犯其合法权益的。

(2)抽象行政行为。抽象行政行为,是指行政机关针对不特定的对象做出的具有普遍约束力的决定和命令的行为。它包括制定行政法规、规章和发布决定、命令。《行政复议法》第7条规定:公民、法人或者其他组织认为行政机关的具体行政行为所依据的下列规定不合法,在对具体行政行为申请行政复议时,可以一并向行政复议机关提出对该规定的审查申请:国务院部门的规定;县级以上地方各级人民政府及其工作部门的规定;乡、镇人民政府的规定。

但上述规定不含国务院部、委员会规章和地方人民政府规章。规章的审查依照法律、行政法规办理。

(3)行政复议的排除。根据《行政复议法》第8条的规定,下列事项,可以通过申诉或者裁决等方式寻求解决:不服行政机关做出的行政处分或者其他人事处理决定的,依照有关法律、行政法规的规定提出申诉;不服行政机关对民事纠纷做出的调解或者其他处理,依法申请仲裁或者向人民法院提起诉讼。

3. 行政复议参加人

行政复议参加人,是指参加行政复议的当事人以及与行政复议当事人地位相类似的人,具体包括申请人、被申请人、第三人及行政复议代理人。

（1）申请人。申请人，是指认为行政机关的具体行政行为侵犯了其合法权益，依法向行政复议机关提出行政复议申请的公民、法人或者其他组织。

这就意味着申请人应该是与被申请行政复议的具体行政行为有利害关系，而且在申请复议时必须以自己的名义提出。

例如，当企业登记机关吊销企业的营业执照时，提起行政复议的只能是企业的负责人，若其他人（如债权人等）提出行政复议，则登记机关将不予受理。

（2）被申请人。被申请人，是指申请人的对方当事人，即公民、法人或者其他组织对具体行政行为不服申请行政复议，做出该具体行政行为的行政主体。

具体来说，如《行政复议法》第12条～15条明确规定了不同行政行为的行政复议机关，也为行政复议的被申请人规定了以下几种情形：

① 对县级以上地方人民政府依法设立的派出机关的具体行政行为不服的，向设立该派出机关的人民政府申请行政复议，即该派出机关为被申请人。

> **举案说法**
>
> 甲与乙发生争执，甲将乙打伤，A区公安分局根据《治安管理处罚法》的规定做出处理决定：对甲拘留5日。甲不服，认为处罚过重。你认为甲应该怎么办？
>
> 评析：本案中，根据《行政复议法》和《治安管理处罚法》的规定，甲可以在接到行政处罚决定之日起60日内向A区政府或市公安局申请行政复议。

② 对政府工作部门依法设立的派出机构依照法律、法规或者规章规定，以自己的名义做出的具体行政行为不服的，向设立该派出机构的部门或者该部门的本级地方人民政府申请行政复议。即该派出机构作为被申请人。

③ 对法律、法规授权的组织的具体行政行为不服的，分别向直接管理该组织的地方人民政府、地方人民政府工作部门或者国务院部门申请行政复议。即以该组织为被申请人。

④ 对两个或两个以上行政机关以共同的名义做出的具体行政行为不服的，向其共同上一级行政机关申请行政复议。即共同做出该具体行政行为的行政机关是被申请人。

⑤ 对被撤销的行政机关在撤销前所做出的具体行政行为不服的，向继续行使其职权的行政机关的上一级行政机关申请行政复议。即继续行使其职权的行政机关为被申请人。

（3）第三人及行政复议代理人。第三人，是指同申请复议的具体行政行为有利害关系，并参加行政复议的公民、法人或者其他组织。行政复议代理人，是指申请人、第三人委托的参加行政复议的代理人。

4. 行政复议的程序

行政复议的程序包括申请、受理、审理和决定。

（1）申请。申请人申请行政复议，可以书面申请，也可以口头申请。通常应在申请人知道被申请人做出具体行政行为之日起60日内提出，但是法律规定的申请期限超过60日的除外。

（2）受理。行政复议机关接到行政复议申请后，应当在5日内进行审查。对不符合《行政复议法》规定的行政复议申请，决定不予受理，并书面告知申请人；对符合《行政复议法》规定，但是不属于本机关受理的行政复议申请，应当告知申请人向有关行政复议机关提出。行政复议机关无正当理由不予受理的，上级行政机关应当责令其受理；必要时，上级行政机关也可以直接受理。

> **知识链接**
>
> 　　行政复议与行政诉讼的区别如下：① 二者的性质不同。行政复议属于行政救济行为，适用《行政复议法》；行政诉讼属于司法救济行为，适用《中华人民共和国行政诉讼法》（以下简称《行政诉讼法》）。② 二者的受案范围不同。行政复议的受案范围大于行政诉讼的受案范围。③ 二者的审查标准不同。行政复议既审查具体行政行为的合法性，又审查具体行政行为的合理性、适当性；行政诉讼审查具体行政行为的合法性。④ 二者的审查程序不同。行政复议一般是一裁终局，较之诉讼程序更为简便、灵活；对于行政诉讼，人民法院审理行政案件实行两审终审制。

　　（3）审理。行政复议审理是行政复议机关受理复议申请后，对被申请人的具体行政行为进行审查的活动。行政复议原则上采用书面审查的办法，但是申请人提出要求或者行政复议机关负责法制工作的机构认为有必要时，可以向有关组织和人员调查情况，听取申请人、被申请人和第三人的意见。

　　行政复议期间，不停止原具体行政行为，但有下列情形之一的，可以停止执行：被申请人认为需要停止执行的；行政复议机关认为需要停止执行的；申请人申请停止执行，行政复议机关认为其要求合理，决定停止执行的；法律规定停止执行的。

　　（4）决定。行政复议决定是行政复议机关对行政复议案件进行审理后所做的具有法律效力的评价。行政复议机关应对引起争议的具体行政行为所依据的事实、证据和法律规范进行审查，然后对该具体行政行为是否合法和是否适当做出判断。经过审理后，可做出以下几种决定：

　　① 具体行政行为认定事实清楚，证据确凿，适用依据正确，程序合法，内容适当的，决定维持。

　　② 被申请人不履行法定职责的，决定其在一定期限内履行。

　　③ 具体行政行为有下列情形之一的，决定撤销、变更或者确认该具体行政行为违法；决定撤销或者确认该具体行政行为违法的，可以责令被申请人在一定期限内重新做出具体行政行为：主要事实不清、证据不足的；适用依据错误的；违反法定程序的；超越或者滥用职权的；具体行政行为明显不当的。

　　④ 被申请人不按照《行政复议法》第23条的规定提出书面答复、提交当初做出具体行政行为的证据、依据和其他有关材料的，视为该具体行政行为没有证据、依据，决定撤销该具体行政行为。行政复议机关责令被申请人重新做出具体行政行为的，被申请人不得以同一的事实和理由做出与原具体行政行为相同或者基本相同的具体行政行为。

（二）行政赔偿

1. 行政赔偿的概念与特征

　　行政赔偿即行政侵权赔偿，是指行政机关及其工作人员，在行使行政职权过程中，侵犯了公民、法人和其他组织的合法权益并造成损害的，依法由行政机关承担损害赔偿责任的法律制度。

　　行政赔偿具有以下特征：

　　（1）行政赔偿实质上是一种国家赔偿。行政职能属于国家职能，行政权也属于国家权力。行政主体行使职权所实施的职务活动,是代表国家进行的,根本上是一种国家活动。此外,行政赔偿费来源于国家财政,根本上的赔偿义务还是由国家来承担的。

(2)行政赔偿的起因是行政侵权损害行为。行政侵权损害行为是行政机关做出的行政行为,侵犯并损害了公民、法人和其他组织的合法权益。只有这种行为才有可能引起国家行政赔偿责任。

(3)行政赔偿的义务主体是违法行使职权的行政机关。侵权行政机关,是指做出侵权行政行为的行政机关和实施侵权行政行为的行政机关工作人员所在的行政机关。法律、法规授权行使行政职权的组织也可视为侵权行政机关,从而具有行政赔偿义务主体的资格,除此之外,包括行政机关工作人员在内的任何人和组织都不得作为行政赔偿的义务主体。

议一议
行政赔偿与民事赔偿有何区别?

2. 行政赔偿的范围

从《国家赔偿法》的相关规定里能够看出,我国在确定行政赔偿范围方面体现了两个原则:一是限于保护人身权、财产权原则;二是职务行为与职务相关行为结合的原则。

根据《国家赔偿法》第3条、第4条的规定,行政赔偿范围包括侵犯人身权的违法行政行为和侵犯财产权的违法行政行为两种,对上述两种违法行政行为所造成的损害,受害人有权请求国家赔偿。

(1)侵犯人身权的违法行政行为。属于此类的违法行政行为主要包括以下几种:

① 违法拘留或者违法采取限制公民人身自由的行政强制措施的行为。其中,限制人身自由的强制措施主要有:收容教养;强制治疗与强制戒毒;强制遣送;强制传唤;行政拘留;其他行政强制措施,例如,对传染病人的强制隔离、对闹事者采取带离现场的措施等。

② 非法拘禁或者以其他方法非法剥夺公民人身自由的行为。此类行为,是指行政机关及其工作人员在执行职务中,在不具有行政拘留或者限制人身自由行政强制措施权限,或者虽具有上述权限但尚未依法做出上述决定的情况下,非法剥夺公民的人身自由。其方法可以是非法拘禁、非法扣留、绑架、强制禁闭等。此类行为的特点是,一般不属于行政机关及其工作人员的职务行为,但却与职务行为有关联性,或者是为了执行职务而采取的非法手段。

③ 以殴打、虐待等行为或者唆使、放纵他人的殴打、虐待等行为造成公民身体伤害或者死亡的违法行为。此类行为,是指行政机关及其工作人员在行使职权时实施或者唆使他人实施的违法行为,其本身并不是职务行为,但却与职务行为密切相关。即或者是执行职务的手段,或者是假借职务之便实施的,或者是在执行职务的时间或者场所实施的。

④ 违法使用武器、警械造成公民身体伤害或者死亡的违法行为。此类行为,是指行政机关及其工作人员在行使职权时违反国家有关武器、警械使用规定等而使用枪支、警棍、手铐、警绳、催泪弹等致他人伤亡的行为。此类行为一般是在执行职务时发生的。

⑤ 造成公民身体伤害或者死亡的其他违法行为。此类行为是指行政机关及其工作人员在执行职务中实施的除上述四种违法行为以外的违法行为而致他人伤亡的情况。

(2)侵犯财产权的违法行政行为。属于此类违法行为的情形有:

① 违法实施罚款、吊销许可证和执照、责令停产停业、没收财物等行政处罚行为。

这几项行为均属于行政处罚。所谓行政处罚，是指行政机关依法对违反行政法律规范的行政管理相对人实施的法律制裁。具有一定经济内容的行政处罚的种类有：罚款；吊销许可证和执照；责令停产停业；没收财物。

② 违法对财产采取查封、扣押、冻结等行政强制措施的行为。

③ 违法征收、征用财产的行为。

公安机关的警察在执行职务中违反交通规则将某公民撞死，被撞公民的家属是否可以提起国家赔偿？

这种行为，是指行政机关在没有法律依据的情况下凭借职权，要求行政相对人履行某种义务，如出钱、出物等。这种行为是与依法行政原则相违背的。同时，极大地侵犯了公民、法人或者其他组织的财产权。对于这种违法的行为，任何公民、法人或者其他组织都有权予以拒绝。

④ 造成财产损害的其他违法行为。

（3）国家不承担赔偿责任的情形：行政机关及其工作人员与行使职权无关的个人行为；因公民、法人和其他组织自己的行为致使损害发生的；法律规定的其他情形，如紧急避险、意外事件、不可抗力等。

3. 行政赔偿关系中的当事人

（1）行政赔偿请求人。行政赔偿请求人，是指因其合法权益受到行政主体违法行使职权的损害，而有权依法要求行政赔偿的当事人，包括公民、法人或者其他组织。

《国家赔偿法》第6条规定：受害的公民、法人和其他组织有权要求赔偿；受害的公民死亡，其继承人和其他有扶养关系的亲属有权要求赔偿；受害的法人或者其他组织终止的，其权利承受人有权要求赔偿。

（2）行政赔偿义务机关。行政赔偿义务机关，是指依法履行赔偿义务、接受赔偿请求、支付赔偿费用、参加赔偿诉讼程序的行政机关。

举案说法

某年7月，在"扫黄打非"活动中，某市工商行政管理局、公安局和文化局认为某歌厅违法经营，做出停业整顿、没收音像制品和罚款2000元的处罚。该歌厅不服，提起了行政赔偿诉讼。后经人民法院确认，该歌厅确属合法经营。请问该案中如何确定行政赔偿主体？

评析：根据《国家赔偿法》的规定，本案中工商行政管理局、公安局和文化局为共同行使行政处罚权的行政主体，因此它们对于违法行使职权的行为后果承担赔偿责任。

《国家赔偿法》第7条和第8条规定：

① 行政机关及其工作人员行使行政职权侵犯公民、法人和其他组织的合法权益造成损害的，该行政机关为赔偿义务机关。

② 两个以上行政机关共同行使行政职权时侵犯公民、法人和其他组织合法权益造成损害的，共同行使行政职权的行政机关为共同赔偿义务机关。

③ 法律、法规授权的组织在行使授予的行政权力时侵犯公民、法人和其他组织的合法权益造成损害的，被授权的组织为赔偿义务机关。

④ 受行政机关委托的组织或者个人在行使受委托的行政权力时侵犯公民、

法人和其他组织的合法权益造成损害的，委托的行政机关为赔偿义务机关。

⑤赔偿义务机关被撤销的，继续行使其职权的行政机关为赔偿义务机关；没有继续行使其职权的行政机关的，撤销该赔偿义务机关的行政机关为赔偿义务机关。

⑥经复议机关复议的，最初造成侵权行为的行政机关为赔偿义务机关，但复议机关的复议决定加重损害的，复议机关对加重的部分履行赔偿义务。

（3）行政赔偿第三人。与行政赔偿案件处理结果有法律上的利害关系的其他公民、法人和其他组织有权作为第三人参加行政赔偿诉讼。

4. 行政赔偿程序

行政赔偿程序，是指行政赔偿请求人向行政赔偿义务机关请求行政赔偿，行政赔偿义务机关给予行政赔偿以及通过人民法院解决行政赔偿纠纷的方式、方法和步骤。

（1）行政先行处理程序。行政相对人单独要求行政赔偿的，应先向行政赔偿义务机关提出书面申请，行政赔偿义务机关在收到行政赔偿申请书之日起2个月内做出赔偿或者不赔偿的决定，不予赔偿的说明理由。

（2）行政赔偿诉讼。行政赔偿义务机关逾期不予赔偿或者赔偿请求人对赔偿数额有异议的，赔偿请求人可以自期间届满之日起3个月内向人民法院提起诉讼。

（3）行政追偿。行政追偿，是指行政机关对赔偿请求人承担赔偿责任后，依法责令有故意或者重大过失的行政机关工作人员或者受委托的组织或者个人承担部分或全部赔偿费用的法律制度。其适用条件为：一是行政赔偿义务机关已经向受损失的公民、法人和其他组织支付了赔偿金、返还了财产或恢复了原状的；二是行政机关工作人员或者受委托的组织或者个人对加害行为有故意或者重大过失的。

5. 国家赔偿方式与计算标准

（1）赔偿方式。支付金钱为主要方式，能返还财产或者恢复原状的，返还财产或者恢复原状。此外，还规定了恢复名誉、赔礼道歉、消除影响等赔偿方式。

（2）国家赔偿标准：采取抚慰性原则。

第一，侵犯公民人身自由的赔偿标准。一般采取金钱赔偿的方式，通常每日赔偿金按照国家上年度职工日平均工资计算。

第二，侵犯生命健康权的赔偿标准。造成身体伤害的，应当支付医疗费、护理费，以及赔偿因误工减少的收入。减少的收入每日赔偿金按照国家上年度职工的日平均工资计算，最高额为上年度职工的年平均工资的5倍。造成部分或者全部丧失劳动能力的，应当支付医疗费、护理费、残疾生活辅助具费、康复费等因残疾而增加的必要支出和继续治疗所必需的费用，以及残疾赔偿金。残疾赔偿金根据丧失劳动能力的程度，按照国家规定的伤残等级确定，最高不超过国家上年度职工年平均工资的20倍。造成全部丧失劳动能力的，对其扶养的无劳动能力的人，还应当支付生活费；造成死亡的，应当支付死亡赔偿金、丧葬费，总额为国家上年度职工年平均工资的20倍。对死者生前扶养的无劳动能力的人，还应当支付生活费。

其中，部分或者全部丧失劳动能力者及死亡者的生活费的发放标准，参照当地最低生活保障标准执行。被扶养的人是未成年人的，生活费给付至18周岁止；其他无劳动能力的人，生活费给付至死亡时止。

第三，侵犯财产权的赔偿标准。处罚款、罚金、追缴、没收财物或者违法征收、征用财产的,返还财产;查封、扣押、冻结财产的,解除对财产的查封、扣押、冻结;应当返还的财产损坏的,能够恢复原状的恢复原状,不能恢复原状的,按照损害程度给付相应的赔偿金;应当返还的财产灭失的,给付相应的赔偿金;财产已经拍卖或者变卖的,给付拍卖或者变卖所得的价款;变卖的价款明显低于财产价值的,应当支付相应的赔偿金;吊销许可证和执照、责令停产停业的,赔偿停业期间必要的经常性的费用开支;返还执行的罚款或者罚金、追缴或者没收的金钱,解除冻结的存款或者汇款的,应当支付银行同期存款利息;对财产权造成其他损害的,按照直接损失给予赔偿。

赔偿请求人请求国家赔偿的时效为2年,自其知道或者应当知道国家机关及其工作人员行使职权时的行为侵犯其人身权、财产权之日起计算,但被羁押等限制人身自由期间不计算在内。在申请行政复议或者提起行政诉讼时一并提出赔偿请求的,适用《行政复议法》《行政诉讼法》有关时效的规定。

赔偿请求人在赔偿请求时效的最后6个月内,因不可抗力或者其他障碍不能行使请求权的,时效中止。从中止时效的原因消除之日起,赔偿请求时效期间继续计算。

赔偿请求人要求国家赔偿的,赔偿义务机关、复议机关和人民法院不得向赔偿请求人收取任何费用。对赔偿请求人取得的赔偿金不予征税。

复习思考题

在线答题

一、简答题

1. 行政法的概念和基本原则是什么?
2. 如何理解行政主体?
3. 简述行政机关的概念、特征及种类。
4. 公务员的权利和义务包括哪些?
5. 简述行政行为的概念、特征及种类。
6. 简述行政复议与行政赔偿的概念和特征。

二、案例分析

1. 郝某经所在区工商局批准开办了一家文化用品商店。一日郝某所在地工商所的工作人员康某来到郝某的店里,要拿几本书回去看,郝某不让。于是,康某说:"有人举报你的店里卖淫秽书籍,要对你进行罚款,你现在交罚款。"郝某说:"我的店从来没有卖过违法的商店,不信你可以查。"康某说:"我不用查,你如果不交罚款,我就封你的店。"郝某无奈当即交了1000元罚款。之后,郝某对此向有关机关申请行政复议,康某又与复议人员赵某串通捏造郝某卖淫秽书籍的事实,行政复议机关维持原来的罚款决定,又做出吊销郝某营业执照的决定。郝某不服,继续申请行政复议,2个月后,行政复议机关认为此案证据不足,经调查确认处罚决定是错误的,随即做出撤销吊销郝某营业执照和罚款的决定,并对赵某与康某给予了行政处分。郝某对此先向行政赔偿义务机关申请赔偿,但郝某对行政赔偿义务机关决定给予赔偿的数额不服,遂向本区人民法院做出申请国家赔偿决定。

区人民法院受理了此案。在审理中,经人民法院调解,双方达成如下协议:① 由行政赔偿义务机关返还1000元罚款；② 赔偿吊销营业执照期间租房、水电等必要的开支2500元；③ 按正常营业收入的30%赔偿因吊销营业执照期间不能经营所造成的损失1500元。

根据上述案情，请分析：

（1）郝某对1000元的罚款不服而申请复议的机关是哪个机关？

（2）假设郝某突然死亡，应该由谁来申请行政复议？

（3）假设行政复议机关向郝某收取复议费用200元，有无法律依据？为什么？

（4）本案中郝某所受到的损害，应该由谁为行政赔偿义务机关？

（5）康某与赵某对郝某的损害应该承担什么责任？

2．某省有甲、乙、丙三名律师决定出资合伙成立"新兴律师事务所"，于是他们向该省司法厅提出口头申请成立律师事务所并提供了律师事务所的章程、发起人名单、简历、身份证明、律师资格证书、能够专职从事律师业务的保证书、资金证明、办公场所的使用证明和合伙协议等。但被告知根据该省地方政府规章规定，设立合伙制律师事务所必须有一名以上的律师具有硕士以上学位并且需要填写省司法厅专门设计的申请书格式文本。刚好乙为法学博士，于是三人交了50元工本费后领取了省司法厅专门设计的申请书，带回补正。次日，三人带了补正后的材料前来申请，工作人员A受理了申请，并出具了法律规定的书面凭证。后来省司法厅指派工作人员B对申请材料进行审查时，发现申请人提供的资金证明系伪造，但其碍于与甲等三人是好朋友，隐瞒了真实情况，在法定期限内做出了准予设立律师事务所的决定并颁发了律师事务所执业证书。1个月后，事务所的资金证明被司法厅发现系伪造，遂撤销了"新兴律师事务所"的律师事务所执业证书。此间，甲、乙、丙三人已付办公场所租金2万元，装修费3万元。

根据上述案情，请分析：

（1）该省地方政府规章规定的"设立合伙制律师事务所必须有一名以上的律师具有硕士以上学位"的条件是否合法？为什么？

（2）该省地方规章规定的设立合伙制律师事务所，需要填写省司法厅专门设计的申请书格式文本是否合法？能否收取50元工本费？为什么？

（3）省司法厅对撤销"新兴律师事务所"的律师事务所执业证书需要赔偿吗？为什么？

第四章 刑 法

> 张某，男，15周岁，于2019年8月12日晚上9时许略带醉意到一小酒店喝酒，至晚上11时许，酒店老板劝其回家，张某非但不听，反而对酒店老板大打出手，并且疯狂乱砸酒店的食品用具。酒店老板情急之下，拿起吧台上的一把水果刀，向张某的腹部连捅数刀，张某被捅成轻伤。酒店老板的行为是否构成犯罪？应如何看待酒店老板行为的性质？是否应追究酒店老板的刑事责任？

刑法是法律体系中重要的法律部门，是规定哪些行为是犯罪，给犯罪人以何种刑罚处罚的法律。学习刑法理论知识，有助于我们了解有关定罪与量刑的基本原理和基本法律知识，正确地理解犯罪、刑事责任、刑罚有关的法律规定，提高依法运用刑法与犯罪行为做斗争的能力。

▶ 重点提示

- 刑法的任务与基本原则
- 刑法的适用范围
- 犯罪的概念和特征
- 犯罪构成
- 正当防卫与紧急避险
- 犯罪形态与共同犯罪
- 刑罚与刑罚的具体运用
- 犯罪的种类及其常见的具体犯罪

第一节 刑法概述

一、刑法的概念和任务

视 频

（一）刑法的概念

刑法是规定犯罪、刑事责任和刑罚的法律。具体来说，刑法是统治阶级为了维护其统治，规定哪些行为是犯罪，并给犯罪分子以何种刑罚处罚的法律规范的总称。刑法有广义和狭义之分。广义的刑法是指一切规定犯罪、刑事责任和刑罚的法律规范的总和。它不仅包括刑法典，还包括单行刑事法律以及非刑事法律中的刑事责任条款（也称附属刑法规范）。狭义的刑法是指系统规定犯罪、刑事责任和刑罚的刑法典。在我国，刑法典是指《刑法》，于1979年7月1日第五届全国人民代表大会第二次会议通过，1997年3月14日第八届全国人民代表大会第五次会议修订，2020年12月26日第十三届全国人民代表大会常务委员会第二十四次会议通过《中华人民共和国刑法修正案（十一）》。

（二）刑法的任务

刑法的任务是刑法目的的展开。我国《刑法》第2条规定：中华人民共和国刑法的任务，是用刑罚同一切犯罪行为作斗争，以保卫国家安全，保卫人民民主专政的政权和社会主义制度，保护国有财产和劳动群众集体所有的财产，保护公民私人所有的财产，保护公民的人身权利、民主权利和其他权利，维护社会秩序、经济秩序，保障社会主义建设事业的顺利进行。

二、刑法的基本原则

刑法的基本原则，是指明文规定的，在全部刑事立法和刑事司法活动中应当遵循的准则。根据我国《刑法》第3～5条的规定，罪刑法定原则、适用刑法人人平等原则、罪责刑相适应原则是我国刑法的基本原则。

（一）罪刑法定原则

罪刑法定原则，是指什么行为是犯罪、应当处以什么样的刑罚以及各种刑罚如何具体运用，都必须由刑法明文规定。也就是说，法律明文规定为犯罪行为的，依照法律定罪处刑；法律没有明文规定为犯罪行为的，不得定罪处刑。

（二）适用刑法人人平等原则

适用刑法人人平等原则，是指对于任何人的犯罪行为都应当平等地适用刑法，依法追究刑事责任，不允许任何人有超越法律的特权。这是法律面前人人平等原则在我国刑法中的具体表现。

（三）罪责刑相适应原则

罪责刑相适应原则，是指犯罪分子犯多大的罪，就应当承担多大的刑事责任，人民法院就应判处其相应轻重的刑罚。

案例讨论

某高校主管人事的副校长张某在任职期间，利用其职务之便索取和收受他人财物，价值10万元人民币，被检察机关提起公诉。有人认为张某是学术专家，有突出贡献，量刑时应当减轻处罚；有人认为，张某身为高级知识分子和党的高级干部目无法纪，影响恶劣，应当从重处罚。你的观点如何？

三、刑法的适用范围

刑法的适用范围，即刑法的效力范围，是指刑法在什么地方、什么时间、对什么人具有法律效力。

视　频

（一）刑法的空间效力

刑法的空间效力，是指刑法对地域和对人的效力，也就是要解决刑事管辖权的范围问题。由于各国社会政治情况和历史传统习惯的差异，在解决刑事管辖权范围问题上所主张的原则各不相同，主要有属地管辖原则、属人管辖原则、保护管辖原则和普遍管辖原则。由于各项原则各有利弊，因此现代世界各国的刑法极少制定单一型和刑事管辖体制，大多数国家都采用以属地管辖原则为基础，兼采其他原则的结合原则。我国刑法也是如此。

1．刑法的属地管辖权

我国《刑法》第6条规定：凡在中华人民共和国领域内犯罪的，除法律有特别规定的以外，都适用本法。这里所说的"中华人民共和国领域"，是指我国境内的全部区域。"法律有特别规定"，是指两种情况：一是享有外交特权和豁免权的外国人的刑事责任，通过外交途径解决；二是我国香港、澳门两个特别行政区基本法做出的例外规定。

此外，中华人民共和国领域还包括几种特殊情况：在我国的航空器或者船舶内犯罪的，在我国驻外大使馆、领事馆内犯罪的，以及犯罪行为或者结果有一项发生在我国领域内的，都视为在我国的领域内犯罪，适用我国刑法。

2．刑法的属人管辖权

凡是我国公民，即使身在国外，也仍然受我国法律的保护。如果他们当中有人在国外犯罪，原则上也适用我国刑法。根据我国《刑法》第7条的规定，中华人民共和国公民在中华人民共和国领域外犯本法规定之罪的，适用本法，但是按本法规定的最高刑为三年以下有期徒刑的，可以不予追究。中华人民共和国国家工作人员和军人在中华人民共和国领域外犯本法规定之罪的，适用本法。

3．刑法的保护管辖权

我国《刑法》第8条规定：外国人在中华人民共和国领域外对中华人民共和国国家或者公民犯罪，而按本法规定的最低刑为3年以上有期徒刑的，可以适用本法，但是按照犯罪地的法律不受处罚的除外。这对于保护我国的国家利益，保护我国驻外工作人员、考察访问人员、留学生和侨民的利益是完全必要的。

案例讨论

美籍教师杰克，男，48周岁，经美国驻华大使馆介绍来我国某市高校任教。他搜集我国军事情报，并窃取大量的机密文件，后被我国公安机关抓获。请讨论：对杰克的行为，是否适用我国刑法？

4．刑法的普遍管辖权

我国《刑法》第9条规定：对于中华人民共和国缔结或者参加的国际条约所规定的罪行，中华人民共和国在所承担条约义务的范围内行使刑事管辖权的，适用本法。据此，凡是我国缔结或者参加的国际条约中规定的罪行，不论犯罪分子是中国人还是外国人，也不论其罪行是发生在我国领域内还是领域外，只要犯罪分子在我国境内被发现，我国就应当在所承担条约义务的范围内，行使刑事管辖权。这就是普遍管辖原则。

（二）刑法的时间效力

刑法在时间上的效力，即刑法的生效时间、失效时间以及溯及力问题。

刑法的生效时间，通常有两种规定方式：一是从公布之日起生效；二是公布之后经过一段时间后生效。例如，我国《刑法》于1979年7月6日公布，自1980年1月1日起生效；1997年3月14日修订通过并公布后，现行《刑法》自1997年10月1日起生效。

刑法的失效时间基本上也有两种方式：一是由国家立法机关明文废止；二是自然失效，即新法施行后代替了同类内容的旧法，或者是由于原来特殊的立法条件已经消失，旧法自行废止。

刑法的溯及力是指刑法施行后，对其生效前发生的未经审判或者判决未确定的行为是否适用的问题。如果适用，就有溯及力；否则，就没有溯及力。在溯及力问题上，我国采用了从旧兼从轻的原则，即新法原则上没有溯及力，但新法不认为是犯罪或者处刑较轻的，则要按照新法处理。

> **法律词典**
>
> 《刑法》第12条规定：中华人民共和国成立以后本法施行以前的行为，如果当时的法律不认为是犯罪的，适用当时的法律；如果当时的法律认为是犯罪的，依照本法总则第4章第8节的规定应当追诉的，按照当时的法律追究刑事责任，但是如果本法不认为是犯罪或者处刑较轻的，适用本法。
>
> 按照这一规定，我国刑法采用的是从旧兼从轻的原则。这一原则既是保障人权的体现，也是法律公平正义价值观的体现。

第二节 犯 罪

一、犯罪的概念和特征

（一）犯罪的概念

犯罪的概念问题是刑法中的一个根本性问题，刑法上许多问题都和犯罪的概念密切联系。犯罪作为阶级社会的特有现象，具有鲜明的阶级性。不同阶级的国家，对犯罪行为有不同的界定。根据我国《刑法》第13条的规定，可以将犯罪的概念概括为：犯罪，是指严重危害社会、触犯刑法规定并依法应受刑罚处罚的行为。

（二）犯罪的特征

从犯罪的概念可以看出，犯罪有以下三个基本特征：

（1）犯罪是危害社会的行为，即具有一定的社会危害性。这是犯罪最基本的特征。某种行为，虽然具有社会危害性，但情节显著轻微，危害不大的，不认为是犯罪。例如，与邻居吵架，动手打了对方，但没有把对方打伤或者对方伤得很轻微，就不构成故意伤害罪。可见，没有社会危害性，就不构成犯罪；社会危害性没有达到相当程度，也不构成犯罪。

（2）犯罪是违反刑法的行为，即具有刑事违法性。只有触犯刑法的行为才是犯罪，一般的违法行为不构成犯罪。

（3）犯罪是应当受刑罚处罚的行为，即具有应受处罚性。某一行为只有当它的社会危害性比较严重，需采取刑罚的手段加以制裁时，国家才在刑法中规定其为犯罪。

二、犯罪构成

（一）犯罪构成的概念

犯罪构成和犯罪是两个既有密切联系，又有区别的概念。犯罪是犯罪构成的基础，犯罪构成是犯罪的具体化。作为刑法的一个概念，犯罪回答的是：什么是犯罪？犯罪有哪些基本属性？而犯罪构成则是进一步回答：犯罪是怎样成立的？它的成立需要具备哪些法定要件？犯罪构成，是指依照刑法的规定，确定某一具体行为构成犯罪所必须具备的主观要件和客观要件的有机统一。每一个犯罪构成都包括四个方面的共同要件，即犯罪客体、犯罪客观方面、犯罪主体、犯罪主观方面。只有同时具备这四个方面的要件，才能确定为犯罪，缺少其中任何一个方面的要件，都不构成犯罪。

（二）犯罪客体

1. 犯罪客体的概念

犯罪客体，是指为刑法所保护而为犯罪行为所侵害的社会主义社会关系，如伪造货币罪所侵害的客体是国家的货币管理制度。犯罪客体是一种社会关系。在我国，占主导地位的社会关系是社会主义社会关系，涉及内容十分广泛，如政治关系、经济关系、婚姻关系、婚姻家庭关系等。但是，并非所有的社会主义社会关系都可以成为犯罪客体。可以成为犯罪客体的只是受我国刑法保护的那一部分社会主义社会关系。

> **法律词典**
>
> 不应受到刑罚处罚和不需要刑罚处罚有着不同的含义。不应受到刑罚处罚，是指行为人的行为根本不构成犯罪，当然就不应该受到刑罚处罚；而不需要受到刑罚处罚，是指行为人的行为已经构成犯罪，本应受到刑罚处罚，但考虑到具体情况，例如犯罪情节轻微，或者有自首、立功等表现，从而免予刑罚处罚。免予刑罚处罚，意味着行为属于犯罪，只是不给予刑罚处罚而已；不应受到刑罚处罚，说明行为无罪，二者在性质上是不同的。

需要注意的是，不能把受我国刑法所保护的社会主义社会关系与犯罪客体混为一谈。受我国刑法所保护的社会主义社会关系本身不是犯罪客体，只有当它受到犯罪行为侵害时，才成为犯罪客体。

2. 犯罪客体的分类

按照犯罪行为所侵害的社会关系范围不同，犯罪客体可以分为一般客体、同类客体和直接客体。

（1）一般客体。一般客体，是指一切犯罪行为所共同侵犯的客体，它反映一切犯罪的共同本质。在我国，犯罪的一般客体就是我国刑法所保护的社会主义社会关系。

（2）同类客体。同类客体，是指某一类的犯罪行为所共同侵犯的客体，它反映该类犯罪的共同本质。《刑法》"分则"中把犯罪分为十类，就是根据犯罪的同类客体划分的。

（3）直接客体。直接客体，是指各个具体的犯罪行为所特有的客体，它反映该具体犯罪的特殊本质，是区分此罪与彼罪的主要根据之一。为了研究和应用的方便，我国刑法理论对犯罪的客体又做了进一步的分类。根据具体犯罪行为危害具体社会关系数量的多少，犯罪客体可以分为简单客体和复杂客体。一种犯罪行为只直接侵害一种具体的社会关系，如故意杀人罪、诈骗罪。这种犯罪的直接客体即为简单客体，或称为单一客体。但是，有的犯罪行为直接侵害两种以上的具体社会关系，如抢劫罪，不仅直接侵害他人的财产权，而且直接侵害他人的人身权利。这种犯罪的直接客体即是复杂客体，或称为多重客体。

举案说法

某日，A秘密进入某电缆厂中的仓库，窃取价值5000余元的电线，被处以盗窃罪。某日，B非法剪断某电信局正在使用的电话线，窃得价值6000元的电话线，B被处以破坏公用电信设施罪。某日，C偷盗某供电站正在使用中的输电线，价值8000元，被处以破坏电力设备罪。

评析：同样是盗窃电线，A盗窃的是仓库中的电线，构成盗窃罪；B盗窃的是正在使用中的电话线，构成了破坏公用电信设施罪；C盗窃的是正在使用中的输电线路中的电线，构成了破坏电力设备罪。A、B、C三人的犯罪对象相同，而触犯的罪名却不同，其原因在于犯罪对象所体现的社会关系不同。同是电线，在不同的情况下，是不同社会关系的载体。

3. 犯罪客体与犯罪对象的区别

犯罪客体和犯罪对象是两个不同的概念，不应混淆。犯罪对象，是指犯罪行为侵害某种社会关系时直接遭受影响的具体人或者具体物。它们的主要区别表现在三个方面：一是犯罪对象不决定犯罪的性质，只有通过犯罪行为所侵害的社会关系即犯罪客体，才能确定某种行为构成何罪；二是犯罪客体是犯罪构成的必要要件，没有犯罪客体就不构成犯罪，而犯罪对象则不然，有一些犯罪不一定有犯罪对象；三是任何犯罪都会给犯罪客体造成一定的损害，而犯罪对象则不一定受到损害。

（三）犯罪客观方面

1. 犯罪客观方面的概念

犯罪客观方面，是指犯罪活动的客观外在表现。表明犯罪活动客观外在表现的事实特征有：危害行为，危害结果，犯罪的时间、地点、方法等。其中，危害行为是任何犯罪构成必须具备的必要要件，其他都是犯罪构成的选择要件，但危害结果是大多数犯罪构成的必要要件。因此，犯罪客观方面主要是指危害行为和危害结果。

2. 危害行为

危害行为，是指行为人在自己的意识和意志的支配下所实施的危害社会的、为刑法所禁止的行为。任何犯罪必须具有危害行为，没有危害行为就没有犯罪。我国法律不承认所谓的

"思想犯罪"，这是因为仅仅是思想而没有行为是不能产生危害社会的结果的。

根据不同的标准，可以对危害行为进行不同的分类。以危害行为的基本表现形式为标准，危害行为可以分为作为和不作为两种。作为，是指行为人用积极的行动实施被刑法所禁止的行为。不作为是指负有履行特定义务的人，能够履行该义务而不履行，从而构成犯罪的行为。在我国刑法中，绝大多数犯罪是由作为构成的，如抢劫罪、贪污罪、强奸罪等；也有少数犯罪只能由不作为构成，如遗弃罪等。有些犯罪则是既可以由作为的形式实施，也可以由不作为的形式实施，如故意杀人罪、爆炸罪、交通肇事罪等。

视频

案例讨论

> 某市幼儿园保育员王某，女，30周岁。某日下午王某带领14名幼儿外出郊游，途中一名幼儿李某（女，3周岁）失足堕入路旁的粪池中，王某见状只向周围高喊呼救，却不肯跳入粪池救人。此时，一名中学生刘某（男，17周岁）路过此地，闻声跑到粪池旁边，用竹竿探测后得知粪池有80厘米深，也不肯跳下粪池救人，只是与李某共同高喊求救。随后，农民张某闻声赶到并跳下粪池救人，但幼儿李某已被溺死。请讨论：谁应对此案中幼儿李某的死负责任？

3. 危害结果

危害结果，是指危害行为对刑法所保护的社会主义社会关系所造成的实际损害。危害结果是否发生，对于过失犯罪而言，是区分罪与非罪的标准；对于故意犯罪而言，在一般情况下，是区分犯罪既遂与犯罪未遂的标准。

4. 危害行为与危害结果之间的因果关系

当危害结果发生后，要使行为人对其行为造成的结果负刑事责任，就必须要查明行为人的行为同其行为造成的结果之间具有因果关系。刑法中的因果关系，是指行为人的危害行为与其产生的危害结果之间的内在的、合乎规律的联系，它是行为人承担刑事责任的前提条件。但是还须注意，即使发生的损害结果在客观上同行为人的行为具有因果关系，如果行为人主观上没有故意或者过失，也不能要求行为人对这一结果负刑事责任，否则将导致"客观归罪"的错误。

5. 犯罪的时间、地点和方法

犯罪的时间、地点和方法都是犯罪客观方面的选择要件。任何犯罪都是在一定的时间、地点，并采用一定的方法实施的。一般来说，犯罪的时间、地点和方法不是犯罪构成要件，不影响犯罪的成立。但是，在刑法把特定的时间、地点和方法规定为某些犯罪构成的必备条件时，它们就对某些行为是否构成该种犯罪具有重要意义。例如，《刑法》第340条和341条把"禁渔区""禁猎区""禁用的工具、方法"等规定为非法捕捞水产品罪和非法狩猎罪的必要条件，因而某种行为是否要求具有这些要件，是区分罪与非罪的重要条件。

（四）犯罪主体

1. 犯罪主体的概念和分类

犯罪主体，是指实施危害社会的行为并且依法应当承担刑事责任的人，可从两个不同的角度进行分类：

（1）从主体的自然属性上分，犯罪主体分为自然人主体和单位主体。我国刑法中具有普遍意义的犯罪主体是自然人主体。

（2）从法律属性上专门对自然人主体进行分类，犯罪主体可以分为一般主体和特殊主体。只要求具备刑事责任能力的自然人即可成为犯罪主体的，是一般主体。除具备上述条件外还要求具有特定的职务或者身份的人才能成为犯罪主体的，是特殊主体。例如，重大飞行事故罪的主体仅限于航空人员，贪污罪的主体为国家工作人员等。

2. 刑事责任能力

刑事责任能力，是指行为人构成犯罪和承担刑事责任所必需的，行为人具备的刑法意义上辨认和控制自己行为的能力。刑事责任能力中的辨认能力，是指行为人具备对自己的行为在刑法上的意义、性质和后果的分辨认识能力。也就是说，行为人有能力认识自己的行为是否被刑法所禁止、所谴责和所制裁。刑事责任能力中的控制能力，是指行为人具备决定自己是否以行为触犯刑法的能力。例如，达到一定年龄而且精神正常的人，都有能力认识到自己若实施杀人、放火、强奸、抢劫、盗窃行为时要被刑法所禁止与制裁，都有能力选择和决定自己是否实施这些触犯刑法的行为。

刑事责任中的辨认能力是刑事责任能力的基础，控制能力是刑事责任能力的关键。

3. 刑事责任能力的程度

根据行为人的年龄、精神状况等因素，刑事责任能力可以划分为几个不同的情况：

（1）完全刑事责任能力。凡年满16周岁，精神和生理功能健全而且智力与知识发展正常的人，都是完全刑事责任能力人。完全刑事责任能力人应对其犯罪行为负全部责任。

（2）完全无刑事责任能力。完全无刑事责任能力人包括不满12周岁的人和行为时因精神病而不能辨认或者不能控制自己行为的人。

（3）相对无刑事责任能力。相对无刑事责任能力，是指行为人仅限于对《刑法》中明确规定的某些严重犯罪具有刑事责任能力，而对未明确限定的其他犯罪行为无须承担刑事责任。我国《刑法》第17条对此做了明确规定：已满14周岁不满16周岁的人，犯故意杀人、故意伤害致人重伤或者死亡、强奸、抢劫、贩卖毒品、放火、爆炸、投毒罪的，应当负刑事责任。已满12周岁不满14周岁的人，犯故意杀人、故意伤害罪，致人死亡或者以特别残忍手段致人重伤造成严重残疾，情节恶劣，经最高人民检察院核准追诉的，应当负刑事责任。

（4）减轻刑事责任能力。减轻刑事责任能力又称为限制刑事责任能力，是指介于完全刑事责任能力与完全无刑事责任能力的中间状态。我国《刑法》明文规定的属于或者可能属于限制责任能力的人有：第一，已满12周岁不满18周岁的人；第二，又聋又哑的人；第三，盲人；第四，尚未完全丧失辨认或控制自己行为能力的精神病人；第五，已满75周岁的人故意犯罪的。

案例讨论

陈某，男，2006年11月出生，某校学生。2022年10月15日，陈某与同学吴某因一件小事发生争吵，继而动手扭打起来。陈某被吴某打倒在地，头碰到水泥地面，磕出一个大包。陈某极为恼怒，从地上爬起来后便掏出随身携带的一把水果刀猛地向吴某腹部捅去，致使吴某脾脏被刺破，倒地休克（后经法医鉴定为重伤）。经送医院抢救，吴某脱离了危险，一个月后痊愈。请讨论：陈某的行为是否构成犯罪？是否应当负刑事责任？

4. 单位犯罪与处罚原则

单位犯罪是相对于自然人犯罪而言的一个范畴。1997年修订后的《刑法》采用"总则"和"分则"相结合的方式确立了单位犯罪及其刑事责任。单位犯罪，是指由公司、企业、事业单位、机关、团体实施的依法应当承担刑事责任的危害社会的行为。

我国《刑法》第31条规定了单位犯罪的处罚原则：单位犯罪的，对单位判处罚金，并对其直接负责的主管人员和其他直接责任人员判处刑罚。本法"分则"和其他法律另有规定的，依照规定。

（五）犯罪主观方面

1. 犯罪主观方面的概念

犯罪主观方面，是指犯罪主体对其行为可能引起的危害社会结果的心理状态，通常是指犯罪的故意或者犯罪的过失。故意或者过失（二者可以合称为罪过）是任何犯罪构成所必须具备的必要要件。

2. 故意

根据我国《刑法》第14条的规定，故意，是指行为人明知自己的行为会发生危害社会的结果，并且希望或者放任这种结果发生的心理态度。故意有以下两种：

（1）直接故意，是指行为人明知自己的行为会发生危害社会的结果，并且希望这种结果发生的心理态度。例如，甲想杀死乙，甲用枪顶在乙的脑袋上射击，甲的心理态度即为直接故意。因为甲明知自己的行为必然致乙死亡而决意为之，追求乙死亡结果的发生。在实践中，犯罪活动绝大多数处于直接故意。

（2）间接故意。间接故意，是指行为人明知自己的行为会发生危害社会的结果，并且放任这种结果发生的心理态度。例如，甲在夜间潜入某仓库窃取财物后，纵火灭迹。甲明知仓库管理员乙在仓库内睡觉，起火后可能被烧死，但他放任这一结果的发生，放火把仓库烧了，结果乙被烧死，甲的心理态度即为间接故意。

直接故意或者间接故意，行为人都明知自己的行为会发生危害社会的结果。所不同的是，前者希望结果的发生，后者则放任结果的发生。由于两者在主观心理状态上的这种差别，它们的危害程度也就有所不同。一般来说，直接故意犯罪比间接故意犯罪的社会危害性要大。

3. 过失

根据我国《刑法》第15条的规定，过失，是指行为人应当预见自己的行为可能发生危害社会的结果，因为疏忽大意而没有预见，或者已经预见而轻信能够避免的心理态度。过失有以下两种：

（1）疏忽大意的过失。疏忽大意的过失，是指行为人应当预见自己的行为可能发生危害社会的结果，因为疏忽大意而没有预见，以致发生这种结果的心理态度。例如，汽车司机甲由于疏忽大意，没有检查车辆的刹车系统是否正常，在行驶中因刹车不灵，把乙撞死。甲的犯罪就属于疏忽大意的过失犯罪。

（2）过于自信的过失。过于自信的过失，是指行为人已经预见到自己的行为可能发生危害社会的结果，因为轻信自己能够避免却未能避免，以致发生这种结果的心理态度。例如，汽车司机甲在开车前已发现刹车系统失灵，但他自恃驾驶技术高超，结果在途中由于刹车系统失灵而将一个小孩撞死。甲的犯罪属于过于自信的过失犯罪。

案例讨论

甲在林中打猎时发现一个正在酣睡的猎物，同时又发现在猎物附近有一个小孩在玩耍，根据自己的枪法和离猎物的距离，甲明知若开枪不一定能打中猎物，也可能打中小孩。但甲打猎心切，不愿放过这一机会，又看到周围无其他人，遂放任可能打死小孩这种危害结果的发生，仍然向猎物开枪，结果子弹打偏，打死了附近的小孩。请讨论：甲对小孩的死是否负刑事责任？如果甲的行为构成犯罪，那么他在犯罪的主观方面是故意还是过失？

过于自信的过失与间接故意有相同之处，即二者的行为人都预见自己的行为可能发生危害社会的结果。所不同的是，在过于自信的过失情况下，行为人对结果所抱的心理态度是轻信其能够避免；而在间接故意的情况下，行为人对结果所抱的心理态度是放任其发生。

虽然过失也会造成危害社会的结果，但是由于过失在主观上并没有危害社会的意图，因而在追究刑事责任时应当有别于故意犯罪。我国《刑法》第15条规定：过失犯罪，法律有规定的才负刑事责任。

4. 意外事件

我国《刑法》第16条规定：行为在客观上虽然造成了损害结果，但不是出于故意或者过失，而是由于不能抗拒或者不能预见的原因所引起的，不是犯罪，这种情况在刑法理论上称为意外事件。意外事件之所以不是犯罪，是因为行为人主观上没有危害社会的罪过。

5. 犯罪目的与犯罪动机

犯罪目的，是指犯罪分子通过实施犯罪行为所希望达到的某种结果。犯罪动机，是指刺激犯罪分子实施犯罪行为以达到犯罪目的的内心冲动或者起因。只有直接故意犯罪中才存在犯罪目的和犯罪动机，间接故意和过失犯罪则没有。

犯罪行为的犯罪目的相同，而犯罪动机有可能不同（例如，盗窃罪的犯罪目的是非法占有他人的财物，但犯罪分子的犯罪动机各不相同，有的是为了过奢侈腐化的生活，有的则是生活无着落）；也可能犯罪动机相同，而犯罪目的不同（例如，同样是出于报复的犯罪动机而行凶打人，有的犯罪目的在于把人打死，有的犯罪目的则在于把人打伤）。在我国的刑法理论中，犯罪目的不是犯罪主观方面的必要要件，是犯罪的选择要件。犯罪动机则不是犯罪的构成要件，犯罪动机如何，不影响犯罪的成立。

三、正当防卫与紧急避险

（一）正当防卫

1. 正当防卫的概念与成立条件

正当防卫，是指为了使国家、公共利益、本人或者他人的人身、财产和其他权利免受正在进行的不法侵害，而采取的为制止不法侵害而对不法侵害人造成未明显超过必要限度损害的行为。成立正当防卫必须具备下列条件：

（1）正当防卫的主观条件。防卫人必须出于正当防卫的目的，即为了保护国家、公共利益、本人或者他人的人身、财产和其他权利免受不法侵害，才能实行防卫。如果不是出于上述目的，则不成立正当防卫。因此，对于下列两种行为，不能以正当防卫论：一是防卫挑拨，即行为人出于侵害的目的，以故意挑衅、引诱等方法促使对方进行不法侵害，而后借口防卫加害对方的行为；二是相互的非法侵害行为，即双方都出于侵害对方的非法意图而发生的相互侵害行为，如互相斗殴。当然，如果非法侵害的一方已经放弃侵害，例如宣布不再斗殴或者认输、求饶、逃跑，而非法侵害的另一方仍穷追不舍、继续加害，则放弃侵害的一方就具备了进行正当防卫的前提条件，他可以为了制止对方的进一步加害而采取必要的反击措施，这种情况下的反击可以成立正当防卫。

（2）正当防卫的起因条件。防卫人必须对具有社会危害性和侵害紧迫性的不法侵害行为才能实行防卫。所谓不法侵害行为，包括违法和犯罪行为。而且，这种不法侵害必须是实际存在的，而不是防卫人出于主观想象或者推测，否则属于"假想防卫"。对于合法行为，不允许实行正当防卫。

（3）正当防卫的时间条件。防卫人必须对正在进行的不法侵害才能实行防卫，不能实行事前防卫和事后防卫。对于尚未开始或者已经结束的不法侵害行为，防卫人都不能进行正当防卫。例如，甲正在持刀行凶，乙正在拦路抢劫，防卫人对其都可以实行正当防卫；如果甲只是在家准备凶器，尚未着手行凶，乙在拦路抢劫时已被抓获，防卫人就不能借口实施"正当防卫"而伤害甲或乙。

（4）正当防卫的对象条件。必须对不法侵害人本人才能实行正当防卫，不允许对没有参加侵害行为的第三者（包括侵害者家属）造成损害。正当防卫的目的在于排除不法侵害，对于没有实施不法侵害的人，并不存在排除不法侵害的问题，也就没有正当防卫可言。

（5）正当防卫的限度条件。防卫行为不能超过必要的限度。不能超过必要的限度，是指防卫人的防卫行为只应当有效地制止不法侵害的，而不应当对侵害者造成不必要的重大损害。例如，只打伤侵害人就可以排除不法侵害的，便不应把侵害人打死。一般来说，防卫行为所造成的损害大小同所要保护的利益的大小应大体上相适应。但是，并不要求对侵害人造成的损害必须小于防卫人可能遭到的损害。

正当防卫明显超过必要限度，且对不法侵害人造成不应有的重大损害的，叫作"防卫过当"。根据我国《刑法》第20条的规定，正当防卫明显超过必要限度造成重大损害的，应当负刑事责任，但是应当减轻或者免除处罚。

2. 特殊防卫

所谓特殊防卫，是指公民在某些特定情况下所实施的正当防卫行为，造成不法侵害人伤亡，不负刑事责任的情形。我国《刑法》第20条规定：对正在进行行凶、杀人、抢劫、强奸、绑架以及其他严重危及人身安全的暴力犯罪，采取防卫行为，造成不法侵害人伤亡的，不属于防卫过当，不负刑事责任。

> **诚 举案说法**
>
> 甲路遇乙正在行凶殴打无辜群众，遂挺身而出，将乙打伤，救出群众。
>
> 评析：甲的行为表面上好像符合故意伤害罪的特征，但实际上是正当防卫的行为，不负刑事责任。

（二）紧急避险

紧急避险，是指为了使国家、公共利益、本人或者他人的人身、财产和其他权利免受正在发生的危险，不得已采取的损害另一个较小的合法利益的行为。紧急避险是一种有益于社会的合法行为，不负刑事责任。

紧急避险成立必须具备以下条件：

（1）紧急避险的主观条件。紧急避险的目的，是为了保护合法权益免遭正在发生的危险的损害。如果为了保护非法权益，则不允许实行紧急避险。例如，脱逃犯为了逃避警察的追捕而侵入他人住宅，不能认为是紧急避险，而是非法侵入他人住宅的犯罪行为。

（2）紧急避险的起因条件。紧急避险必须有需要避免的危险存在。危险，是指某种有可能立即对合法利益造成危害的紧迫事实状态。危险的主要来源有四种：一是人的危害行为，包括违法和犯罪行为；二是自然灾害，如山崩、海啸、地震、洪水等；三是动物的侵袭，如牛马惊奔、恶狗撕咬；四是人的生理疾患，如极度饥饿而偷食他人的食物，为救治病人而直闯红灯或者损坏财物。

如果危险并不存在，而行为人误认为存在，进而实行了所谓紧急避险的，在我国的刑法理论上称为"假想避险"。

（3）紧急避险的时间条件。只有危险正在发生，才能进行紧急避险。所谓危险正在发生，是指已经发生的危险将立即造成损害或者正在造成损害而尚未结束。

如果危险尚未发生，或者危险已经结束，行为人实行避险的，在我国的刑法理论上称为"避险不适时"。不适时的避险行为，若造成重大损害的，应负刑事责任。

（4）紧急避险的对象条件。紧急避险对象，只能是第三者的合法权益，即通过损害无辜者的合法权益保全国家、公共利益，本人或者他人的合法权益。如果通过对不法侵害人的反击保护合法权益，则是正当防卫，而非紧急避险。

（5）紧急避险的可行性条件。紧急避险只能是出于迫不得已。迫不得已，是指当危险发生之时，除了损害第三者的合法权益之外，不可能用其他方法来保全另一个合法权益。如果当时尚有其他方法可以避险，例如，有条件逃跑、报警、直接对抗危险、进行正当防卫等，行为人却不采用，而给无辜的第三者造成了不必要的损害，则其行为不能属于紧急避险，构成犯罪的应当追究刑事责任。

（6）紧急避险限度条件。紧急避险行为所引起的损害必须小于所避免的损害，既不能等于，更不能大于所保护的权益。

根据我国《刑法》第21条的规定，紧急避险还有例外限制，即紧急避险不适用于职务上、业务上负有特定责任的人。

四、犯罪形态与共同犯罪

（一）故意犯罪过程中的停止形态

1. 故意犯罪停止形态的概念与种类

故意犯罪过程中的停止形态，是指故意犯罪在其发生、发展和完成过程与阶段中，因主观原因而停止下来的各种状态。它包括两种类型：一是犯罪完成形态，即犯罪既遂；二是犯罪未完成形态，具体包括犯罪的预备、未遂和中止。

犯罪的预备、未遂、中止和既遂这些犯罪的停止形态，是故意犯罪过程中不再发展而固定下来的相对静止的不同结局，它们之间是一种彼此独立存在的关系而不可能相互转化。也就是说，犯罪预备形态不可能再前进为犯罪未遂形态，犯罪未完成形态不可能再转化为犯罪完成形态，犯罪完成形态更不可能再转化为犯罪未完成形态。在过失犯罪中，不存在犯罪停止形态的问题。

2. 犯罪既遂

犯罪既遂，是指行为人所故意实施的行为已经具备某种犯罪构成的全部要件。确认犯罪是否既遂，应以行为人所实施的行为是否具备了《刑法》"分则"所规定的某一种犯罪的全部构成要件为标准，即完全具备的为犯罪既遂，未能完全具备的为犯罪未遂。

对犯罪既遂犯，在考虑《刑法》"总则"一般量刑原则的指导与约束的基础上，直接按照《刑法》"分则"中具体犯罪条文的规定，确定刑罚处罚。

3. 犯罪预备

为了犯罪，准备工具、制造条件的，是犯罪预备。行为人已经进行犯罪预备，由于其意志以外的原因而未着手实施犯罪的，是预备犯。构成预备犯必须具备以下要件：

（1）行为人已经进行犯罪预备，即为了犯罪而准备工具或者制造条件。例如，为了杀人而置备凶器，为了盗窃而置备钥匙等，就是为犯罪准备工具；事先察看犯罪地点，寻找共同犯罪分子、排除犯罪障碍等，就是为犯罪制造条件。

（2）行为人在犯罪预备阶段停顿下来，尚未着手实施犯罪。如果进一步着手实施犯罪，就不能按预备犯论处。

（3）在犯罪预备阶段停顿下来而未着手实施犯罪，是出于行为人意志以外的原因。如果行为人自动地中止犯罪预备行为，则应按犯罪中止处理。

预备犯的社会危害性不仅小于犯罪既遂，而且小于犯罪未遂。我国《刑法》第22条规定：对于预备犯，可以比照既遂犯从轻、减轻处罚或者免除处罚。

4. 犯罪未遂

已经着手实行犯罪，由于犯罪分子意志以外的原因而未得逞的，是犯罪未遂。犯罪未遂具有如下几个特征：

（1）行为人已经着手实行犯罪。例如，杀人犯正在持刀行凶，盗窃犯正在撬门、砸锁等。犯罪未遂的这一特征把它同犯罪预备区别开来。

（2）行为人未能得逞。未能得逞，是指行为人的犯罪意图未能实现，从而没有具备构成某个具体犯罪的全部要件。例如，盗窃犯在被盗房主家行窃时，忽听外边有汽车鸣笛声，心虚之下，未获赃物而仓皇逃跑等。犯罪未遂的这一特征把它同犯罪既遂区别开来。

（3）行为人未能得逞，是出于行为人意志以外的原因。例如，行为人在杀人时遇到抵抗或者外力干涉，行窃时被当场捕获等。犯罪未遂的这一特征把它同犯罪中止区别开来。

未遂犯造成的危害，一般来说要小于既遂犯。我国《刑法》第23条规定：对于未遂犯，可以比照既遂犯从轻或者减轻处罚。

5. 犯罪中止

在犯罪过程中，自动放弃犯罪或者自动有效地防止犯罪结果发生的，是犯罪中止。犯罪中止有两种情况：一种是自动放弃犯罪行为，从而避免了犯罪结果的发生；另一种是虽然已经实施完了某种犯罪行为，但是在犯罪结果发生以前，主动有效地防止了犯罪结果的发生。

属于前一种的犯罪中止，应当具备下述两个条件：

（1）必须是在犯罪过程中中止犯罪行为。在犯罪过程中，是指犯罪尚处在预备或者着手实行阶段，一旦已经发生犯罪结果，犯罪已属既遂，也就谈不上中止了。

（2）必须是自动中止犯罪行为。自动中止，是指虽然在客观上或者在行为人的主观认识上都有完成犯罪的条件和可能，但是行为人通过自己的意志，主动地中止了犯罪行为。

属于后一种情况的犯罪中止，还必须有效地防止犯罪结果的发生。犯罪中止的关键，就在于不使危害社会的结果发生。

我国《刑法》第24条规定：对于中止犯，没有造成损害的，应当免除处罚；造成损害的，应当减轻处罚。这种处罚原则，既轻于未遂犯，也轻于预备犯。

> **举案说法**
>
> 甲想杀乙，故在乙的杯中放了毒药。下毒后，甲开始害怕，毕竟是一条人命，非同小可。这么一想，甲改变了主意，决定不毒死乙。
>
> 评析：如果甲想中止他的犯罪行为，就要设法阻止乙将毒药喝下去，或者事先将有毒的水倒掉。这种情况下，甲的行为是自动中止犯罪。如果乙将毒药吃下去，那么甲采取措施抢救乙，以阻止乙的死亡结果的发生。这种情况下，甲的行为是自动有效地防止犯罪结果发生的犯罪中止。如果乙最终因中毒死亡，即使甲采取了抢救措施，甲仍然还是故意杀人罪的既遂，而不是犯罪中止。因为甲没能有效地防止危害结果的发生，不符合犯罪中止的特征。

（二）共同犯罪形态

1. 共同犯罪的概念与构成条件

共同犯罪，是指两人以上共同故意犯罪。构成共同犯罪，必须具备下列条件：

（1）共同犯罪的主体条件。共同犯罪的主体必须是两人以上，具体来讲，可以区分为下列三种情况：第一，两个以上自然人所构成的共同犯罪。在这种共同犯罪中，要求各犯罪分子必须具有刑事责任能力。第二，两个以上的单位所构成的共同犯罪。第三，有刑事责任能力的自然人与单位所构成的共同犯罪。

（2）共同犯罪的客观条件。共同犯罪的客观要件，是指各犯罪分子必须具有共同的犯罪行为。共同的犯罪行为，是指各共同犯罪分子为追求同一危害社会的结果、完成同一犯罪而实施的相互联系、彼此配合的犯罪行为。

（3）共同犯罪的主观要件。共同犯罪的主观要件，是指各共同犯罪分子必须有共同的犯罪故意。共同的犯罪故意，是指各共同犯罪分子通过意思联络，认识到他们的共同犯罪行为会发生危害社会的结果，并决意参加共同犯罪，希望或者放任这种结果发生的心理状态。

基于上述认识，下列几种情况不能成立共同犯罪：第一，同时犯不是共同犯罪。同时犯，是指没有共同实行犯罪的意思联络，而在同一时间针对同一目标实行同一犯罪。对于这种犯罪现象，应当以单独犯分别论处。第二，同时实行犯罪，而故意内容不同，不构成共同犯罪。例如，甲、乙两人同时侵害丙，甲出于伤害的故意，乙则出于杀人的故意，如果造成了丙死亡的结果，则对甲、乙应分别判处故意伤害罪和故意杀人罪。第三，超出共同故意以外的犯罪，不构成共同犯罪。例如，甲、乙共同盗窃，窃取钱财后，甲又强奸了妇女，甲、乙不构成强奸罪的共犯。这种情况，在刑法理论上称作"实行犯过限"的行为。

2. 共同犯罪分子的种类及其刑事责任

（1）主犯。主犯，是指组织、领导犯罪集团进行犯罪活动或者在共同犯罪中起主要作用的犯罪分子。在刑法理论中，主犯可以分为三种：一是在犯罪集团中起组织、策划、指挥作用的犯罪分子；二是在聚众犯罪中起组织、策划、指挥作用的犯罪分子；三是在犯罪集团或者一般共同犯罪中起到主要作用的犯罪分子。对组织、领导犯罪集团的首要分子，按照集团所犯的全部罪行处罚；对其他主犯，应当按照其所参与的或者组织、指挥的全部犯罪处罚。

（2）从犯。从犯，是指在共同犯罪中起次要或者辅助作用的犯罪分子。从犯可以分为两种：第一，在共同犯罪中起次要作用的犯罪分子。次要作用，是指在共同犯罪活动中从事一般活动，或者起的作用不大，造成的危害不重。第二，在共同犯罪中起辅助作用的犯罪分子。这主要是指为共同犯罪分子实施犯罪活动创造方便条件，帮助实施犯罪，而不直接参加实施犯罪的行为。例如，提供犯罪工具、指示犯罪对象和排除犯罪障碍等。

对于从犯，应当从轻、减轻处罚或者免除处罚。

（3）胁从犯。胁从犯，是指被胁迫参加共同犯罪的人。被胁迫参加犯罪，是指在他人暴力强制或者精神威胁下，被迫参加犯罪。在胁从犯中，行为人具有一定的意志自由，可以对是否参加犯罪活动做出选择。如果行为人的身体完全受到外在的暴力强制，完全丧失了选择行为的自由，则不构成胁从犯。对于胁从犯，应当根据犯罪分子的犯罪情节减轻处罚或者免除处罚。犯罪情节，是指被胁迫的程度，以及在共同犯罪中起的实际作用。

（4）教唆犯。教唆犯，是指故意教唆他人犯罪的犯罪分子。教唆犯的特点是，本人不亲自实行犯罪，而故意使他人产生犯罪决意并实行犯罪。

对于教唆犯，应当按照他在共同犯罪中所起的作用处罚。教唆不满18周岁的人犯罪的，应当从重处罚。如果被教唆人没有犯被教唆的罪，对于教唆犯，可以从轻或者减轻处罚。

> **议一议**
>
> 甲教唆乙去实施抢劫行为，乙因害怕而没有去。那么，甲的行为是不是教唆犯罪？

第三节　刑罚与刑罚的具体运用

一、刑罚的概念

（一）刑罚的概念

刑罚是掌握政权的阶级（即统治阶级）用以惩罚犯罪的一种强制方法。

刑罚和犯罪是刑法的两个有机组成部分。犯罪是统治阶级确认的危害统治阶级利益和统治秩序的行为，而刑罚则是统治阶级为了维护自己在政治上和经济上的利益，用以惩罚犯罪的手段。犯罪是刑罚的前提，刑罚是犯罪的法律后果。刑法不仅规定犯罪，也规定刑罚。

（二）刑罚与其他强制方法的区别

刑罚是国家的一种强制方法，我国除刑罚这种强制方法外，还有行政性的强制方法、民事诉讼的强制方法和刑事诉讼上的强制方法等。刑罚与其他强制方法在严厉程度、适用对象和适用机关等方面存在较大的不同。

二、刑罚的种类

我国刑罚分为主刑和附加刑两大类。

主刑又称基本刑，是对犯罪分子适用的主要刑罚方法。主刑只能独立适用，不能附加适用。对一个罪只能适用一个主刑，不能同时适用两个或者两个以上的主刑。我国刑罚的主刑有：管制、拘役、有期徒刑、无期徒刑和死刑。

附加刑又称从刑，是补充主刑适用的刑罚方法。它的特点是既能独立适用，也能附加适用。在附加适用时，可以同时适用两个以上的附加刑。我国的附加刑有：罚金、剥夺政治权利和没收财产。《刑法》第35条规定：对于犯罪的外国人，可以独立适用或者附加适用驱逐出境。

（一）主刑

1. 管制

管制是对犯罪分子不予关押，但限制其一定的自由，依法实行社区矫正的刑罚方法。管制是我国在同犯罪做斗争中创立的一个独特的刑种，它是最轻的一种主刑。管制适用于罪行较轻、不需要关押的犯罪分子。管制的期限为3个月以上2年以下。数罪并罚时最高不能超过3年。管制的刑期，从判决执行之日起计算；判决执行以前先行羁押的，羁押1日折抵刑期2日。判决执行之日，是指人民法院签发执行通知书之日，即将犯罪分子交付执行场所之日。

> **法律词典**
>
> 《刑法》第39条规定：被判处管制的犯罪分子，在执行期间，应当遵守下列规定：① 遵守法律、行政法规，服从监督；② 未经执行机关批准，不得行使言论、出版、集会、结社、游行、示威自由的权利；③ 按照执行机关的规定报告自己的活动情况；④ 遵守执行机关关于会客的规定；⑤ 离开所居住的市、县或者迁居，应当报经执行机关批准。对于被判处管制的犯罪分子，在劳动中应当同工同酬。

2. 拘役

拘役是短期剥夺犯罪分子的人身自由，就近强制实行劳动改造的刑罚方法。拘役主要适用于罪行较轻，但仍需短期关押改造的犯罪分子。拘役的期限为1个月以上6个月以下。数罪并罚时最高不能超过1年。拘役的刑期，从判决执行之日起计算；判决执行以前先行羁押的，羁押1日折抵刑期1日。

3. 有期徒刑

有期徒刑是剥夺犯罪分子一定期限的人身自由，实行强制劳动和教育改造的刑罚方法。有期徒刑是我国刑法中适用范围最广泛的一种刑罚。在我国，有期徒刑的期限除《刑法》第50条、第69条的规定外，为6个月以上15年以下；死缓减为有期徒刑时为25年；数罪并罚时，有期徒刑总和刑期不满35年的，最高不能超过20年，总和刑期在35年以上的，最高不能超过25年。由于有期徒刑的刑期幅度较大，所以这种刑罚可以适用于各类犯罪。有期徒刑的刑期，从判决执行之日起计算；判决执行以前先行羁押的，羁押1日折抵刑期1日。

4. 无期徒刑

无期徒刑是剥夺犯罪分子终身自由，实行强制劳动和教育改造的刑罚方法。无期徒刑是仅次于死刑的一种严厉的刑罚方法。被判处无期徒刑的犯罪分子的刑期不存在折抵问题。被判处无期徒刑的犯罪分子，在监狱或者其他执行场所执行，并予以严格监管和严密警戒，必要时可以单独监禁；凡有劳动能力的，都实行强制劳动，接受教育和改造。被判处无期徒刑的犯罪分子关押没有期限，但在实际执行中并不是一定要把犯罪分子关押至死，而是给其悔过自新、重获自由的机会。被判处无期徒刑的犯罪分子，在执行期间确有悔改或者立功表现的，在执行了一定时间后，可以依法获得减刑或者假释。

5. 死刑

死刑是剥夺犯罪分子生命的刑罚方法。死刑是刑罚中最严厉的惩罚方法。

我国《刑法》对死刑的适用做了严格的、限制性的规定，其中主要表现为以下几个方面：

（1）死刑适用范围的限制。我国刑法第48条规定：死刑只适用于罪行极其严重的犯罪分子。

（2）适用死刑犯罪主体的限制。根据《刑法》第49条规定，犯罪的时候不满18周岁的人和审判的时候怀孕的妇女，不适用死刑。审判的时候已满75周岁的人，不适用死刑，但以特别残忍手段致人死亡的除外。不适用死刑，是指不能判处死刑，而不是指暂不执行死刑。不能判处死刑包括不能判处死刑缓期2年执行。

（3）死刑核准程序的限制。《刑法》第48条规定：死刑除依法由最高人民法院判决的以外，都应当报请最高人民法院核准。这是从死刑核准程序上控制死刑适用的规定。

（4）死刑执行制度的限制。《刑法》第48条还规定：对于应当判处死刑的犯罪分子，如果不是必须立即执行的，可以判处死刑同时宣告缓期2年执行。"死刑缓期执行"不是一个独立的刑种，而是适用死刑的一种制度，这是我国独创的死刑缓期执行制度。死刑缓期2年执行的，由高级人民法院判决或者核准。

对于被判处死刑缓期2年执行的犯罪分子，根据其表现情况，分别予以不同处理：在死刑缓期2年执行期间，如果没有故意犯罪，2年期满后减为无期徒刑；如果确有重大立功表现，2年期满后，减为25年有期徒刑；如果故意犯罪，情节恶劣的，报请最高人民法院核准后执行死刑。

（二）附加刑

1. 罚金

罚金，是指人民法院判处犯罪分子或者犯罪单位向国家缴纳一定数额金钱的刑罚方

> **议一议**
> 罚金与罚款是一回事吗?

法。罚金不同于行政罚款。前者是一种刑罚,后者是一种行政处理。罚金主要适用于贪利性犯罪或者与财产有关的犯罪;同时,也适用于少数妨害社会管理秩序的犯罪,如妨害公务罪等。

2. 剥夺政治权利

剥夺政治权利,是指剥夺犯罪分子参加国家管理和政治活动权利的刑罚方法。剥夺政治权利的内容,包括剥夺下列权利:

(1)选举权和被选举权。

(2)言论、出版、集会、结社、游行、示威自由的权利。

(3)担任国家机关职务的权利。

(4)担任国有公司、企业、事业单位和人民团体领导职务的权利。

剥夺政治权利作为一种附加刑,既可以附加适用,也可以独立适用。剥夺政治权利在附加适用时,是作为一种严厉的刑罚方法适用于危害国家安全、故意杀人等严重破坏社会秩序的重罪,它还附加适用于判处死刑、无期徒刑的犯罪分子,并由《刑法》"总则"做出规定;它在独立适用时,是作为一种不剥夺人身自由的轻刑而适用于较轻的犯罪,并由《刑法》"分则"做出规定。

独立适用剥夺政治权利或者主刑是有期徒刑、拘役附加剥夺政治权利的,期限为1年以上5年以下。判处管制附加剥夺政治权利的,剥夺政治权利的期限

> **议一议**
> 在政治权利中,哪些属于我国《宪法》规定的公民的政治权利和自由?

与管制的期限相同,同时执行。被判处死刑、无期徒刑的犯罪分子,应当剥夺政治权利终身。死刑缓期2年执行减为无期徒刑或者无期徒刑减为有期徒刑的,应当把附加剥夺政治权利的期限改为3年以上10年以下。判处有期徒刑、拘役附加剥夺政治权利的期限,从有期徒刑、拘役执行完毕之日或者从假释之日起计算。剥夺政治权利的效力当然施用于主刑执行期间,即在徒刑、拘役执行期间,犯罪分子当然不能享有政治权利。

3. 没收财产

没收财产,是指将犯罪分子个人所有财产的一部分或者全部强制无偿地收归国有的刑罚方法。

没收财产主要适用于危害国家安全罪;情节严重的走私罪、伪造货币罪;抢劫诈骗等贪财图利的犯罪。没收财产只限于没收犯罪分子个人所有财产的一部分或者全部,而且,应当对犯罪分子个人及其扶养的家属保留必需的生活费用。我国《刑法》第60条规定:没收财产以前犯罪分子所负的正当债务,需要以没收的财产偿还的,经债权人请求,应当偿还。

三、刑罚的具体运用

(一)刑罚裁量

1. 刑罚裁量的概念

刑罚裁量,简称"量刑",是指人民法院对于犯罪分子依法裁量决定适用刑罚的一种审判活动。

2. 刑罚裁量的原则

量刑必须以一定的原则为指导。我国《刑法》第61条规定：对于犯罪分子决定刑罚的时候，应当根据犯罪的事实、犯罪的性质、情节和对于社会的危害程度，依照本法的有关规定判处。这表明，量刑必须遵循以下两项原则：

（1）以犯罪事实为根据。以犯罪事实为根据是对量刑的一个总的概括性要求。犯罪事实，是指客观存在的犯罪情况的总和，具体内容包括犯罪的事实、犯罪的性质、犯罪的情节和犯罪对于社会的危害程度等几个方面。

（2）以刑事法律为准绳。审判人员在量刑时必须以刑事法律为准绳，这是社会主义法制对刑事审判工作的要求。作为量刑的准绳的刑事法律，既包括刑法，也包括各种单行刑事法律和非刑事法律中的有关刑事处罚的规定。

3. 刑罚裁量的情节

刑罚裁量的情节，简称"量刑情节"，是指人民法院对犯罪分子量刑时作为决定处罚轻重或者免除处罚根据的各种情况。量刑情节以是否有法律规定为标准，可以分为法定情节和酌定情节。

（1）法定情节。法定情节，是指刑法明文规定的，在量刑时必须予以考虑的情节。法定情节包括从重、从轻、减轻和免除处罚。

从重处罚，是指在法定刑的限度内，判处相对较重的刑罚。

从轻处罚，是指在法定刑的限度内，判处相对较轻的刑罚。

减轻处罚，是指在法定刑以下判处刑罚。例如，如果最低是3年有期徒刑，减轻处罚时只能判处低于3年的有期徒刑，而不能判处3年有期徒刑；否则，就与从轻处罚没有区别了。当然，也不能减到不予处罚；否则，就与免除处罚没有区别。

免除处罚，是指给犯罪分子做有罪宣告，但免除其刑罚处罚。免除处罚与不认为是犯罪是有区别的，前者是有罪免刑，而后者是不构成犯罪，根本不存在免除刑罚处罚的问题。

（2）酌定情节。酌定情节，是指虽然《刑法》中没有明文规定，但根据立法精神和审判实践经验，在量刑时也需要酌情考虑的情节。由于具体案件的情况千差万别，人民法院在量刑时，除了对各种法定情节必须予以考虑之外，还有许多方面的情节也是要加以考虑的，而且酌定情节是法定情节必要的补充。

在审判实践中，常见的酌定情节主要有犯罪的动机，犯罪的手段，犯罪的时间、地点、环境和条件，犯罪侵害的对象，犯罪造成的后果，犯罪分子的一贯表现，犯罪分子犯罪后的态度等。

（二）刑罚裁量制度

1. 累犯

累犯，是指因犯罪而受过一定的刑罚处罚，在刑罚执行完毕或者赦免以后，在法定期限内又重新犯罪的犯罪分子。累犯分为一般累犯和特别累犯两种，其构成要件各不相同。

（1）一般累犯。一般累犯，是指被判处有期徒刑以上的刑罚，刑罚执行完毕或者赦免以后，在5年以内再犯应当判处有期徒刑以上刑罚之罪的犯罪分子。一般累犯的构成要件是：第一，前罪与后罪都是故意犯罪；第二，前罪被判处的刑罚与后罪应当判处的刑罚都是有期徒刑以上；第三，后罪发生在前罪的刑罚执行完毕或者赦免以后5年以内。

（2）特别累犯。特别累犯，是指危害国家安全犯罪、恐怖活动犯罪、黑社会性质的组织犯罪的犯罪分子，在刑罚执行完毕或者赦免以后，在任何时候再犯上述任一类罪的情况。特别累犯的构成要件是：第一，前罪和后罪都必须是危害国家安全犯罪、恐怖活动犯罪、黑社会性质的组织犯罪。第二，前罪被判处的刑罚和后罪被判处的刑罚的种类及其轻重不受限制；第三，后罪发生在前罪的刑罚执行完毕或者赦免以后多长时间内不受限制。

对于累犯，无论是一般累犯还是特别累犯，都应当从重处罚，但是过失犯罪和不满18周岁的人犯罪的除外。

 案例讨论

　　李某，男，30周岁。2011年5月，李某因犯故意伤害罪被判处有期徒刑1年，缓刑2年执行。在缓刑考验期间李某没有犯罪。2022年9月，李某犯盗窃罪，依法应判处有期徒刑3年。请讨论：李某能否构成累犯？

2. 自首与立功

（1）自首。自首分为一般自首和特别自首两种。一般自首，是指犯罪分子犯罪以后自动投案，如实供述自己罪行的行为。特别自首，是指被采取强制措施的犯罪嫌疑人、被告人和正在服刑的罪犯，如实供述司法机关还未掌握的本人其他罪行的行为。

根据最高人民法院的有关司法解释的规定，被采取强制措施的犯罪嫌疑人、被告人和正在服刑的罪犯，如实供述司法机关尚未掌握的罪行，与司法机关已掌握的或者判决确定的罪行属不同种罪行的，以自首论。而被采取强制措施的犯罪嫌疑人、被告人和正在服刑的罪犯，如实供述司法机关尚未掌握的罪行，与司法机关已掌握的或者判决确定的罪行属同种罪行的，可以酌情从轻处罚；如实供述的同种罪行较重的，一般应当从轻处罚。

自首和坦白是既有联系也有区别的两个概念。坦白，是指犯罪分子在被动归案后，如实交代已被指控的罪行，并接受国家司法机关审查和裁判的行为。自首是法定的从宽处罚情节，而坦白是酌定的从宽处罚情节。

对于自首的犯罪分子，可以从轻或者减轻处罚。其中，犯罪较轻的，可以免除处罚。

 案例讨论

　　王某，男，38周岁，王某因涉嫌盗窃而被公安机关拘留后如实交代了盗窃罪行。同时，他还交代了曾经抢夺他人财物的罪行，经查属实。请讨论：王某交代抢夺他人财物罪行的行为是否属于自首？

（2）立功。立功是指犯罪分子揭发他人犯罪行为，查证属实的，或者提供重要线索从而得以侦破其他案件的行为。立功可以分为一般立功和重大立功两种。1998年4月6日通过的《最高人民法院关于处理自首和立功具体应用法律若干问题的解释》，第5条和第7条对一般立功和重大立功的表现形式做出了明确的规定。一般立功表现形式包括：犯罪分子到案后有检举、揭发他人犯罪行为，包括共同犯罪条件中的犯罪分子揭发同案犯共同犯罪以外的其他犯罪，经查论属实；提供侦破其他案件的重要线索，经查证属实；阻止他人犯罪活动；协助司法机关抓捕其他犯罪嫌疑人（包括同案犯）；具有其他有利于国家和社会的突出表现的。重大立功表现形式包括：犯罪分子有检举、揭发他人重大犯罪行为，经查证属实；提供侦破其他重大案件的重要线索，经查证属实；阻止他人重大犯罪活动；协助司法机关抓捕其他重大犯罪嫌疑人（包括同案犯）；对国家和社会有其他重大贡献等表现的。

对于有一般立功表现的犯罪分子，可以从轻或者减轻处罚；对于有重大立功表现的犯罪分子，可以减轻或者免除处罚。

3. 数罪并罚

（1）数罪并罚的概念。数罪并罚，是指一个人犯有数罪，人民法院对其在法定时间界限内所犯的数罪分别定罪量刑后，依照法定的并罚原则及刑期计算方法决定其应执行的刑罚。

（2）一罪与数罪区分的标准。一个人犯有数罪是数罪并罚的前提。在我国，区分一罪与数罪，应当以犯罪构成的个数为标准。行为人出于一个故意或者过失，实施了一个犯罪行为，符合一个犯罪构成的，就是一罪。行为人出于数个故意或者过失，实施了数个犯罪行为，符合数个犯罪构成的，就是数罪。

（3）数罪并罚的原则。一个人犯有数罪，应当分不同的情况，按照不同的原则处理：第一，数罪中有判处死刑或者无期徒刑的，采用吸收原则。即数罪中只要有一罪判处死刑或者无期徒刑的，不论其他罪判处何种刑罚，都只执行其中一个死刑或者无期徒刑，即其他主刑被吸收而不再执行。第二，数罪中各罪被判处的刑罚均为有期徒刑或者均为拘役或者均为管制，采用限制加重原则。第三，数罪中有判处附加刑的，附加刑仍须执行，即采用附加刑与主刑并科原则。

（4）适用数罪并罚的有以下几种情形：

第一，判决宣告以前一个人犯有数罪的并罚。对一个人所犯的数罪在判决宣告以前均被发现的，应当根据《刑法》第69条的规定实行数罪并罚。即应当在总和刑期以下、数刑中最高刑期以上，酌情决定执行的刑期，但是管制最高不能超过3年，拘役最高不能超过1年，有期徒刑总和刑期不满35年的，最高不能超过20年，总和刑期在35年以上的，最高不能超过25年。例如，某犯罪分子在判决宣告以前犯有3罪，各罪所判处的刑罚分别是有期徒刑10年、8年和5年，数罪的总和刑期为23年，数罪中的最高刑期为10年，人民法院应当在20年以下10年以上，酌情决定执行的刑罚。

第二，判决宣告以后，刑罚执行完毕以前，发现被判刑的犯罪分子在判决宣告以前还有其他罪没有判决的漏罪的并罚。根据《刑法》第70条的规定，应当对新发现的罪做出判决，把前后两个判决所判处的刑罚，根据《刑法》第69条的规定，决定执行的刑罚。已经执行的刑期，应当计算在新判决决定的刑期以内。例如，张某犯盗窃罪和故意伤害罪。张某因故意伤害罪被控告，人民法院依法判处其有期徒刑5年。在张某服刑2年时，人民法院发现他在被判刑前还犯有盗窃罪，判处张某7年有期徒刑。根据《刑法》第69条的规定，人民法院应当在12年以下7年以上，决定执行的刑罚。如果对张某决定执行10年有期徒刑，那么应当减去已执行的2年，张某只需再服刑8年。这种计算方法称为先并后减。

第三，判决宣告以后，刑罚执行完毕以前，发现被判刑的犯罪分子又犯罪的并罚。根据《刑法》第71条的规定，应当对新犯的罪做出判决，把前罪没有执行的刑罚和后罪所判处的刑罚，根据《刑法》第69条的规定，决定执行的刑罚。例如，孙某犯抢劫罪，判处有期徒刑10年。在孙某服行6年时，又犯故意伤害罪。人民法院对孙某所犯的新罪进行判决，假设就故意伤害罪判处孙某5年有期徒刑。孙某原判10年有期徒刑，已执行6年，余刑4年。根据《刑法》第69条的规定，在9年以下5年以上，决定执行的刑罚。如果对孙某决定执行7年有期徒刑，由于他已服刑6年，实际上孙某一共要服刑13年。这种计算方法称为先减后并。

> **举案说法**
>
> 甲因犯罪被判处有期徒刑10年，服刑6年之后，他被假释。在假释考验期内，甲又犯了新罪，后罪被处以14年有期徒刑。
>
> 评析：在确定甲应当执行的刑罚时，应将前罪尚未执行完毕的4年有期徒刑和后罪的刑罚14年有期徒刑，按照《刑法》第71条的规定，采取先减后并的方法，确定甲还要服刑的期限。按照先减后并的方法，（10−6）+14=18，所以根据数罪并罚的规则，甲还须服刑的最长期限是18年，最短是14年。
>
> 注意，在本案中，甲不构成累犯，因为甲是在假释考验期内又犯新罪，此时他还处于原判刑罚执行期间，而不是累犯制度所要求的"原判刑罚已经执行完毕"再犯的新罪。

（5）不适用数罪并罚的几种情形。有些犯罪行为，表面上是数罪，而实质上是一罪；或者虽然是数罪，而只做一罪论处，或者法律规定为一罪。这些情况都不适用数罪并罚。不适用数罪并罚的犯罪主要有下列几种：

第一，继续犯。继续犯，是指犯罪行为在一较长的时间内处于继续状态的犯罪，如非法拘禁罪。对于继续犯的处罚，应当根据《刑法》"分则"的有关规定判处，不适用数罪并罚。

第二，想象竞合犯。想象竞合犯，是指一个行为触犯了数个罪名的犯罪。如甲欲杀乙，甲向乙的住处投放炸弹，既剥夺了乙的生命，又毁坏了乙的财产。甲基于一个犯罪故意，实施了一个犯罪行为，而发生了数个犯罪结果，触犯了数个罪名。对于想象竞合犯的处罚，应当按照最重之罪论处，不适用数罪并罚。

第三，惯犯。惯犯，是指以某种犯罪为常业，或者以犯罪所行作为主要生活来源或者挥霍来源，在较长时间内反复实施同一种或者几种犯罪，已养成犯罪恶习的犯罪分子及其犯罪形态。惯犯本来是数罪，刑法上将其规定为一罪，对惯犯直接按《刑法》"分则"的规定处罚，不实行数罪并罚。

第四，连续犯。连续犯，是指犯罪分子出于同一的或者概括的犯罪故意，连续实施同一性质的行为并触犯同一罪名。例如，多次盗窃、多次抢劫和多次贪污等。对于连续犯按一罪从重处罚即可，不实行数罪并罚。

第五，牵连犯。牵连犯，是指实施一个犯罪，其犯罪的方法或者犯罪结果触犯其他罪名。例如，为了诈骗财物（目的行为）而伪造国家机关公文（方法行为），构成诈骗罪与伪造国家机关公文罪的牵连犯。又如，为了盗窃财物（目的行为）而偷了解放军军官的提包，发现包内装有枪支和子弹后将其私藏（结果行为）起来，构成盗窃罪与私藏枪支、弹药罪的牵连犯。

第六，吸收犯。吸收犯，是指事实上有数个罪名不同的犯罪行为，其中一个犯罪行为吸收了其他的犯罪行为。例如，非法制造枪支后予以私藏的，以非法制造枪支罪论处，私藏枪支的行为被吸收。对于吸收犯，按吸收之罪判处，不实行数罪并罚。

4．缓刑

我国《刑法》所规定的缓刑，是指刑罚暂缓执行，即对原判刑罚附条件不执行的一种刑罚制度。它具体包括一般缓刑和战时缓刑两类。

（1）一般缓刑。一般缓刑，是指人民法院对于被判处拘役、3年以下有期徒刑的犯罪分子，根据犯罪情节和悔罪表现，认为暂缓执行原判刑罚，确实不致再危害社会的，规定一定的考验期，暂缓其刑罚的执行，如果被判缓刑的犯罪分子在考验期内没有发生法律规定应当撤销缓刑的事由，原判就不再执行的制度。

一般缓刑的适用必须具备下列条件：第一，犯罪分子必须是被判处拘役或者3年以下有期徒刑的刑罚；第二，犯罪分子必须不是累犯；第三，根据犯罪分子的犯罪情节和悔罪表现，认为适用缓刑确实不致再危害社会，这是适用缓刑的本质条件。

（2）战时缓刑。战时缓刑，是指在战时，对于被判处3年以下有期徒刑没有现实危险的犯罪军人，暂缓其刑罚执行，允许其戴罪立功，确有立功表现时，可以撤销原判刑罚，不以犯罪论处的制度。相对于一般缓刑，战时缓刑也被称为特别缓刑。

战时缓刑的适用必须具备下列条件：第一，必须是在战时；第二，只能是被判处3年以下有期徒刑的犯罪军人；第三，必须是在战争条件下宣告缓刑没有现实危险。

"对于累犯，不适用缓刑"的规定，同样适用于战时缓刑的犯罪军人。

（三）刑罚的执行与消灭制度

1．刑罚执行制度

（1）减刑。减刑，是指对于服刑期间确有悔改或者立功表现的犯罪分子，将其原判刑罚予以适当减轻的制度。根据《刑法》第78条的规定，适用减刑应当符合以下条件：

第一，减刑适用于被判处管制、拘役、有期徒刑、无期徒刑的犯罪分子。至于判处死缓2年期满后减为无期徒刑或者25年有期徒刑，或者在死刑缓期执行减为有期徒刑，或者无期徒刑减为有期徒刑，而把附加剥夺政治权利终身改为3年以上10年以下，以及判处罚金后因犯罪分子确实无力缴纳而减少罚金数额等，都不属于《刑法》第78条规定的减刑。

第二，减刑只适用于在刑罚执行过程中确有悔改或者立功表现的犯罪分子。

第三，减刑必须有一定的限度。经过一次或者几次减刑以后实际执行的刑期：判处管制、拘役、有期徒刑的，不能少于判处刑期的1/2；判处无期徒刑的，不能少于13年；被判处死刑缓期执行的累犯以及因故意杀人、强奸、抢劫、绑架、放火、爆炸、投放危险物质或者有组织的暴力性犯罪被判处死刑缓期执行的犯罪分子，缓刑执行期满后依法减为无期徒刑的，不能少于25年，缓期执行期满后依法减为25年有期徒刑的，不能少于20年。

减刑不同于改判。改判是因为原判决在认定事实或者适用法律上有错误，需要撤销或者部分撤销原判决，重新予以判决。减刑不是否定原判，而是惩办与宽大相结合的刑事政策的一种具体运用。

减刑必须严格按照程序办理。《刑法》第79条规定：对于犯罪分子的减刑，由执行机关向中级以上人民法院提出减刑建议书。人民法院应当组成合议庭进行审理，对确有悔改或者立功事实的，裁定予以减刑。非经法定程序不得减刑。

（2）假释。假释是对于被判处有期徒刑或者无期徒刑的犯罪分子，在执行了一定的刑期之后，如果认真遵守监规，接受教育改造，确有悔改表现，不致再危害社会的，附条件地予以提前释放的制度。依照《刑法》第81条的规定，适用假释应当符合以下条件：

第一，只适用于被判处有期徒刑和无期徒刑的犯罪分子。

第二，只适用于已经执行了一定刑期的犯罪分子。

被判处有期徒刑的犯罪分子，必须是已经执行了原判刑期的1/2以上；被判处无期徒刑的犯罪分子，必须是已经实际执行了13年以上。但是如果有特殊情节，经最高人民法院核准，可以不受上述执行刑期的限制。

第三，只适用于在服刑期间确有悔改表现，不致再危害社会的犯罪分子。

假释是有条件地提前释放，因而在决定假释时必须同时宣布假释考验期限。有期徒刑的考验期限是没有执行完毕的刑期；无期徒刑的假释考验期限为10年。假释考验期限，从假释之日起计算。被假释的犯罪分子，在假释考验期限内，依法实行社区矫正。

假释的程序与减刑的程序相同，都是根据《刑法》第79条的规定处理。

2．时效制度

我国刑法中的时效，又称追诉时效，是指对犯罪分子追究刑事责任的有效期限。在这个期限届满后，就不再追究犯罪分子的刑事责任。根据《刑法》第87条的规定，犯罪经过下列期限不再追诉：第一，法定最高刑为不满5年有期徒刑的，经过5年。第二，法定最高刑为5年以上不满10年有期徒刑的，经过10年。第三，法定最高刑为10年以上有期徒刑的，经过15年。第四，法定最高刑为无期徒刑、死刑的，经过20年。如果20年以后认为必须追诉的，须报请最高人民检察院核准。

上述的追诉期限，都是从犯罪之日起计算；犯罪行为有连续或者继续状态的，从犯罪行为终了之日起计算。

为了防止某些不思悔改的犯罪分子利用时效制度逃避法律的制裁，有效地保护被害人的合法权益，也有利于督促司法机关对该立案的案件及时立案，以免因司法工作的失误而使犯罪分子逃避法律制裁，我国《刑法》第88条、第89条还规定：犯罪分子在追诉期限以内又犯罪的，前罪追诉的期限从犯后罪之日起计算；犯罪分子在人民检察院、公安机关、国家安全机关立案侦查或者人民法院受理案件以后，逃避侦查或者审判的，不受追诉期限的限制。在刑法理论上，前者称为时效中断，后者称为时效延长。

第四节　犯罪的种类及其常见的具体犯罪

一、我国刑法规定的犯罪种类

我国《刑法》"分则"根据犯罪行为所侵犯的同类客体和社会危害程度，把犯罪分为10类。

（一）危害国家安全罪

危害国家安全罪，是指故意危害中华人民共和国国家安全的犯罪行为。如背叛国家罪，分裂国家罪，煽动分裂国家罪，武装叛乱、暴乱罪，颠覆国家政权罪，煽动颠覆国家政权罪等。

（二）危害公共安全罪

危害公共安全罪，是指故意或者过失地实施危害不特定多数人的生命、健康或者重大公私财产安全的行为。如放火罪、决水罪、爆炸罪、投放危险物质罪、失火罪等。

（三）破坏社会主义市场经济秩序罪

破坏社会主义市场经济秩序罪，是指违反国家市场经济管理法律、法规，干扰国家对市场经济的管理活动，破坏社会主义市场经济秩序，使国民经济发展遭受严重损害的行为。如生产、销售伪劣商品罪，走私罪，金融诈骗罪，扰乱市场秩序罪等。

（四）侵犯公民人身权利、民主权利罪

侵犯公民人身权利、民主权利罪，是指故意或者过失地侵犯公民的人身权利和与人身权利直接有关的权利以及其他民主权利，依法应受刑罚处罚的行为。如故意杀人罪、故意伤害罪、强奸罪、非法拘禁罪、绑架罪、诽谤罪等。

（五）侵犯财产罪

侵犯财产罪，是指故意非法占有、挪用、毁坏公私财物，或者故意破坏生产经营的行为。如抢劫罪、盗窃罪、诈骗罪、抢夺罪、敲诈勒索罪、故意毁坏财物罪等。

（六）妨害社会管理秩序罪

妨害社会管理秩序罪，是指妨害国家机关的社会管理活动，破坏社会秩序，情节严重的行为。如扰乱公共秩序罪、危害公共卫生罪、走私、贩卖、运输、制造毒品罪，制作、贩卖、传播淫秽物品罪等。

（七）危害国防利益罪

危害国防利益罪，是指危害作战和军事行动，危害国防建设，危害国防管理秩序，拒绝或者逃避履行国防义务，损害部队声誉的行为。如阻碍军人执行职务罪、阻碍军事行动罪、冒充军人招摇撞骗罪等。

（八）贪污贿赂罪

贪污贿赂罪，是指国家工作人员利用职务上的便利，贪污、挪用、私分公共财物，索取、收受贿赂，或者以国家工作人员、国有单位为对象进行贿赂，侵犯国家工作人员职务廉洁性的行为。如贪污罪、挪用公款罪、受贿罪、行贿罪、介绍贿赂罪等。

（九）渎职罪

渎职罪，是指国家机关工作人员滥用职权或者玩忽职守，妨害国家机关的正常活动，致使公共财产、国家和人民利益遭受重大损失的行为。如滥用职权罪、玩忽职守罪、故意泄露国家秘密罪、徇私枉法罪等。

（十）军人违反职责罪

军人违反职责罪，是指中国人民解放军的现役军人、执行军事任务的预备役人员和其他人员，违反职责，危害国家军事利益，依照法律应当受刑罚处罚的行为。如战时违抗命令罪、隐瞒、谎报军情罪，投降罪，战时临阵脱逃罪等。

二、常见的具体犯罪

（一）失火罪

失火罪，是指因行为人的过失而引起火灾，造成严重后果，危害公共安全的犯罪行为。失火罪属于危害公共安全罪中的一个罪名，其特征为：侵犯的客体是公共安全；犯罪客观方面表现为引起火灾，造成致人重伤、死亡或者使公私财物遭受重大损失的严重后果；犯罪主体为一般主体；犯罪主观方面是过失，包括疏忽大意的过失和过于自信的过失。

《刑法》第115条规定：犯失火罪的，处3年以上7年以下有期徒刑；情节较轻的，处3年以下有期徒刑或者拘役。

（二）交通肇事罪

交通肇事罪，是指违反交通运输管理法规，因而发生重大事故，致人重伤、死亡或者使公私财产遭受重大损失的行为。交通肇事罪属于危害公共安全罪中的一个罪名，其特征为：侵犯的客体是交通运输安全；犯罪客观方面表现为违反交通运输管理法规，发生重大事故，致人重伤、死亡或者使公私财产遭受重大损失的行为；犯罪主体为一般主体；犯罪主观方面是过失。

《刑法》第133条规定：犯交通肇事罪的，处3年以下有期徒刑或者拘役；交通运输肇事后逃逸或者有其他特别恶劣情节的，处3年以上7年以下有期徒刑；因逃逸致人死亡的，处7年以上有期徒刑。对行驶中的公共交通工具的驾驶人员使用暴力或者抢控驾驶操纵装置，干扰公共交通工具正常行驶，危及公共安全的，处1年以下有期徒刑、拘役或者管制，并处或者单处罚金。

 案例讨论

　　陈某，男，38周岁，某出租汽车公司司机。一天晚上，陈某驾车在街上揽活，经过一个路口时，正好遇上红灯，陈某发现路口没有警察，便驾车快速冲过路口。此时，王某正在路口对面的人行道上过马路。当陈某发现王某时，急忙刹车，但为时已晚，最终还是将王某撞倒。陈某赶紧下车来到王某身边，发现王某已经休克，不省人事。陈某感到非常害怕，看到路口没有其他人，就急忙驾车逃离。半个小时以后，王某被人发现并被送进附近的医院进行抢救。由于耽误时间过长，王某失血过多，最终抢救无效死亡。请讨论：对于陈某的行为应当如何认定和处理？为什么？

（三）重大责任事故罪

重大责任事故罪，是指工厂、矿山、林场、建筑企业或者其他企业、事业单位的职工，由于不服从管理，违反规章制度，或者强令他人违章冒险作业，或者明知存在重大事故隐患而不排除，仍冒险组织作业，因而发生重大伤亡事故或者造成其他严重后果的行为。重大责任事故罪属于危害公共安全罪中的一个罪名，其特征是：侵犯的客体是公共安全；犯罪客观方面表现为不服从管理，违反规章制度，或者强令他人违章冒险作业，因而发生重大伤亡事故或者造成其他严重后果的行为；犯罪主体是特殊主体，即只有工厂、矿山、林场、建筑企业或者其他企业、事业单位的职工，才能成为本罪的主体；犯罪主观方面是过失。

《刑法》第134条规定：犯重大责任事故罪的，处3年以下有期徒刑或者拘役；情节特别恶劣的，处3年以上7年以下有期徒刑。强令他人违章冒险作业，或者明知存在重大事故隐患而不排除，仍冒险组织作业，因而发生重大伤亡事故或者造成其他严重后果的，处5年以下有期徒刑或者拘役；情节特别恶劣的，处5年以上有期徒刑。

（四）故意伤害罪

故意伤害罪，是指故意非法损害他人身体健康的犯罪行为。故意伤害罪属于侵犯公民人身权利、民主权利罪中的一个罪名，其特征为：侵犯的客体是他人的身体健康权利；犯罪客观方面表现为非法损害他人身体健康的行为，包括作为和不作为，损害结果分轻伤、重伤和伤害致死三种情况；犯罪主体为一般主体。但故意伤害致人重伤或者死亡的，14周岁以上负刑事责任；犯罪主观方面是故意，包括直接故意和间接故意。

《刑法》第234条规定：犯故意伤害罪的，故意伤害他人身体的，处3年以下有期徒刑、拘役或者管制；致人重伤的，处3年以上10年以下有期徒刑；致人死亡或者以特别残忍手段致人重伤造成严重残疾的，处10年以上有期徒刑、无期徒刑或者死刑。

（五）盗窃罪

盗窃罪，是指以非法占有为目的，秘密窃取公私财物数额较大，或者多次秘密窃取公私财物的行为。盗窃罪属于侵犯财产罪中的一个罪名，其特征为：侵犯的客体是公私财物的所有权；犯罪客观方面表现为秘密窃取数额较大的公私财物或者多次盗窃的行为；犯罪主体是一般主体；犯罪主观方面是故意，且具有非法占有公私财物的目的。

《刑法》第264条规定：盗窃公私财物，数额较大或者多次盗窃、入户盗窃、携带凶器盗窃、扒窃的，处3年以下有期徒刑、拘役或者管制，并处或者单处罚金；数额巨大或者有其他严重情节的，处3年以上10年以下有期徒刑，并处罚金；数额特别巨大或者有其他特别严重情节的，处10年以上有期徒刑或者无期徒刑，并处罚金或者没收财产。

> **法律词典**
>
> 根据《最高人民法院、最高人民检察院关于办理盗窃刑事案件适用法律若干问题的解释》，盗窃公私财物价值人民币1000元至3000元以上的为"数额较大"；3万元至10万元以上的为"数额巨大"；30万元至50万元以上的"为数额特别巨大"。

（六）伪造货币罪

伪造货币罪，是指违反货币管理法规，仿照货币的式样，制造假货币冒充真货币的行为。伪造货币罪属于破坏社会主义市场经济秩序罪中的一个罪名，其特征为：侵犯的客体是国家的货币管理制度；犯罪客观方面表现为违反国家管理法规，伪造货币的行为；犯罪主体为一般主体；犯罪主观方面只能是直接故意，间接故意和过失不构成本罪。

《刑法》第170条规定：犯伪造货币罪的，处3年以上10年以下有期徒刑，并处罚金；有下列情形之一的，处10年以上有期徒刑或者无期徒刑，并处罚金或者没收财产：

（1）伪造货币集团的首要分子。

（2）伪造货币数额特别巨大的。

（3）有其他特别严重情节的。

（七）信用卡诈骗罪

信用卡诈骗罪，是指以非法占有为目的，使用伪造的信用卡，或者使用以虚假身份证明骗领的信用卡，或者使用作废的信用卡，或者冒用他人的信用卡，或者利用信用卡恶意透支进行诈骗活动，数额较大的行为。信用卡诈骗罪属于破坏社会主义市场经济秩序罪中的一个罪名，其特征为：侵犯的客体是复杂客体，即同时侵犯了国家对信用卡业务的正常管理制度和公私财产所有权；犯罪客观方面表现为使用伪造、作废的信用卡，或者冒用他人的信用卡，或者利用信用卡恶意透支，诈骗公私财物数额较大的行为；犯罪主体是一般主体；犯罪主观方面是故意，并且具有非法占有财物的目的。

《刑法》第196条规定：进行信用卡诈骗活动，数额较大的，处5年以下有期徒刑或者拘役，并处2万元以上20万元以下罚金；数额巨大或者有其他严重情节的，处5年以上10年以下有期徒刑，并处5万元以上50万元以下罚金；数额特别巨大或者有其他严重情节的，处10年以上有期徒刑或者无期徒刑，并处5万元以上50万元以下罚金或者没收财产。

> **举案说法**
>
> 胡某，男，23周岁，无业。2022年6月20日，胡某无意中在某证券公司门前捡到一个钱包，包内有一张用银行的三联单包裹的身份证，单子上有姓名和信用卡卡号，卡上的名字为吴某。胡某便以吴某的名义制作了一张假的身份证，并到银行办了一张同名信用卡。次日，胡某将吴某卡中的2650元人民币取走。经查，胡某2016年5月因过失致人重伤罪被判处有期徒刑2年，2018年5月刑满释放。对于胡某的行为应当如何认定和处罚？
>
> 评析：本案中胡某的行为构成信用卡诈骗罪。因为胡某冒用他人名义骗取信用卡的行为与盗窃他人财产的行为之间存在牵连关系，应依从一重罪处断的原则以信用卡诈骗罪论处；并且胡某伪造他人身份证的行为与信用卡诈骗行为之间属于牵连关系，所以应依从一重罪处断的原则以信用卡诈骗罪论处。又因为胡某之前的犯罪是过失，罪犯不符合累犯构成要件，因此胡某不构成累犯。

（八）故意杀人罪

故意杀人罪，是指故意非法剥夺他人生命的行为。故意杀人罪属于侵犯公民人身权利、民主权利罪中的一个罪名，其特征为：侵犯的客体是他人的生命权利，侵犯的对象只能是有生命的活人，尚未出生的胎儿和人死后的尸体，都不能成为故意杀人罪的犯罪对象；犯罪客观方面表现为行为人实施了非法剥夺他人生命的行为；犯罪主体是一般主体，已满14周岁的人犯故意杀人罪的，应当负刑事责任；犯罪主观方面必须有非法剥夺他人生命的故意，包括直接故意和间接故意。这是本罪区别于故意伤害罪和过失致人死亡罪的关键。故意杀人的动机如何，一般不影响定罪，但在量刑时应予以考虑。

《刑法》第232条规定：故意杀人的，处死刑、无期徒刑或者10年以上有期徒刑；情节较轻的，处3年以上10年以下有期徒刑。

（九）强奸罪

强奸罪，是指违背妇女意志，使用暴力、胁迫或者其他手段，强行与妇女发生性关系的行为。强奸罪属于"侵犯公民人身权利、民主权利罪"中的一个罪名，其特征为：侵犯的客体是妇女的性行为自主选择权；侵害的对象只能是妇女；犯罪客观方面表现为犯罪行为人实施了违背妇女意志，使用暴力、胁迫或者其他手段，使妇女处于不敢反抗、不能反抗或者处于不知反抗的状态下，强行与妇女发生性交的行为，至于妇女有无反抗以及反抗的程度是否明显，不是认定强奸罪的主要依据；犯罪主体只能是由14周岁以上的男子构成，妇女不能单独构成强奸罪的主体，但是可以作为强奸罪的教唆犯和帮助犯，对强奸罪承担共犯的刑事责任；犯罪主观方面是故意，即具有与妇女发生性交行为的目的。

《刑法》第236条规定：犯强奸罪的，处3年以上10年以下有期徒刑；奸淫不满14周岁幼女的，以强奸论，从重处罚；强奸妇女、奸淫幼女，有下列情形之一的，处10年以上有期徒刑、无期徒刑或者死刑：

（1）强奸妇女、奸淫幼女情节恶劣的。
（2）强奸妇女、奸淫幼女多人的。
（3）在公共场所当众强奸妇女、奸淫幼女的。
（4）两人以上轮奸的。
（5）奸淫不满10周岁的幼女或者造成幼女伤害的。
（6）致使被害人重伤、死亡或者造成其他严重后果的。

> **举案说法**
>
> 王某与张某（女）原是夫妻。因感情不和，王某向人民法院提起离婚诉讼。20××年10月8日人民法院判决准予他俩离婚。同月13日晚（离婚判决送达未满15日，尚未生效），王某以暴力强行与张某发生性关系，致使张某多处受伤。人民法院于次年6月，以强奸罪判处王某有期徒刑3年，缓刑3年。
>
> 评析：通常认为，夫妻之间已结婚，即相互承诺共同生活，有同居义务。这一义务是从双方自愿结婚行为推定出来的伦理义务。因此，丈夫一般不能成为强奸罪的主体，司法实践中一般也不能将婚内强行性行为定为强奸罪进行处理。但在特殊情况下，婚姻关系处于非正常期间，如离婚诉讼期间，婚姻关系已进入法定的解除程序，虽然婚姻关系还存在，但已不能再推定女方对双方之间的性行为是一种同意的承诺。在这种情形下，如果男方强行与女方发生性行为，则符合强奸罪的特征。也就是说，在特殊情形下，丈夫也可以成为强奸罪的主体。

（十）抢劫罪

抢劫罪，是指以非法占有为目的，当场使用暴力、胁迫或者其他方法抢劫公私财物的行为。抢劫罪属于侵犯财产罪中的一个罪名，其特征为：侵犯的客体是复杂客体，既侵犯了公私财产的所有权，也侵犯了公民的人身权利；侵犯的对象是公私财产和他人人身；犯罪客观方面表现为对财物所有人、持有人或者保管人等当场使用暴力、胁迫或者使被害人不能抗拒的方法抢劫财物，或者迫使被害人当场交出财物的行为；犯罪主体是一般主体，已满14周岁的人就应当负刑事责任；犯罪主观方面是故意，并且具有非法占有公私财物的

视频

目的。此外，我国《刑法》第269条还规定：犯盗窃、诈骗、抢夺罪，为窝藏赃物、抗拒抓捕或者毁灭罪证而当场使用暴力或者以暴力相威胁的，应以抢劫罪定罪处罚。在刑法理论上，通常称为准抢劫罪或转化型抢劫罪。

《刑法》第263条规定：犯抢劫罪的，处3年以上10年以下有期徒刑，并处罚金；有下列情形之一的，处10年以上有期徒刑、无期徒刑或者死刑，并处罚金或者没收财产：

（1）入户抢劫的。
（2）在公共交通工具上抢劫的。
（3）抢劫银行或者其他金融机构的。
（4）多次抢劫或者抢劫数额巨大的。
（5）抢劫致人重伤、死亡的。
（6）冒充军警人员抢劫的。
（7）持枪抢劫的。
（8）抢劫军用物资或者抢险、救灾、救济物资的。

（十一）敲诈勒索罪

敲诈勒索罪，是指以非法占有为目的，对公私财物所有人、保管人使用威胁或者要挟的方法，强索公私财物，数额较大的行为。敲诈勒索罪属于侵犯财产罪中的一个罪名，其特征为：侵犯的客体是复杂客体，其中主要侵犯的公私财产所有权，其次侵犯了他人的人身权利或者其他利益；犯罪客观方面表现为使用威胁或者要挟的方法，迫使被害人交付财物的行为；犯罪主体是一般主体；犯罪主观方面是故意，并且以非法占有公私财物为目的。犯罪分子往往以将要实施杀害、伤害、揭发隐私、毁灭财产等相恐吓，对被害人进行精神强制。敲诈勒索的威胁、要挟方法同抢劫罪的胁迫方法，同属精神强制，但两者存在明显的不同。抢劫必须是行为人当着被害人的面发出威胁，而敲诈勒索则可以当面威胁，也可以不在当面威胁；抢劫必须是以当场实施威胁的内容相恐吓，而敲诈勒索则是以当场实现或者日后实现威胁内容相恐吓。

《刑法》第274条规定：犯敲诈勒索罪的，数额较大或者多次敲诈勒索的，处3年以下有期徒刑、拘役或者管制，并处或者单处罚金；数额巨大或者有其他严重情节的，处3年以上10年以下有期徒刑，并处罚金；数额特别巨大或者有其他特别严重情节的，处10年以上有期徒刑，并处罚金。

（十二）侵占罪

侵占罪，是指以非法占有为目的，将代为保管的他人财物或者他人的遗忘物、埋藏物非法占为己有，数额较大，拒不退还或者拒不交出的行为。侵占罪属于侵犯财产罪中的一个罪名，其特征为：侵犯的客体是公私财产所有权；犯罪客观方面表现为非法占有他人财物，数额较大，拒不退还或者拒不交出的行为；犯罪主体是一般主体；犯罪主观方面为直接故意，并且具有非法占有他人财物的目的。

《刑法》第270条规定：犯侵占罪的，数额较大，拒不退还的处2年以下有期徒刑、拘役或者罚金；数额巨大或者有其他严重情节的，处2年以上5年以下有期徒刑，并处罚金。犯侵占罪，告诉的才处理。

（十三）挪用资金罪

挪用资金罪，是指公司、企业或者其他单位的工作人员，利用职务上的便利，将本单位资金归个人使用或者借贷给他人，并符合其他法定条件的行为。挪用资金罪属于侵犯财产罪中的一个罪名。其特征为：侵犯的客体是复杂客体，其中主要是公司、企业或者其他单位的财产所有权，同时还侵犯了公司、企业或者其他单位的财务管理制度；犯罪客观方面表现为利用职务上的便利，挪用本单位资金归个人使用或者借贷给他人，并符合其他法定条件的行为；犯罪主体是公司、企业或者其他单位的工作人员，即在本单位中担任一定的职务而主管、管理或经手资金的，不具有国家工作人员身份的人员；犯罪主观方面是故意。

《刑法》第272条规定：犯挪用资金罪的，数额较大、超过3个月未还的，或者虽未超过3个月，但数额较大，进行营利活动的，或者进行非法活动的，处3年以下有期徒刑或者拘役；挪用本单位资金数额巨大的，处3年以上7年以下有期徒刑；数额特别巨大的，处7年以上有期徒刑。

> **诚 举案说法**
>
> 许某，女，25周岁，某公司行政秘书。许某与刘某谈了一段时间的朋友后，刘某提出分手。许某觉得自己受到了极大的伤害，非常愤怒。为报复刘某，许某持刘某还未取走的信用卡到几家商场以刘某的名义购买了8000余元的物品。刘某发现后要求许某退还信用卡并归还其所消费的钱款，许某坚决不还。于是，刘某报案，许某被抓获。对于许某的行为应当如何认定和处理？
>
> 评析：许某的行为构成侵占罪。因为许某将代为保管的他人财物非法占为己有，数额较大，拒不退还，其行为构成侵占罪。至于许某冒用他人名义使用信用卡的行为实质上是对其所保管的他人财物的侵占，故而其行为不构成信用卡诈骗罪。

（十四）贪污罪

贪污罪，是指国家工作人员利用职务上的便利，侵吞、窃取、骗取或者以其他手段非法占有公共财物的行为。利用职务上的便利，是指利用本人职务范围内的权力和地位所形成的主管、经手、管理财物的便利条件，而不是指利用工作关系熟悉作案环境、凭工作人员身份便于进出某些单位，较易接近作案目标或对象等与职权无关的便利条件。

贪污罪是贪污贿赂罪中的一个罪名，其特征是：

（1）侵犯的客体是复杂客体，即公共财产所有权和国家的廉政制度。

（2）犯罪客观方面表现为行为人利用职务上的便利，侵吞、窃取、骗取或者以其他手段非法占有公共财物的行为。

（3）犯罪主体是特殊主体，具体包括两类人员：一类是国家工作人员；一类是受国家机关、国有公司、企业、事业单位、人民团体委托管理、经营国有财产的人员；犯罪主观方面是直接故意，并且以非法占有为目的。

《刑法》第383条规定：对犯贪污罪的，根据情节轻重，分别依照下列规定处罚：

（1）贪污数额较大或者有其他较重情节的，处3年以下有期徒刑或者拘役，并处罚金。

（2）贪污数额巨大或者有其他严重情节的，处3年以上10年以下有期徒刑，并处罚金或者没收财产。

（3）贪污数额特别巨大或者有其他特别严重情节的，处10年以上有期徒刑或者无期徒刑，并处罚金或者没收财产；数额特别巨大，并使国家和人民利益遭受特别重大损失的，处无期徒刑或者死刑，并处没收财产。

对多次贪污未经处理的，按照累计贪污数额处罚。

> **诚 举案说法**
>
> 孙某，男，27周岁，某镇政府财会室出纳员。李某，女，25周岁，孙某的女友。李某欠了别人的钱无力归还，而孙某的收入也不高，李某遂动员孙某拿公款还债。孙某经不住李某的软磨硬泡，遂于一天下午下班时，从自己经管的保险箱内拿走现金5000余元带回家并全部交给李某。当天晚上，李某按照孙某教的办法拿了孙某的财会室大门和保险箱的钥匙，潜入镇政府财会室，伪造被盗现场，企图转移目标，嫁祸于人。对于孙某、李某的行为应当如何认定和处理？
>
> 评析：孙某、李某的行为构成贪污罪。因为孙某身为国家工作人员，监守自盗，且数额较大，其行为构成贪污罪；李某虽非国家工作人员，但其与孙某共同实施犯罪，属于贪污的共犯；李某在共同犯罪中起到帮助作用，属于从犯，应当从轻、减轻处罚或者免除处罚。

（十五）受贿罪

受贿罪，是指国家工作人员利用职务上的便利，索取他人财物，或者非法收受他人财物，为他人谋取利益的行为。受贿罪属于贪污贿赂罪中的一个罪名，其特征是：侵犯的客体是国家的制度；犯罪客观方面表现为利用职务上的便利，索取他人财物，或者非法收受他人财物，为他人谋取利益的行为；犯罪主体是特殊主体，只有国家工作人员才能构成本罪；犯罪主观方面是故意，并且具有非法获取财物的目的。

《刑法》第386条规定：犯受贿罪的，根据受贿所得数额及情节，依照《刑法》第383条关于贪污罪的处罚规定处罚。索贿的从重处罚。

复习思考题

在线答题

一、简答题

1. 什么是刑法？刑法的基本原则有哪些？
2. 我国刑法关于空间效力范围是怎样规定的？
3. 简述犯罪的概念及其基本特征。
4. 简述犯罪未遂的概念及基本特征。
5. 简述共同犯罪概念及其成立条件。
6. 简述刑事责任能力的概念及其程度。
7. 简述刑罚的概念及其种类。

二、案例分析

1. 赵某,男,19周岁,某厂工人。一天晚上9时许,赵某在某厂门口见陈某等3人合骑一辆自行车由西向东而来,误认为是同厂青年,便伸手拦了一下。陈某等3人误认为赵某要抢帽子,随即停下来寻找砖头和石块后返回质问赵某。赵某随即躲进厂内。后来马路上有人吵架,赵某出来围观时,又遇见陈某等人,赵某再次回厂躲避。陈某等人一起追上质问,赵某即向陈某等讲明是认错了人,不是抢帽子。但陈某不谅解,手持砖块向赵某的面部猛打,将赵某的左上颌及牙齿砸伤,赵某随即拔出随身所带的大号水果刀向陈某腹部猛戳一刀,将陈某刺成重伤,赵某当即将其送往医院抢救。

根据上述案情,请分析:

赵某的行为属于什么性质的行为?其行为是否构成犯罪?为什么?

2. 陈某,46周岁,某校教师。吴某,25周岁,无业,陈某的外甥,2010年6月至2012年12月因犯故意伤害罪服刑2.5年。朱某,17周岁,无业,吴某的朋友。

陈某因在工作中对校长许某产生不满,蓄意报复,于是便要吴某找个人来干掉许某,许诺事成之后给每人3万元。2017年11月上旬,陈某带着吴某和朱某数次查看了许某的办公室,并告诉他们如何接近许某。2017年11月22日下午,吴某和朱某来到许某的办公室外,吴某让朱某在门外望风,自己则进入许某的办公室。许某以为吴某有事找他,正准备起身接待时,吴某拿出藏在身后的螺纹钢筋猛击许某的头部数下,导致许某重度颅脑损伤死亡。随后,吴某和朱某从陈某处拿钱后潜逃。

根据上述案情,请分析:

如何认定和处理陈某、吴某和朱某的行为性质?

第五章 民 法

> 张某只有17周岁，在本镇的啤酒厂做临时工，每月有1200元的收入。为了上班方便，张某在镇里租了一间房。7月份，张某未经其父母同意，欲花500元钱从李某处买一台旧彩电，此事遭到了其父母的强烈反对，但张某还是买了下来。同年10月，张某因患精神分裂症丧失了民事行为能力。随后，张某的父亲找到李某，认为张某与李某之间的买卖无效，要求李某返还钱款，拿走彩电。张某与李某的买卖行为是否有效？本案涉及哪些法律关系？

民法与我们的日常生活有着极为密切的联系。我们维护自身的人格尊严、确定财产的归属、开展商品交易活动、确定损害赔偿，这些内容或者对象都归民法所调整。民法是调整平等主体的公民之间、法人之间、公民与法人之间的人身关系和财产关系的法律规范的总称，是一个国家的基本法之一。通过对本章内容的学习，我们可以了解并掌握有关民法的基本原则和主要制度，正确行使民事权利，自觉履行民事义务，维护公民、法人和其他组织的合法权益。

重点提示

- 民法的概念和调整对象
- 民法的基本原则
- 民事法律关系的概念及其要素
- 自然人与法人的基本内容
- 民事法律行为和代理的基本内容
- 代理制度的基本内容
- 各类民事权利的特征和主要内容
- 民事责任的概念、构成要件和归责原则
- 特殊侵权的民事责任

第一节 民法概述

一、民法的概念和调整对象

（一）民法的概念

"民法"一词，源于古罗马法中的市民法，其本意是指调整古罗马本国内部公民与公民之间关系的法律。近代大陆法系"民法"一词就是由市民法翻译而来的。

民法作为一个独立的法律部门，在世界各国法律体系中都占据着重要的地位，是一个国家的基本法之一。以法律主体地位的不同为标准，法律规范可以分为两类：一类是调整主体之间处于平等地位的法律规范；一类是调整主体之间处于不平等地位的法律规范。民事法律规范属于前者。

 知识链接

《民法典》于2020年5月28日第十三届全国人民代表大会第三次会议通过，2021年1月1日起施行。《民法典》是民事法律规范体系中的"宪法"，对民事活动中应当遵循的一些基本原则和共同规范做出了规定。

根据《民法典》的规定，民法是调整平等主体的自然人、法人和非法人组织之间的人身关系和财产关系的法律规范的总称。

（二）民法的调整对象

民法的调整对象是平等主体之间的人身关系和财产关系。

人身关系，是指没有财产内容、带有人身属性的社会关系。人身关系体现的是人们精神上和道德上的利益，包括人格关系和身份关系。人格关系，是指因民事主体的人格利益而发生的社会关系。人格利益，是指人的生命、健康、名誉、肖像等方面的利益。人格关系在法律上表现为人格权关系。身份关系，是指基于一定的身份而产生的社会关系。在法律上表现为身份权关系，包括亲属、监护、著作权中的身份权等内容。这种人身关系的特点如下：

法律提示

各类媒体经常有这样的报道：某家知名企业的名称遭盗用，直接导致该企业的某些财产利益遭受损失；或者某位公民因精神利益遭受侵害，在诉讼中依法获得相关的精神损害赔偿。这充分说明人身关系与财产关系是有一定联系的。

（1）主体地位平等。

（2）与人身不可分离。

（3）不直接体现财产关系。

（4）民法确认的人身关系以民法方法予以保护。

财产关系，是指人们在产品生产、分配、交换和消费过程中形成的具有经济内容的关系。这里所指的财产，是指具有经济价值的财物、智力成果和利益。民法调整的财产关系是平等主体之间以自愿为基础的具体的财产关系，这种财产关系的特点如下：

（1）民事主体在民法上的地位是平等的。

（2）这种财产关系一般是在自愿的基础上发生的。

（3）这种关系一般是有偿的。民法调整的财产关系包括财产归属关系和财产流转关系。财产归属关系主要是财产所有关系，是指因直接占有、使用、收益、处分财产而发生的社会关系。财产流转关系，是指因财产交换而发生的社会关系。财产流转关系通常是有偿的，但也包括一些无偿的关系，如财产的借用关系、赠与关系等。

二、民法的基本原则

民法的基本原则是民事立法、民事司法和民事活动的基本准则，是效力贯穿于整个民法制度和规范之中的民法根本规则。民法的基本原则是民法调整的社会关系的本质和特征的集中反映。我国《民法典》的第4条至第9条规定了民法的基本原则,分别是平等原则、自愿原则、公平原则、诚信原则、守法和公序良俗原则、绿色原则。

(一)平等原则

平等原则,是指民事主体在民事活动中的地位一律平等,这一原则是民法的核心原则,是民事法律关系区别于其他法律关系的主要标志。它是指民事主体享有独立的法律人格,在具体的民事关系中互不隶属、地位平等,各自能独立地表达自己的意志。平等原则的具体内容包括:自然人的民事权利能力一律平等;民事主体在民事法律关系中法律地位平等;民事主体平等地受法律保护,在适用法律上一律平等。

(二)自愿原则、公平原则、诚信原则

自愿原则,是指民事主体在民事活动中,充分表达自己的意愿,依法设立、变更和终止民事法律关系。自愿包括民事主体主观上真实地表达自己的意志以及在真实地表达自己的意志时不受外在客观因素的影响。因此,如果在任何受胁迫、欺诈情况下表达的意思均无效,则民事主体有权依法选择从事民事活动的形式、内容和相对人。

公平原则,是要求民事主体和司法机关应本着公平的观念实施及处理民事纠纷。它包括民事主体参加民事活动机会均等,当事人之间依法设定的权利和义务应当基本公平对等,承担的民事责任也应基本相当。此原则要求在社会主义制度条件下,能兼顾国家、集体和个人三者利益在根本上的一致,能与社会主义道德标准保持一致。公平原则是一项弹性原则,可以弥补法律滞后的空缺。

诚信原则,是指民事主体在从事民事活动时,应秉持诚实,恪守承诺,以善意的方式履行其义务,不得规避法律。此原则的确立和遵守,旨在平衡民事主体之间及民事主体与社会之间的利益关系,以保证社会的稳定、和谐和交易的安全。首先,诚信原则要求民事主体具有诚实、善良的内心状态和实事求是的行为态度,它对民事主体从事民事活动具有指导作用,它提醒民事主体尊重他人的利益,以对待自己事务的心态来对待他人的事务,不得弄虚作假以损人利己,应信守承诺,使双方在法律关系中能真正实现各自应得的利益。其次,诚信原则也是司法实践对法官自由裁量权的授予,便于法官在当事人协议约定不清时,正确判断和衡量民事主体之间协议的初衷及真实含义。

(三)守法和公序良俗原则

根据我国《民法典》第8条的规定,民事主体从事民事活动,不得违反法律,不得违背公序良俗。公序良俗是指公共秩序和善良习俗。守法和公序良俗原则要求自然人、法人和非法人组织在从事民事活动时,不得违反各种法律的强制性规定,不违背公共秩序和善良习俗。这一原则也是现代民法的一项重要的基本原则。

(四)绿色原则

《民法典》第9条规定:民事主体从事民事活动,应当有利于节约资源,保护生态环境。绿色原则是贯彻我国《宪法》关于保护环境的要求,也是落实党中央关于建设生态文明、实现可持续发展理念的要求,将环境资源保护上升至民法基本原则的地位,是时代发展的必然趋势。

三、民事法律关系

（一）民事法律关系的概念

民事法律关系，是指由民法调整的，在民事主体之间发生的，具有民事权利义务内容的社会关系。民事法律关系，是民法调整的财产关系和人身关系在法律上的具体表现，是民法调整的结果，是人们在民事活动中依民法要求所确立，通过民事权利义务把民事主体之间的社会关系加以确定和表示的关系。因此，民事法律关系的最本质特征就是民事主体之间的民事权利义务关系。

由于民法调整的是流通领域里的财产关系和人身关系，因此民事法律关系可以依据民事主体的主观意愿而产生，而且绝大多数民事法律关系具有等价有偿的属性。

民事法律关系可分为财产法律关系和人身法律关系、绝对法律关系和相对法律关系、物权法律关系和债权法律关系。

（二）民事法律关系的产生及要素

1. 民事法律关系的产生

民事法律关系是民法调整的结果，但是民事法律规范本身并不能创设某种法律关系，也不能改变或者消灭某一民事法律关系，它只是把一定的事实与一定的法律后果联系起来，而由法律规定的、能够产生一定法律后果的事实就是法律事实。因此，民事法律事实是确定民事法律关系的依据，民事法律事实是民事法律关系产生、变更、消亡的原因；反之，民事法律关系的产生、变更、消亡是民事法律事实出现的结果。

根据客观事实是否与人的意志有关，民事法律事实可分为事件和行为。

事件又称自然事实，是指与人的意志无关，能引起民事法律后果的客观现象，如人的出生、死亡，物的灭失，地震、洪水等。

行为，是指民事主体实施的能引起一定民事法律后果的行为。诸如买卖、租赁、投资等，它是民事主体有意识追求民事法律结果的积极活动。在这些活动中，凡符合法律要求，能够达到当事人预期目的的，称为民事法律行为；反之，则称为无效的民事法律行为，即民事法律行为一定是合法的行为。

2. 民事法律关系的要素

民事法律关系的要素又称民事法律关系三要素，是指构成任何民事法律关系所不可缺少的因素，包括民事法律关系的主体、客体和内容。

（1）民事法律关系的主体。民事法律关系的主体是指民事法律关系的参加者，即民事权利和民事义务的享受者和承担者。民法理论一般认为，可作为民事法律关系主体的有自然人和法人，特殊情况下，国家也可以成为民事法律关系的主体。此外，还有个人独资企业、合伙企业、不具有法人资格的专业服务

> **法律提示**
>
> 国库券的发行方——国家，就是以特殊的民事法律主体身份出现的。在这一特定情形下，国家与国库券持有人处于平等的法律地位，受民法调整，与持有人形成事实上的债权债务关系。

机构等非法人组织。在具体的民事法律关系中，根据主体享受权利、承担义务的情况，主体可以分成权利主体和义务主体。权利主体，是指享受民事权利的一方主体；义务主体，是指承担民事义务的一方主体。但在大多数民事法律关系中，双方当事人既享有权利，又承担义务，如买卖关系、租赁关系等。仅有少数法律关系如赠与关系，当事人一方只承担义务，另一方只享有权利。

（2）民事法律关系的客体。民事法律关系的客体又称标的，是指民事权利与民事义务所共同指向的对象。民事法律关系的客体主要有物、行为和智力成果。物，是指现实存在的为人们可以控制、支配的一切自然物和劳动创造的物，物是民事法律关系的最为普遍的客体；行为，是指民事权利主体的活动，如保管法律关系中的保管行为，运输法律关系中的运输行为等；智力成果，是指人类脑力劳动的成果，是一种非物质的精神财富，如发明人的发明、著作权关系中的著作等。

（3）民事法律关系的内容。民事法律关系的内容，是指民事法律关系主体之间的民事权利和民事义务本身。

民事权利，是指法律赋予民事主体享有的为实现某种利益而为一定行为或者不为一定行为的可能性。民事权利包括三种可能性：第一，权利人享有一定的利益，自己为一定行为或者不为一定行为的可能性；第二，权利人为保障自己的利益要求他人为一定行为或者不为一定行为的可能性；第三，在权利受到侵犯时，请求法律给予保护的可能性。民事权利可分为两类：财产权和人身权。财产权包括物权、债权、继承权、知识产权等；人身权包括生命权、健康权、姓名权、名誉权等。

民事义务，是指民事法律关系的义务主体为满足权利主体法律上的利益，依法应当为一定行为或者不为一定行为的法律手段。民事义务具有依法履行义务的限定性和强制性，除非权利主体依法免除，否则义务人不可自主变更或者抛弃。

民事权利和民事义务从不同角度表现出同一法律关系的内容，二者对立统一，互为存在条件，缺一不可。具体而言，民事权利和民事义务就其性质而言是相互对立的，就其存在形式而言又相互统一，两者相互依存和联系。在同一民事法律关系中，一方的义务就是另一方的权利；而一方的权利就是另一方的义务。因此，在民事法律关系中，同样不存在无权利的义务和无义务的权利。

民事法律关系的主体、客体和内容构成完整的民事法律关系，这三个要素相互依存、相互联系，缺一不可。

> **议一议**
>
> 李某到某大型商场购买冰箱，请分析她购买行为的法律关系三要素。

第二节　民事法律关系的主体

民事法律关系的主体简称"民事主体"，是指参加民事法律关系，在民事法律关系中享有民事权利或者承担民事义务的人，亦称民事法律关系的当事人，具体包括自然人、法人和其他民事主体。

一、自然人

（一）自然人的概念

自然人，是指出生于母体，具有自然生命形式的人，在法律上与"法人"相对。公民，是指取得一国国籍并根据该国宪法和法律规定享有权利和承担义务的人。

自然人和公民这两个概念既有区别又有联系，凡公民均为自然人，但自然人不一定是一国公民。因此，自然人的范围要大于公民，既包括本国自然人，也包括外国人和无国籍人。

议一议

我国的公民都是自然人吗？在我国境内的自然人都是我国公民吗？

（二）自然人的民事权利能力

自然人的民事权利能力，是指自然人依法享有民事权利和承担民事义务的资格。自然人的民事权利能力始于出生。出生这一自然事实，可以让自然人取得民事权利能力，而无须履行任何法定手续。作为例外，自然人的某些特殊的民事权利能力不是始于出生，而是要达到一定年龄以后才能享有。例如，自然人结婚的权利能力、劳动的权利能力，就必须达到法定的年龄才能享有。自然人的民事权利能力终于死亡。死亡是自然人民事权利能力消灭的唯一原因。自然人死亡后，自然不能成为权利的享有者和义务的承担者，其权利能力自然消灭，民法所说的死亡包括生理死亡和宣告死亡。

（三）自然人的民事行为能力

自然人的民事行为能力，是指自然人能以自己的行为取得民事权利和承担民事义务的资格。民事行为能力以意思能力为前提。所谓意思能力，是指自然人可以判断自己的行为后果的能力。自然人具备意思能力需要达到一定的年龄且智力正常。《民法典》按照不同年龄、智力和精神健康状况，将自然人的民事行为能力分为三类：完全民事行为能力、限制民事行为能力和无民事行为能力。

1. 完全民事行为能力

完全民事行为能力，是指自然人通过自己独立的行为行使民事权利、履行民事义务的能力。根据《民法典》第17条和第18条的规定，18周岁以上的成年人为完全民事行为能力人，16周岁以上的未成年人，以自己的劳动收入为主要生活来源的，视为完全民事行为能力人。

2. 限制民事行为能力

限制民事行为能力又称不完全民事行为能力，是指自然人在一定范围内具有民事行为能力，可以进行与他的年龄、智力和精神健康状况相适应的民事活动，其他民事活动由他的法定代理人代理或者征得法定代理人同意后进行方能有效。8周岁以上的未成年人和不能完全辨认自己行为的成年人为限制民事行为能力人。

3. 无民事行为能力

无民事行为能力，是指自然人不具有以自己的行为取得民事权利和承担民事义务的能力。不满8周岁的未成年人和不能辨认自己行为的成年人为无民事行为能力人，由其法定代理人代理实施民事法律行为。

> **诚 举例说法**
>
> 李某，15周岁，中学生，在进行有奖销售的商场，买了一瓶20元的洗发水，结果中了最高奖5000元，她的母亲带她兑奖后，把钱放到家中的柜子里。第二天，李某偷偷将柜子中的5000元钱拿出来，花了4800元买了一只钻戒。李某的母亲知道后拉着李某到商场，要求退货。请问：（1）李某购买洗发水行为的法律效力如何？奖金究竟属于谁所有？（2）李某购买钻戒行为的法律效力如何？她的母亲能否要求退货？
>
> 评析：（1）李某购买洗发水的行为是有效的。这属于限制民事行为能力人正常合理的行为。限制民事行为能力人可以进行与他的年龄、智力相适应的民事活动，其他民事活动由他的法定代理人代理，或者征得法定代理人的同意方可进行。因为5000元奖金已经超出了一个限制民事行为能力人能合理支配的范围，所以李某获得的奖金应当由其法定代理人代为管理。
>
> （2）李某购买钻戒的行为是可撤销的民事法律行为。李某的母亲可以要求撤销此行为并要求商场退货，其原因是：限制民事行为能力人的民事行为需要征得法定代理人的同意，但本案中李某的法定代理人——李某的母亲并未同意李某的行为，而是直接要求商场退货。因此，李某购买钻戒的行为无效。

（四）监护

监护，是指对无民事行为能力人和限制民事行为能力人的人身、财产及其他合法权益进行监督和保护的一种民事法律制度。履行监督和保护职责的人，称为监护人；被监督、保护的人，称为被监护人。依据监护种类的不同，监护可以分为未成年人监护以及无民事行为能力或者限制民事行为能力的成年人监护两种。

1. 监护人的设定

根据《民法典》第27条和第28条的规定，我国监护人的设定方式有以下两种：

（1）未成年人监护人的设定。父母是未成年人的监护人。未成年人的父母已经死亡或者没有监护能力的，由下列有监护能力的人按顺序承担监护责任：祖父母、外祖父母；兄、姐；其他愿意担任监护人的个人或者组织，但是须经未成年人住所地的居民委员会、村民委员会或者民政部门同意。

（2）无民事行为能力或者限制民事行为能力的成年人的监护人的设定。无民事行为能力或者限制民事行为能力的成年人，由下列有监护能力的人按顺序担任监护人：配偶；父母、子女；其他近亲属；其他愿意担任监护人的个人或者组织，但是须经被监护人住所地的居民委员会、村民委员会或者民政部门同意。

对监护人的确定有争议的，由被监护人住所地的居民委员会、村民委员会或者民政部门指定监护人，有关当事人对指定不服的，可以向人民法院申请指定监护人；有关当事人也可以直接向人民法院申请指定监护人。居民委员会、村民委员会、民政部门或者人民法院应当尊重被监护人的真实意愿，按照最有利于被监护人的原则在依法具有监护资格的人中指定监护人。没有依法具有监护资格的人的，监护人由民政部门担任，也可以由具备履行监护职责条件的被监护人住所地的居民委员会、村民委员会担任。

另外，《民法典》第29条、第30条和第33条分别增加了遗嘱监护、协议确定监护、意定监护等监护方式。

2. 监护人的职责

监护人应当履行监护职责，保护被监护人的人身利权、财产利权及其他合法权益，除为维护被监护人的利益外，不得处分被监护人的财产。

监护人依法履行监护的职责，并受法律保护。监护人不履行监护职责或者侵害被监护人的合法权益的，应当承担责任。人民法院可以根据有关个人或者组织的申请，撤销监护人的资格。

 案例讨论

5周岁的小刚在爸爸去世后，由他的母亲抚养。一年后小刚的母亲再嫁，视小刚为负担，经常虐待小刚。小刚的奶奶看在眼里，痛在心上，决定取消小刚母亲的监护人资格，由自己做监护人。请讨论：小刚奶奶的要求合法吗？为什么？

3. 监护的终止

监护终止须基于以下原因：

（1）自然终止。被监护人取得或者恢复完全民事行为能力，监护人和被监护人死亡的法律事实出现。

（2）非自然终止。对于无民事行为能力或者限制民事行为能力的成年人的监护关系的终止，须经由人民法院做出撤销其监护人资格的裁决。如果监护人不宜继续担任监护人或者监护人不履行监护职责，人民法院可以根据有关人员或者有关单位的申请，经查明事实，撤销监护人的资格。

（五）宣告失踪和宣告死亡

1. 宣告失踪

（1）宣告失踪的概念。宣告失踪，是指自然人下落不明达到法定期间，经利害关系人申请，由人民法院宣告为失踪人并为其设立财产代管人的法律制度。宣告失踪的主要法律意义，在于为失踪人设定财产代管人，宣告失踪是对自然事实状态的法律确认，结束财产关系的不稳定状态。通过宣告下落不明人为失踪人，人民法院可为其设立财产代管人，保管失踪人的财产，处理失踪人应了结的债权债务，维护失踪人和利害关系人的利益，维护社会秩序的稳定。

（2）宣告失踪构成要件。

① 事实要件：自然人下落不明。即自然人离开住所或者居所没有任何音讯，处于下落不明的状态。

② 时间要件：下落不明达到法定期间。宣告失踪的法定期间为2年，从自然人失去音讯之日起计算；战争期间下落不明的，下落不明的时间自战争结束之日或者有关机关确定的下落不明之日起计算。

③ 程序要件：经利害关系人申请。宣告失踪的程序不是自然发动，须经利害关系人

申请，程序才开始。利害关系人，是指与失踪人有人身关系或者财产关系的人，如父母、配偶、近亲属、债权人、债务人等。宣告失踪应由法院宣告。人民法院收到利害关系人的宣告失踪申请后，先要发出寻找公告，期间为3个月。公告期满，失踪事实得到确认，人民法院应以判决方式宣告失踪。

（3）宣告失踪的效力。人民法院在宣告失踪的判决中，为失踪人指定财产代管人。

（4）失踪宣告的撤销。当失踪人重新出现或者有人确知其下落时，经本人或者利害关系人申请，由人民法院撤销对他的失踪宣告。人民法院做出撤销失踪宣告后，财产代管人的资格消灭，财产代管人应交还代管财产并汇报管理情况，提交收支账目。

2. 宣告死亡

（1）宣告死亡的概念。宣告死亡，是指自然人下落不明达到法定期间，经利害关系人申请，由法院推定其死亡，宣告结束失踪人以生前住所地为中心的民事法律关系的制度。宣告死亡是生理死亡的对称，与生理死亡不同的是，宣告死亡是一种法律推定。

（2）宣告死亡构成要件。

① 事实要件：自然人下落不明。即自然人离开住所或者居所没有任何音讯，处于生死不明状态。

② 时间要件：失踪达到法定期间。即失踪人下落不明状态持续存在，而达到了法律规定的期间。普通期间的时间为4年，从自然人音讯消失之日起计算；特殊期间的时间为2年，该期间仅适用于因意外事件造成的自然人下落不明的情况，如飞机失事等，期间的开始为意外事故发生之日。但是因意外事件下落不明，经有关机关证明该自然人不可能生存的，申请宣告死亡不受2年时间的限制。

③ 程序要件：经利害关系人申请。宣告死亡的申请人范围与宣告失踪的申请人范围完全相同。法院受理宣告死亡申请后，要发出寻找失踪人的公告，公告期为1年，因意外事故失踪人的寻找公告，公告期为3个月。公告期间届满，生死不明的事实得到确认后，由法院以判决方式宣告失踪人死亡。判决宣告之日视为被宣告人死亡的日期。

（3）宣告死亡的效力。宣告死亡与自然死亡有同等的法律效果，但我国法律也规定被宣告死亡人在自然死亡前实施的民事法律行为与被宣告死亡引起的法律后果相抵触的，则以其实施的民事法律行为为准。

（4）死亡宣告的撤销。死亡宣告的撤销是被宣告死亡人重新出现或者被确知没有死亡时，经本人或者利害关系人的申请，由法院撤销对他的死亡宣告。

二、法人

法人是与自然人相对应的民事主体。法人，是指具有民事权利能力和民事行为能力，依法独立享有民事权利和承担民事义务的社会组织。

（一）法人的成立条件

法人是组织，像学校、医院、国家机关、股份有限公司、有限责任公司都是法人。但并非任何组织都是法人，因为要取得法人资格，必须要具备法律所规定的条件，否则就不成为法人。根据我国《民法典》第57条、第58条、第60条的规定，法人的成立应当具备下列条件：

1. 依法成立

首先，法人的设立合法，其设立的目的、宗旨要符合国家和社会公共利益的要求，其组织机构、设立方式、经营范围、经营方式等要符合国家法律和政策的要求；其次，法人的成立程序符合法律、行政法规的规定。

2. 有必要的财产或者经费

法人作为独立的民事主体，要独立进行各种民事活动，独立承担民事活动的后果，因此，法人应有必要的财产或者经费。必要，是指法人的财产或者经费应与法人的性质、规模等相适应。

3. 有自己的名称、组织机构和住所

法人应该有自己的名称，通过名称的确定使自己与其他法人相区别。法人是社会组织，法人的意思表示必须依靠法人组织机构来完成，每一个法人都应该有自己的组织机构。法人应该有自己的住所。作为法人的住所，可以是自己所有的，也可以是租赁他人的。

> **法律提示**
>
> 法人承担民事责任的条件是：
> （1）必须是法人的法定代表人或者其他工作人员所实施的行为，具体包括：法定代表人的行为、法人组织机构的行为、法定代表人和其他工作人员的行为。
> （2）必须是法定代表人或者其他工作人员执行职务的行为。标准有：以法人的名义进行，从外观上看足以被认为是执行职务，行为与行为人的职务或者职权有关。

4. 设立法人，法律、行政法规规定须经有关机关批准的，依照其规定

这里的批准是指行政许可。有些特定行业、职业的法人设立必须经过批准，取得行政许可资质后方能依法设立。

5. 能独立承担民事责任

法人依法以其经营管理或者所有的财产对法人的债务承担民事责任，而不是由其他组织、个人代替或者连带承担民事责任。一旦企业法人的财产不能偿清其债务，只能通过破产程序免除其债务。

（二）法人的种类

《民法典》第1编第3章中以法人的活动性质为标准，将法人分为营利法人、非营利法人和特别法人三类。

营利法人，是指以取得利润并分配给股东等出资人为目的成立的法人。如有限责任公司、股份有限公司和其他企业法人等。

非营利法人，是指为公益目的或者其他非营利目的成立，不向出资人、设立人或者会员分配所取得利润的法人。非营利法人包括事业单位、社会团体、基金会、社会服务机构等。

特别法人在《民法典》第96条是这样规定的：本节规定的机关法人、农村集体经济组织法人、城镇农村的合作经济组织法人、基层群众性自治组织法人，为特别法人。

（三）法人的民事能力

1. 法人的民事权利能力

法人的民事权利能力，是指法人依法享有民事权利和承担民事义务的资格。法人的民事权利能力从法人成立时产生，到法人终止时消灭。法人民事权利能力的内容是与法律、

议一议

在社会生活中，有哪些社会组织属于法人？属于哪一类法人？

法规和章程规定的该组织的宗旨和业务范围相一致的。法人进行民事活动不得违反其宗旨和超越其业务范围。在需要超出其业务范围时，应通过法定程序变更。

2．法人的民事行为能力

法人的民事行为能力，是指法人能以自己的行为取得民事权利和承担民事义务的资格。法人的民事行为能力的范围、成立、终止时间和民事权利能力是一致的。法人是一种社会组织，其民事行为能力不可能受年龄、精神健康状况的限制，但应受其经营范围的限制。

（四）法人的变更和终止

1．法人的变更

法人的变更，是指在法人的存续期间内，法人在组织机构、性质、活动范围、财产或者名称、住所、隶属关系等重要事项上发生的变动。

法人的变更应向登记机关履行变更登记，并以一定的方式公告。

2．法人的终止

法人的终止，是指从法律上消灭法人作为民事主体的资格。

法人终止的主要原因包括：依法被撤销，法人被解散，法人目的实现，企业法人破产，其他原因。

3．法人的清算

法人的清算，是指法人消灭时，由依法成立的清算组织依据其职权清理并消灭法人的全部财产关系。就企业法人而言，清算分为破产清算和非破产清算。破产清算的清算组织，其成员由人民法院从企业上级主管部门、政府财政部门等有关部门和专业人员中指定。

清算组织的主要任务是了结业务、收取债权、清偿债务、移交剩余财产等。清算终结，应由清算人向登记机关办理注销登记并公告。完成注销登记和公告，法人即归于终止。

三、其他民事主体

（一）个体工商户

自然人在法律允许的范围内，依法经核准登记，从事工商业经营的，为个体工商户。个体工商户享有合法财产权，即包括对自己所有的合法财产享有占有、使用、收益和处分的权利，以及依据法律和合同享有各种债权。个体工商户依法享有工商经营权，在法律规定和核准登记的经营范围内，充分享有自主经营权利，并经批准可以起字号、刻图章、在银行开立账户，以便开展正常的经营活动。个体工商户的合法权益受到法律保护，当其合法权益受到非法侵犯时，他们有权请求人民法院予以保护。

个人经营的个体工商户，以全部个人财产承担无限清偿责任，而不是以全部家庭财产对其债务承担责任。个体工商户的债权人只能就经营者的个人财产提出债权请求。家庭经营的个体工商户，应以家庭共有财产来承担清偿责任。

（二）农村承包经营户

农村集体经济组织的成员，在法律允许的范围内，按照承包合同规定从事生产经营，为农村承包经营户。农村承包经营户是农村集体经济组织的成员，他们依据法律和承包合同，享有集体所有的或者国家所有由集体使用的土地、森林、草原、荒地、滩涂、水面等的经营权，以家庭或者个人为基本单位从事生产经营。在承包合同中，发包方总是集体经济组织，承包方是承包经营户，实践中，他们既可以是本组织内部成员，也可以是本组织以外的其他人员。承包经营户必须在法律允许的范围内从事商品生产经营。

以个人名义承包经营的，应以个人财产承担无限责任；以家庭名义承包经营的，应以家庭财产承担无限责任。虽然以个人名义承包经营，却由其他家庭成员从事生产，或者其经营收益为家庭成员分享，这种情况应视为家庭承包经营，对其债务应以家庭财产承担无限责任。

（三）合伙企业

合伙企业，是指自然人、法人和其他组织依照《中华人民共和国合伙企业法》（以下简称《合伙企业法》）在中国境内设立的普通合伙企业和有限合伙企业。

1. 合伙人出资和合伙财产

合伙人出资是合伙进行业务活动的物质基础。合伙人可以以资金和实物出资，也可以提供技术和劳务等。合伙人出资的义务，应在合伙协议中明确规定。

合伙财产，是指合伙人为经营共同事业所构成的一切财产、权利和利益，它既包括合伙人的最初出资，以及用出资资金购买和以其他方式取得的财产，也包括在合伙的经营期间所取得的经营收益。

一般来说，合伙财产为合伙人共有财产，应由合伙人统一管理和使用。

2. 合伙的债务承担

合伙债务，是指在合伙关系存续期间，合伙以其字号或者全体合伙人的名义，在与第三人发生的民事法律关系中所承担的债务。

承担合伙债务的主体是合伙企业，履行债务的担保或者承担债务的财产应以合伙企业的共有财产和各合伙人的个人财产为限。合伙人都应以自己的全部财产承担债务的清偿责任，即合伙人对合伙债务承担无限责任。《民法典》第104条规定：非法人组织的财产不足以清偿债务的，其出资人或者设立人承担无限责任。法律另有规定的，依照其规定。可见，合伙人对合伙企业债务承担的是无限连带责任。合伙人的无限连带责任，是指每一个合伙人均负有清偿全部合伙债务的义务，合伙的债权人有权向任何一个、几个或者全体合伙人提出履行债务的请求；当某个合伙人履行了此项义务后，该合伙人有权要求其他负有连带责任的合伙人偿付其应当承担的份额。

 案例讨论

张某、王某和赵某三人是好朋友，两年前3人各出资5万元合伙开了一家服装店，但因经营不善，一直处于亏损状态，欠债高达10万元。面对债权人的讨债，张某和王某纷纷到外地躲债。一天，债权人找到赵某让他承担全部债务，赵某认为，"他俩的债我管不着，我只还我应该还的部分"。请讨论：合伙人的债务该如何承担？你如何看待赵某的说法？

3. 合伙的终止

合伙的终止，是指由于法律规定的原因而使合伙事业终结，合伙关系归于消灭。

合伙终止必然导致业务终结、内外债权债务的清算。这主要包括：了结现存的合伙业务，收取债权，清偿债务，返还出资，以及分配剩余财产。在清算期间，为了便于清算，仍应视为合伙存续。只是合伙因终止即丧失了执行业务权，不能再进行积极的经营活动。

（四）其他非法人组织

其他非法人组织，是指不具有法人资格，但是能够以自己的名义从事民事活动的组织，除了上述讲到的合伙企业，非法人组织还包括个人独资企业、不具有法人资格的专业服务机构等。这些组织在法律、法规规定的范围内从事民事活动的，也构成民事主体。

第三节　民事法律行为和代理

一、民事法律行为

（一）民事法律行为的概念及特征

1. 民事法律行为的概念

民事法律行为，是指民事主体通过意思表示设立、变更、终止民事法律关系的行为。

2. 民事法律行为的特征

（1）民事法律行为是民事主体实施的以发生民事法律后果为目的的行为。

（2）民事法律行为是以意思表示为构成要素的行为，这是民事法律行为和事实行为的根本区别，也是民事法律行为的重要特征。

（二）民事法律行为的形式

民事法律行为是以意思表示为基础的，而民事主体的意思表示都要通过一定的方式表示于外部。因此，民事法律行为必须借助于一定的形式。我国《民法典》第135条规定：民事法律行为可以采用书面形式、口头形式或者其他形式；法律、行政法规规定或者当事人约定采用特定形式的，应当采用特定形式。

1. 书面形式

以文字方式进行意思表示的为书面形式。书面形式证据清楚，权利和义务明确，可以预防或者减少争执。

> **法律提示**
>
> 推定形式和沉默形式的最大区别在于，前者是有行为的；后者是默示的，没有相应行为的。例如，《民法典》第1124条规定：继承开始后，继承人放弃继承的，应当在遗产处理前，以书面方式做出放弃继承的表示。没有表示的，视为接受继承。受遗赠人应当在知道受遗赠后60日内，做出接受或者放弃受遗赠的表示，到期没有表示的，视为放弃受遗赠。

书面形式又可分为一般书面形式和特殊书面形式两种。一般书面形式，是指用文字进行意思表示，包括任何记载于书面的文件，如书信、电报、电传、书面合同、委托书等。特殊书面形式，是指除用文字进行意思表示以外还必须履行某种特定的程序，如公证、见证和核准登记等形式。

2. 口头形式

凡是以语言方式进行意思表示的，即为口头形式，包括当面协商或电话联系等。口头形式的优点是简便易行，直接迅速；缺点是没有书面依据，如果发生争执，不易确定民事主体双方的权利和义务。

3. 推定形式

推定形式，是指民事主体用口头形式和书面形式以外的某种积极行为进行意思表示的形式。行为人以其行为进行意思表示，或者说他人可以根据其行为推定其意思表示。

4. 默示形式

默示形式，是指行为人以沉默方式所做的意思表示，或者说他人可以依据其沉默推定其意思表示的形式。默示形式是只有在法律明确规定时才具有法律意义的意思表示行为，其适用范围受到更加严格的限制。

（三）民事法律行为的有效要件

民事法律行为的有效要件，是指已经成立的民事行为能够按照行为人意思表示的内容而发生法律效果所应当具备的法定条件，包括：

（1）行为人具有相应的民事行为能力。民事法律行为的行为人必须具有预见其行为性质和后果的民事行为能力。

（2）行为人的意思表示必须要真实。由于民事法律行为是以意思表示为构成要素的行为，因此它要求行为人的意思表示必须真实。意思表示必须真实，是指行为人在自觉、自愿的基础上做出符合其内在意志的表示行为。

（3）不违反法律、行政法规的强制性规定，不违背公序良俗。合法性是民事法律行为的本质属性。民事法律行为不得同国家的法律、法规的规定相冲突，也不得违反社会公共利益，包括社会公共秩序、社会善良风俗和习惯。

（四）无效的民事法律行为和可撤销的民事法律行为

民事法律行为是与法律规范的要求相一致的行为，如果与法律规范的要求不一致，就不能产生行为人所预期的法律后果，我国民法称此类行为为无效的民事法律行为或者可撤销的民事法律行为。

1. 无效的民事法律行为

无效民事法律行为，是指欠缺民事法律行为的有效要件，不发生行为人预期的法律后果的民事法律行为。

无效的民事法律行为的特点是：

（1）自始无效。无效的民事法律行为，从行为开始时起就没有法律约束力。

（2）当然无效。如果民事法律行为无效，不论行为人是否提出主张，是否知道无效的情况，也不论是否经过人民法院或者仲裁机构的确认，该民事法律行为都是无效的。

（3）确定无效。无效的民事法律行为，从开始时就没有效力，以后任何事情都不能使之有效。例如，私人之间买卖文物的行为，即使行为人之间加以确认，也不能使合同生效。

（4）绝对无效。无效的民事法律行为绝对不发生效力，即意思表示的内容绝对不被法律所承认。

我国《民法典》第1编第6章第3节规定，下列民事法律行为无效：无民事行为能力人实施的民事法律行为；行为人与相对人以虚假的意思表示实施的民事法律行为；违反法律、行政法规的强制性规定的民事法律行为无效，但是该强制性规定不导致该民事法律行为无效的除外；违背公序良俗的民事法律行为；行为人与相对人恶意串通，损害他人合法权益的民事法律行为。

 案例讨论

刘某从甲家具公司购买了一组沙发，发票上写明家具是橡木制作。半年后，经友人告知，该沙发为橡胶木制作。一字之差，价钱却相差甚远。经专业机构鉴定，沙发果然为橡胶木制作的，刘某要求甲家具公司退货赔款。请讨论：刘某与甲家具公司签订的家具买卖合同效力如何？为什么？

2. 可撤销的民事法律行为

可撤销的民事法律行为，是指行为人在意思表示有瑕疵的情况下实施的民事法律行为。行为人有权请求人民法院或者仲裁机构予以撤销。可撤销的民事法律行为主要有以下三种：

（1）因重大误解而为的民事法律行为。这是指行为人因自己的过错而对民事行为的内容发生重大误解所实施的民事行为。重大误解包括对行为的性质，标的价格、数量，履行期和履行地等发生误解。这种重大误解极大地影响了行为人所应享受的民事权利和所承担的民事义务。

（2）以欺诈、胁迫手段，使对方在违背真实意思的情况下所实施的民事法律行为。欺诈、胁迫应理解为：首先，有欺诈、胁迫的故意；其次，要有欺诈、胁迫的行为；再次，受欺诈人因欺诈、胁迫做出错误的意思表示；最后，欺诈、胁迫行为与错误意思表示之间存在因果关系。此种情况下，受欺诈方有权请求人民法院或仲裁机构予以撤销。

（3）显失公平的民事法律行为。这是指一方在紧迫或者缺乏经验的情况下，实施了明显对自己有重大不利的民事行为，导致当事人权利和义务不相等，经济利益严重失衡，因而违反了公平合理原则。乘人之危和显失公平的区别在于：在乘人之危的情况下，对方无选择余地；而在显失公平的情况下，受害人仍可以就对方所提出的条件做出选择。

3. 效力待定的民事法律行为

效力待定的民事法律行为，是指效力处于不确定状态，尚待享有追认权的第三人同意或者拒绝的意思表示来确定其效力的民事法律行为。

效力待定的民事法律行为的特征：

（1）效力待定的民事法律行为的效力是不确定的。

（2）效力待定的民事法律行为的效力是否能确定，取决于享有追认权的第三人的行为。

（3）效力待定的民事法律行为的效力确定后，效力确定地溯及于行为成立时。

4. 无效民事法律行为和可撤销民事法律行为的后果

民事法律行为因具备无效原因而被确认无效，或者因当事人的请求被依法撤销而无效。这两种无效民事法律行为从一开始就无效，不能发生当事人预期的法律后果，但会产生以下法律后果：

（1）返还财产。民事法律行为被确认无效或者被撤销后，未履行的部分，当事人不再履行；部分履行或者全部履行的，当事人应当返还财产或者恢复原来财产的状态。

（2）赔偿损失。民事法律行为被确认无效或者被撤销后，有过错的一方应当赔偿对方因此所受的损失；双方都有过错的，应当各自承担相应的责任。

> **举例说法**
>
> 　　甲、乙大学毕业后在同一单位工作，且同住一家，乙曾购买一台海尔冰箱，价格为4100元。因乙被派往外市工作，乙将该冰箱委托甲保管。甲与丙是好友，丙知甲曾在推销中拿过一笔不小的回扣未上缴。丙想低价购买该冰箱，并指使甲给乙写信说，该冰箱已坏，可否低价处理。乙回信说，如情况属实，可处理。甲便作价100元卖给丙，并通知乙。后乙知情，引起纠纷。本案中甲、丙之间的行为在法律上应如何定性？为什么？本案应如何处理？
>
> 　　评析：甲、丙的行为是无效民事法律行为。理由是他们恶意串通，损害了乙的利益。乙可要求丙返还冰箱，乙退还丙的100元货款。如果丙已造成冰箱损失，则乙可向人民法院请求赔偿损失，对此损失由甲、丙负连带责任。

二、代理

（一）代理的概念和特征

1. 代理的概念

代理，是指代理人在代理权限内以被代理人的名义与第三人进行民事法律行为，而这种行为产生的法律后果直接由被代理人承担的一种法律制度。代理制度是现代社会生活中不可缺少的法律制度。

代理关系由三方关系构成：代理人与被代理人之间的委托关系，代理人与第三人之间的交易关系，代理人与被代理人之间的代理结果归属关系。

2. 代理的特征

（1）代理必须是代理人以被代理人的名义进行的法律行为。代理人与第三人从事民事法律行为，其目的是代替被代理人参加民事法律活动，而不是自己设立民事权利和民事义务，不应存在自己独立的利益。因此，代理人只能以被代理人的名义进行活动。

（2）代理活动须在代理权限内进行。由于代理的实质是由代理人代替被代理人参加法律活动，特别是在委托代理中，被代理人规定的代理事项和代理期限就构成了代理人的活动范围，代理人在此范围内的活动效果视同被代理人本人的行为。因此，代理人超越代理权限的行为，不属于代理行为。

（3）代理后果直接由被代理人承担。代理实际是代理人以被代理人的名义所从事的旨在谋求被代理人的利益和满足被代理人的需要的活动，其法律后果直接由被代理人承担。值得注意的是，并非一切民事活动都适用代理，具有人身性质的民事法律行为，如订立遗嘱、婚姻登记、收养子女等行为就不能代理。此外，凡履行与特定人的身份相联系的债务，如演出、绘画、写作等依法也不能代理。

（二）代理的种类

按照代理权产生的根据不同，代理可以分为法定代理和委托代理两种。

法定代理，是指代理人的代理权直接根据法律规定产生，它是为无行为能力人和限制行为能力人设立的。例如，父母是未成年子女的法定代理人。

议一议

公民聘请律师代自己进行民事诉讼，这是代理吗？如果是代理，是哪种代理？

委托代理，是指代理人的代理权是基于被代理人的授权而产生的代理。例如，中介服务机构的代理授权行为。代理可以用书面形式，也可以用口头形式。

（三）无权代理

代理人没有代理权、越权代理或者代理权终止后的代理，就其本质而言，都属于无权代理，其法律效力并非一律无效，而取决于被代理人的追认。因此，此类行为是效力待定的行为。

代理人没有代理权发生的原因主要有：

（1）代理人未经授权而擅自以被代理人的名义从事代理行为。

（2）非法定代理人却以法定代理人的资格从事代理活动。

（3）附延缓条件或者附期限的代理权，其条件尚未成就，或者期限未至。

越权代理，是指代理人擅自超越代理权范围所进行的代理。在这种情况下，如果代理人本来是有代理权的，但其活动超出了授权范围，那么其超出授权范围的部分代理活动，即为无权代理。

代理权终止后又进行的代理，是指代理人已完成代理事务或者其他原因终止代理事务，代理权已告终止，但代理人仍继续以被代理人的名义进行代理活动，就构成无权代理。

如果无权代理人以被代理人的名义所为的民事行为得不到被代理人的追认，则不发生法律效力，由此产生的后果由无权代理人承担，如果给第三人造成损失，由无权代理人承担赔偿责任。如果无权代理人实施的代理行为并未违背被代理人的意思，事后得到了被代理人的追认，则无权代理变为有权代理，其后果由被代理人承担。

（四）代理关系中的连带责任

委托代理授权内容不明确的，由被代理人向第三人承担民事责任，代理人负连带责任。因代理行为违法所产生的由代理人和被代理人承担连带责任的情况有：

（1）代理行为违法并因此损害国家、集体，或者其他公民的合法权益，或者造成第三人经济损失的。

（2）被委托代理事项违法，代理人明知或者被代理人明知代理人的行为违法而不反对的。

（3）因代理人和第三人恶意串通所产生的连带责任应由代理人和第三人承担。

第四节　民事权利

民事权利是法律赋予民事主体可以进行某种行为，或者要求他方进行某种行为、不进行某种行为的资格。民事权利受国家法律保护。享有权利的人当自己的权利不能实现的时候，有权要求国家加以保护。民事权利和民事义务是相互依存、相互联系的，它们是民事法律关系的核心。本节内容将围绕民法中的物权、债权、人身权、知识产权展开。

一、物权

物权，顾名思义，是对物的权利。它与债权共同组成民法所调整的平等主体之间的财产关系。《民法典》第114条规定：物权是权利人依法对特定的物享有直接支配和排他的权利，包括所有权、用益物权和担保物权。

（一）物权的特征

1. 在主体方面，物权的权利主体特定，义务主体不特定

物权，属于绝对权，即无须义务人为积极行为进行协助，仅由权利人自身合法支配行为即能实现的权利。权利主体即为特定的物权人。其义务主体的范围是不特定的，即除物权主体以外的其他任何人都负有不得侵害该物权的义务。

2. 在内容方面，物权表现为权利主体直接支配一定的物，并排斥他人干涉

权利主体行使自己的权利，无须他人的帮助，只要别人不横加干涉，权利人就能享有其物权的利益。另外，物权的排他性还体现在同一个物上不能存在内容不相容的两个以上的物权。

3. 在客体方面，物权的客体是物

民法上的物，是指人身以外的，能为人类支配的，并有一定使用价值的物质资料。这些物质资料在法律上主要有如下的分类：

（1）动产和不动产。不动产，是指不能移动或者经移动即会降低和损害其经济价值的物。例如，土地及土地上的定着物（如建筑物、桥梁等）。动产，是指除不动产之外的物。大多数的物都是动产。

划分动产和不动产的意义在于：关于不动产的转让，法律有较多的规定和限制，例如，我国的土地不得买卖、房屋转让必须过户登记等；另外，不动产的所在地与诉讼管辖、适用何地的法律直接相关。

（2）流通物和限制流通物。流通物，是指法律允许在民事主体之间依照交易规则可以自由流转的物。大多数的物都是流通物。限制流通物，是指依据法律规定在民事流转中受到一定限制或者被禁止自由流转的物。例如，矿藏、森林、土地、金银、武器、毒品、麻醉品、历史文物、淫秽物品、迷信物品、计划收购和供应的物资等。

划分流通物和限制流通物的意义在于：为维护国家和社会的公共利益，民间只能就流通物进行自由交易。

（3）特定物和种类物。特定物，是指具有独有的特性、不能替代的物。例如，达·芬奇的画、已牺牲的战友生前送的一支普通钢笔等。种类物，是指具有共同的属性、可以互相替代的物。例如，同一品牌的某型号轿车、同一产地和品质的大米等。

划分特定物和种类物的意义在于：由于特定物无法替代，一旦发生毁损或者灭失，只能引起损害赔偿的后果，而不能要求继续履行或者返还；另外，它们还能引起不同的法律关系，如租赁关系的标的物必须是特定物，这意味着返还的租赁物必须是原租赁物，而不能是替代品。

（4）原物和孳息。作为本体的、能产生出收益的物，就是原物；由原物所产生的收益，即是孳息。例如，母鸡和鸡蛋，母鸡是原物，鸡蛋是孳息。此外，诸如果树和果实、本金和利息、房屋和租金等，都是原物和孳息的关系。

划分原物和孳息的意义在于：除法律另有规定或者当事人另有约定外，孳息归属于原物的所有人，即原物是谁的，孳息也同样属于谁。

4. 物权具有追及效力和优先效力

物权的追及效力，是指物权的标的物不管辗转流入什么人的手中，物权人都可以依法向物的不法占有人索取，请求其返还原物。

物权的优先效力，包括两个方面：

（1）当物权与债权并存时，物权优先于债权。

（2）在某些情况下，当事人可以在同一物之上设立多个物权，当数个物权并存时，先设立的物权优先于后设立的物权。

（二）物权的分类

根据我国《民法典》的规定，物权可以分为自物权和他物权。

（1）自物权。自物权，是指权利人对自己的财产所享有的权利。自物权也就是所有权。

（2）他物权。他物权，是指在他人所有的物上设定的权利。自物权以外的物权都是他物权，他物权包括用益物权和担保物权。

① 用益物权。用益物权，是指用益物权人对他人所有的物在一定范围内使用、收益的权利，如承包经营权、土地使用权。

② 担保物权。担保物权，是指担保物权人为了担保债的履行，在债务人或者第三人的特定财产上设定的物权，包括抵押权、质权和留置权。

举案说法

麦当劳公司租用他人的房屋进行经营，它依法享有对租用房屋的占有、使用、收益的权利，但是它没有处分房屋的权利。也就是说，麦当劳公司拥有的是房屋的用益物权。

（三）所有权

1. 所有权的概念

所有权，是指财产所有人依法对自己的财产享有占有、使用、收益和处分的权利。

所有权是物权中的一种，是与他物权相对而言的自物权，即财产所有人对自己财产所享有的权利。它是物权中最为完整的权利形态，因此所有权又被称为完整物权，它囊括了物权中的所有权能。

议一议

请举出生活中有哪些行为是善意占有，哪些行为是恶意占有？

所有权作为一种法律形式，其本质不仅反映了在一个社会中，个人和集团对生产资料和劳动产品的占有关系和商品经济关系，而且反映了国家强制力来保护的特定历史时期的所有制关系。从微观角度而言，所有权确认和稳定了财产在动态中的交换关系，主体能够自由、平等地使用和支配自己的财产，让渡自己财产的权利，从而取得对他人财产的权利。因此，所有权的存在，是真正的商品生产和交换的基础和可靠保证。

2. 所有权的内容

所有权包括占有权、使用权、收益权和处分权。

占有权，是指对财产实际控制的权利，包括所有人占有和非所有人占有。非所有人占有根据占有行为是否具有法律依据，可分为合法占有和非法占有。非法占有又可以根据占有人主观上是否有过错，可分为善意占有和恶意占有。区别善恶，对确定非法占有财产的处理和归属至关重要。

使用权，是指为满足生产和生活的需要，按财产的性能和用途对财产进行有价值的利用的权利。使用权除所有人可享有外，非所有人在依法或者所有人授权的范围内也可以享有。

收益权，是指权利主体通过对财产的占有、使用而取得某种经济利益的权利。收益在法律上也称为孳息，包括天然孳息（如树木果实）和法定孳息（如存款利息、财产租金、股票红利等）。通常收益权是与使用权相联系的，所有人和非所有人均可享有。

处分权，是指对财产进行处置，决定财产在事实上和法律上的命运的权利。处分将导致所有权的消灭，因此处分权是所有权中最核心、最基本的权能。在一般情况下，由所有人直接行使，但也可以根据法律规定和所有人的意志由非所有人行使，如委托销售等。

3. 所有权的取得、消灭和法律保护

所有权的取得有两种：原始取得和继受取得。原始取得，是指直接按照法律规定的某

种方式或者行为取得的所有权，如生产、没收等；继受取得，是指所有人通过某种法律行为从原所有人处取得财产的所有权，如买卖、继承、受赠等。

所有权的消灭，是指因为某种法律事实的出现而引起所有权的丧失，如所有物本身消灭的事实、转让和抛弃物权的事实等。

所有权的法律保护，是指国家通过司法和行政的程序保障所有人依法对其财产行使占有、使用、收益和处分权利的制度。对所有权的保护不是某一个法律部门的事情，它需要运用刑法、行政法、民法等不同法律部门的不同法律手段进行保护。

民法对所有权的保护的方法，主要有以下几种：

（1）确认所有权。当财产归属发生争议时，财产所有人有权请求人民法院解决争议财产的归属问题。确认所有权是民法保护所有权的一种独立的方法，是对所有权保护的前提。

（2）恢复原状。所有人的财产被非法破坏，如果有恢复的可能，则所有人有权请求人民法院责令侵害人进行恢复，恢复财产本来面目。

（3）返还原物。所有人的财产被他人非法占有时，所有人有权请求人民法院责令非法占有人返还被占有的原物。

（4）排除妨碍。当他人的不法行为妨碍了所有人依法行使其所有权时，所有人可以请求人民法院责令侵权人清除其妨碍。

（5）赔偿损失。当所有人的财产因他人的过错造成灭失或者毁损时，所有人有权请求人民法院责令侵害人进行经济赔偿。对于所有权的侵犯无论是否进行刑事制裁或者行政制裁，都必须进行民事制裁。

4. 所有权的共有

在所有权关系中，权利主体可以是单一的，也可以是多数的。两个或者两个以上的自然人或者法人对同一财产享有所有权，叫作共有。共有可分为按份共有和共同共有。

知识链接

按份共有人有权处分其份额。这种处分限于法律上的处分。按份共有财产的每个共有人有权要求将自己的份额分出或者转让。但在出售时，其他共有人在同等条件下，有优先购买的权利。

（1）按份共有。按份共有，是指两个或者两个以上的所有人，分别按照预先确定的财产份额对共有财产享有权利和承担义务的一种共有关系。

（2）共同共有。共同共有，是指共有人对全部财产都享有同等的权利，承担同等义务的一种共有形式。只要共同共有关系存在，共有人就不能划分出共有财产中哪些财产是属于自己的。只有共有关系终止时，共有人才能通过协商或者人民法院判决，确定每一个共有人所得的份额。

共同共有的形式，我国学界普遍认为包括以下类型：夫妻共有、家庭共有、遗产分割前的共有等。

二、债权

（一）债的概念和构成

民法中所规定的债，并不是常人观念中的欠钱还债的债，而是指按照合同约定或者依法律规定，在当事人之间产生的特定的民事权利与民事义务关系。享受权利的一方为债权人，承担义务的一方是债务人。因此，凡是当事人之间产生的特定民事权利与民事义务关系，就是债权关系。

债作为一种法律关系，应包括主体、内容和客体三要素。

债的主体即债的当事人，包括债权人与债务人。债权人，是指在债的关系中享有权利的一方当事人；债务人是指在债的关系中负有义务的一方当事人。

债的内容是债权和债务。债权是债权人享有的请求债务人为特定行为的权利。债权是请求权而不属于支配权。债务是债务人满足债权人请求的义务。

债的客体是债权和债务共同指向的对象，即债务人应为的特定行为，如交付货物、提供劳务等。

（二）债发生的根据

凡能引起债发生的法律事实，就是债发生的根据。能引起债发生的法律事实主要有以下几种：

1. 合同

合同，是指平等主体的自然人、法人、其他组织之间设立、变更、终止民事权利和民事义务关系的协议。合同依法成立后，即在当事人之间产生债权、债务关系，因此合同是债发生的根据。

2. 不当得利

不当得利，是指没有合法根据而获利，从而使他人利益受到损失的事实。依法律规定，取得不当利益的一方当事人应将其所取得的利益返还给受损失的一方，受损失的一方当事人有权请求取得利益的一方返还其不当得利。因此，不当得利为债的发生原因，基于不当得利而产生的债称为不当得利之债。

> **法律提示**
>
> 生活中常见这样的事情：商店收款员由于疏忽多找你钱或者少收你钱，有人误将他人的物品错交给了你。这些都是你不当得利的情形，从而引起债的发生，作为债务人，你负有返还不当得利的义务。

3. 无因管理

无因管理，是指没有法定的或者约定的义务，为避免他人利益受损失而对他人的事务进行管理或者服务的行为。无因管理一经成立，管理人与本人之间就会发生债权债务关系，管理人有权请求本人偿还管理所支出的必要费用，本人有义务偿还。无因管理为法律规定的债的发生原因。因无因管理所产生的债称为无因管理之债。

> **案例讨论**
>
> 公民王某承包村里的鱼塘。就在鱼要大量出塘上市之际，王某不幸溺水而死，而其两个儿子都在外地工作，无力照管鱼塘。王某的同村好友李某便主动担负起照管鱼塘的任务，并组织人员将鱼打捞上市出卖，获得收益4万元。按照承包协议，应向村里上缴1万元的承包费用，李某组织人员打捞、卖鱼所花费的劳务费及其他必要费用共计2000元。现李某要求王某的继承人支付2000元费用，并要求平分所剩的2.8万元收益。请讨论：李某的行为属于什么性质？他的要求是否合法？

4. 侵权行为

侵权行为，是指不法地侵害他人的合法权益应负民事责任的行为。在民事活动中民事主体的合法权益受法律的保护，任何人都负有不得非法侵害的义务。行为人不法侵害他人的财产权利或者人身权利的，应依法承担民事责任。受侵害的当事人一方有权请求侵害人赔偿损失，侵害人负有赔偿损失的义务。因此，因侵权行为的实施在受害人与侵害人之间形成债权和债务关系，侵权行为也是债的发生原因。

（三）债的分类

债可以从不同的角度划分成不同的种类：根据债的标的不同，可以分为特定之债和种类之债；根据主体享有的权利和义务的不同，可以分为按份之债和连带之债；根据当事人有无选择权，可以分为简单之债和选择之债；根据债的主体双方人数是单一的还是多数的，可以分为单一之债和多数人之债。

（四）债的消灭

债的消灭又称债的终止，是指债的关系因一定法律事实的出现而归于消灭。债的消灭的根据主要有如下几种：

1. 债的履行

债务人按照法律规定或者合同约定的要求，实际正确地履行了自己的义务，债权已经实现，债的目的已经达到。在债的履行过程中，双方当事人应当相互协作、讲求诚信，严格按照债中所规定的标的履行，而不得擅自以其他标的来代替。为了保证债的履行，法律规定了担保制度。担保是督促债务人履行债务、保证债权实现的一种法律制度。债的担保形式主要有保证、定金、抵押、质押和留置五种。

2. 抵销

抵销，是指双方当事人相互负有同种类的给付义务，将两项债务相互充抵，但法律规定不能抵销的义务除外。

3. 提存

提存，是指债务人在债务到了履行期限时，通过法定程序，将无法履行的给付交给有关单位，以消灭债务的一种方式。

4. 债权债务双方当事人的协议

债权债务双方当事人的协议，是指债的双方当事人可以通过协议来终止债的关系。

此外，还有混同、法律规定或者其他原因导致债的消灭。

三、人身权

（一）人身权的概述

人身权，是指法律赋予民事主体所享有的、具有人身属性而又没有直接财产内容的民事权利。人身权与民事主体的人身密不可分，是民事主体享有的最基本的民事权利。人身权是非财产性权利。人身权都没有直接的财产价值，不直接体现民事权利主体的财产利益，不能用金钱进行衡量。但人身权又与财产权紧密相关，它往往是发生财产关系的基础，是取得财产权利的前提。同时，对人身权的侵害往往也会影响权利人的经济利益，导致损害赔偿，引起财产关系的变化。

（二）人身权的内容

人身权可以分为人格权和身份权两种。

人格权是民事主体固有的，为了维护民事主体的基本地位而必需的一种人身权，包括生命权、健康权、名誉权、肖像权、姓名权、名称权、隐私权等。身份权不是每个民事主体所固有的，而是民事主体在政治上、法律上取得某种身份后所享有的一种权利，包括荣誉权、监护权、亲属权、继承权等。下面介绍几种主要的人身权。

1. 生命权

生命权，是指以自然人的生命安全的利益为内容的权利。世界上大多数国家的立法都将生命权作为一种独立的权利。生命的存在和生命权的享有，是每个人的最高人身利益，生命安全是自然人从事民事活动和其他一切活动的前提和基本要求。因此，法律赋予每个自然人以生命权，禁止任何机关、单位和个人非法剥夺他人的生命。

2. 健康权

健康权，是指自然人依法享有的以保持其身体机能安全为内容的权利。健康包括肉体组织和生理及心理机能三个方面，无论对哪一方面的侵害，都构成对自然人健康权的侵害。

3. 名誉权

名誉权，是指自然人或者法人就其自身特性所表现出来的社会价值而获得社会公正评价的权利。在法律上，名誉就是社会公众对某一民事主体的道德品质、才干、声望、信誉和形象等各方面的综合评价。如果由于行为人的过错影响了人们对某一民事主体的正确评价，并使该民事主体遭受了精神上的痛苦或者物质上的损失，该行为就构成了侵害名誉权的行为。

目前，常见的侵害名誉权的行为主要有：以语言、行为等方式对他人进行侮辱，贬低他人的人格，破坏他人的名誉；捏造和散布虚假事实，对他人进行诽谤，毁坏他人名誉；诬告、捏造虚假事实并向有关国家机关告发、检举，以损坏他人名誉；失实报道、贬损他人名誉等。

> **举案说法**
>
> 孙某与张某因工作纠纷产生矛盾，张某就在自己的微信朋友圈用一些粗俗的语言辱骂孙某，并附上了孙某的个体登记信息等。因为孙某从事的是中介服务行业，张某的不当言论在中介服务行业内小范围流传开来，给孙某造成了很大的困扰，在一定程度上影响了他的经营。为此，孙某诉至人民法院，要求张某停止侵权行为并赔礼道歉，为自己消除影响，恢复名誉；同时孙某向张某索赔1万元精神抚慰金。
>
> 评析：按照《民法典》的规定，公民的名誉权受到侵害的，有权要求停止侵害，恢复名誉，消除影响，赔礼道歉，并可以要求赔偿损失。张某在个人微信朋友圈上通过发布辱骂和侮辱性言论，在朋友圈内引起其他人的关注，严重影响了孙某的正常生活和工作。而且在客观上影响了孙某的社会评价，侵犯了他的名誉权，给孙某造成了一定的精神损害。
>
> 网络空间不是法外之地，每个人都要自觉守法，明确各自的权利义务，使社会在法治轨道有序运行。

4. 肖像权

肖像权，是指自然人对自己的肖像享有利益并排斥他人侵害的权利。肖像权所保护的客体是肖像上所体现的人格利益，它直接关系到自然人的人格尊严及其形象的社会评价，是自然人所享有的一项重要人格权。肖像权的基本内容包括：制作专有权、使用专有权和利益维护权。构成侵害肖像权的民事责任，必须具备两个要件：第一，未经许可而制作或者使用他人肖像；第二，无正当理由。

5. 姓名权

姓名权，是指自然人依法享有的决定、使用和依照《宪法》的规定改变自己的姓名并排除他人干涉或者非法使用的权利。在法律上姓名的意义主要表现在两个方面：一是姓名是使自然人特定化的社会标志；二是姓名是自然人维持其个性所必不可少的要素，其性质与生命、名誉、肖像、隐私等一样，是自然人作为人所必须具有的人格利益。

6. 名称权

名称是特定团体区别于其他团体的文字符号。名称权，是指特定团体依法享有的决定、使用、变更及依照法律规定转让自己的名称，并排除他人的非法干涉及不当使用的权利。名称权的内容具体包括名称设定权、名称使用权、名称变更权和名称转让权。侵害名称权的行为主要表现为以下几种：

（1）干涉名称权。

（2）非法使用他人名称。

（3）在转让名称后继续使用原名称。

（4）不使用他人名称的行为。

侵害名称权的行为，并不局限于以一种法律予以制裁，而是以民法、商事法、反不正当竞争法以及企业名称专项立法等从各个方面予以规范。

> **法律词典**
>
> 根据《民法典》第1033条的规定，下列行为属于侵犯隐私权：
> （1）以电话、短信、即时通讯工具、电子邮件、传单等方式侵扰他人的私人生活安宁。
> （2）进入、拍摄、窥视他人的住宅、宾馆房间等私密空间。
> （3）拍摄、窥视、窃听、公开他人的私密活动。
> （4）拍摄、窥视他人身体的私密部位。
> （5）处理他人的私密信息。
> （6）以其他方式侵害他人的隐私权。

7. 隐私权

隐私，是指自然人不愿意告诉他人或者不为人知的事情。隐私权，是指自然人享有的私人生活安宁与私人信息秘密依法受到保护，不被他人非法侵扰、知悉、收集、利用和公开的一种人格权。而且权利主体对他人在何种程度上可以介入自己的私生活，对自己是否向他人公开隐私以及公开的范围和程度等具有决定权。

8. 荣誉权

荣誉权，是指民事主体所享有的，因自己的突出贡献或者特殊劳动成果而获得的光荣称号或者其他荣誉的权利。

侵害荣誉权的主要方式是非法剥夺公民、法人的荣誉称号，以及严重诋毁他人所获得的荣誉。

四、知识产权

（一）知识产权的概念和特征

知识产权，是指人们对自己的创造性智力劳动成果所享有的专有权。

知识产权是民事权利中比较特殊的权利，与其他权利相比，它兼有财产权与人身权的双重性质。知识产权的主要特征有以下几种：

1. 知识产权的无形性

知识产权通常是以物质载体加以体现的，但它的价值不在于载体，而在于由载体体现的内容，如商标、专利等。由载体体现的内容本身不可触摸、无法感觉，而且不占空间，因此是无形的。知识产权的无形性使得它可以同时为公众占有和使用，此特征使得知识产权容易被侵权，难以得到保护。

2. 知识产权的专有性

法律赋予知识产权以专有或者独占的性质，表现在该类权利为权利人所独占、垄断并受到保护，而且不允许有两个同一属性的知识产权并存。

3. 知识产权的地域性

知识产权在空间上的效力受到地域的限制，只限于本国境内。如果要得到他国的法律保护，必须按照该国法律规定登记注册，或者依据国际知识产权保护制度，在缔约国发生域外效力。

4. 知识产权的时间性

知识产权在法律规定的期限内受到保护，不是没有时间限制的永恒权利，超过有效期限，权利自动消失，相关知识产品即成为整个社会的共同财富。

> **议一议**
>
> 小王从书店里买了一本书。请问，他买到的是书还是这一作品的著作权？还是两者皆而有之？

知识产权的上述特征是与其他民事权利相比较而言，并不意味着各类知识产权都具备以上全部特征。在本质上，只有客体的非物质属性才是知识产权的共同法律特征。

根据我国法律的规定，知识产权包括著作权、专利权、商标权等。传统意义上的知识产权分为两类：一类是文学产权，亦称著作权；另一类是工业产权，主要是专利权和商标权。

(二)著作权

著作权亦称版权,是指作者对其作品依法享有的专有权利。《著作权法》于1990年9月7日通过后施行,2001年10月27日进行第一次修正,2010年2月26日进行第二次修正。

1. 著作权的主体

著作权主体,是指依法对文学、艺术和科学作品享有权利的著作权人。著作权的主体包括自然人、法人和非法人单位。

著作权的主体是作者。作者是直接参与创作的人,作者对其创作的作品享有直接的著作权。

著作权的继受主体是除作者之外的其他著作权人。继受主体可因继承、遗赠、遗赠扶养协议或者因委托合同、转让而取得著作权。

特殊作品的著作权由特殊作品的相关完成人合法享有,包括以下方面:

(1)演绎作品的权利主体。演绎作品,是指改编、翻译、注释、整理已有作品而产生的作品。演绎作品只要不侵犯原作权利,可享有独立的著作权。

(2)合作作品的权利主体。合作作品,是指两人以上共同创作的作品。具有共同创作愿望、参加共同创作劳动的合作者,共同享有著作权。

(3)汇编作品的权利主体。汇编作品,是指对若干单独的作品或者材料进行选择和编辑而形成的作品。汇编作品由编辑人享有著作权,涉及著作权作品时,必须经原作者同意,并向其支付报酬。

(4)影视作品的权利主体。影视作品,是指摄制在一定载体上,由一系列伴音或者画面组成,借助装置播放的视听作品。影视作品的导演、编剧、摄影和词曲作者享有署名权,其他著作权利由作品的制作者享有。作品中可以单独使用的作品的作者,有权单独行使著作权。

(5)职务作品的权利主体。职务作品,是指公民完成单位工作任务所创作的作品。利用单位的物质技术条件创作的职务作品,作者享有署名权,著作权的其他权利归法人或者非法人单位享有,例外的情况依法律规定或者约定。

此外,美术作品的权利主体属于作者。匿名作品的权利主体是作品原件的合法持有人,其行使署名权以外的著作权。委托作品的权利主体依约定或者属于受托人。计算机软件作品的权利主体属于软件的开发者。民间文学艺术作品属于民族文化遗产,权利主体由国务院另行规定。外国人的作品首先在中国境内发表,依法享有著作权。

2. 著作权的客体

著作权的客体是作品。作品必然是具有独创性和可复制性的精神产品。《著作权法》中的作品包括以下各类:① 文字作品,如著作、期刊、报表、盲文读物等;② 口述作品,如演说、授课、歌唱等;③ 音乐、戏剧、曲艺、舞蹈、杂技艺术作品;④ 美术、建筑作品;⑤ 摄影作品;⑥ 电影作品和以类似摄制电影的方法创作的作品;⑦ 工程设计图、产品设计图、地图、示意图等图形作品和模型作品;⑧ 计算机软件;⑨ 法律、行政法规规定的其他作品。

此外,不具备合法要件的作品即禁止出版传播的作品不受《著作权法》的保护;不具备独特性或者已进入公共领域的作品即决议、新闻、历法、公式等不适用《著作权法》的保护。

3. 著作权的内容

著作权的内容，是指作者与其他任何人之间，基于作品所产生的权利和义务，实质是著作人身权和著作财产权。

（1）著作人身权。著作人身权包括发表权、署名权、修改权和保护作品完整权。

（2）著作财产权。著作财产权包括使用权和获得报酬权两个方面，各项具体的著作财产权包括复制权、发行权、表演权、广播权、展览权、摄制权和演绎权等权能。

4. 著作权的利用和限制

著作权的利用，主要有著作权的转让和许可使用。为促进全社会科学、文化、艺术的发展，《著作权法》除了对著作权进行时间和地域的限制以外，还规定了"合理使用""法定许可"的限制。

合理使用，是指在特定条件下，即作品已发表，使用目的限于个人学习、科研、慈善事业和公益需要等，使用作品时在注明作者的情况下，法律允许他人自由使用作品而不必征得著作权人的同意，也不必支付报酬的制度。

法定许可使用，是指使用者利用他人作品时，可以不经著作权人许可，但应向其支付报酬，并尊重其他权利的制度。法定许可使用的目的是鼓励作品的广泛传播。

5. 著作权的保护

作者创作作品取得的著作权，受法律保护。侵犯著作权的行为应承担法律责任，受到法律的制裁。

（1）著作权的保护期限。根据我国《著作权法》的规定，著作权的保护期限为：作者的署名权、修改权、保护作品完整权的保护期不受限制；发表权与著作权中的财产权保护期限相同；著作财产权的保护期限对于公民是作者终生及其死亡后50年；对于法人作品一般是从首次发表、出版和播放后算起50年。

（2）侵犯著作权的行为。侵犯著作权的行为，是指未经作者同意又没有法律依据，擅自利用作品或者行使著作权人专有权利的行为。

> **案例讨论**
>
> 甲、乙两人系同事，甲曾委托乙创作一个剧本，乙碍于情面答应为其创作，但双方没有订立任何书面合同，也未做出明确的口头约定。乙按时完稿并交甲审阅，甲看后让乙再做修改。后甲因工作关系调到他省工作，乙修改完作品即以自己的名义对外发表。甲知悉后，提出著作权属于自己。请讨论：依法律规定，此剧本的著作权属于谁？

（3）侵犯著作权的法律责任。根据我国《著作权法》的规定，侵犯著作权行为应承担三种责任：

① 民事责任，承担以补偿损失为目的的停止侵害、消除影响、赔礼道歉、赔偿损失的法律责任。

② 行政责任，即给予一定的行政制裁，受到一定的行政处罚。处罚的方式有：责令停止侵权行为，没收非法所得，没收、销毁侵权复制品，罚款。

③ 刑事责任，侵权人根据侵权情节的轻重，要承担有期徒刑、拘役，并处或者单处罚金等刑罚。

（三）专利权

专利，是指经国家专利主管机关依法审查，被认为符合专利条件的发明创造。专利权，是指国家依照法律规定授予发明人、设计人或者其所属单位对其发明创造在一定范围内依法享有的独占权利。专利权往往通过国家颁布的专利证书加以确认。《专利法》于1984年3月12日通过，并分别于1992年、2000年与2008年进行了修正。

1. 专利权的主体

专利权的主体是专利权人，即独占专利权的自然人和法人，包括发明人、设计人以及其所在单位和权利继承人。

2. 专利权的客体

专利权的客体，是指专利权人的权利和义务所指向的对象，包括发明、实用新型和外观设计三种专利。授予发明或者实用新型专利，应具备新颖性、创造性和实用性。外观设计专利应具备新颖性和美观性。但是，对于科学发现、智力活动规则、疾病诊治方法、动植物品种、原子核变换方法获得的物质不适用《专利法》的保护。

3. 专利权的内容

专利权的内容，是指专利权人的权利和义务。专利权人的权利包括专利人身权和专利财产权。专利人身权主要是指专利人的署名权。专利权是一种具有财产权属性的权利，主要内容包括独占实施权、进口权、转让权、实施许可权、标记权。专利权人必须承担的义务：一是缴纳专利年费；二是实际实施专利。

4. 专利权的取得

专利权的取得开始于专利申请人依照规定向国务院专利行政部门提出专利申请，采用"先申请原则"，专利申请日为关键日。发明专利需要经过国务院专利行政部门的初步审查、公布申请、实质审查三个程序的审批，经初步审查认为符合《专利法》规定的，自申请日起满18个月开始公布。实质审查自申请日以后3年内请求进行。实用新型专利和外观设计专利的申请，只进行初步审查。专利审批无驳回理由的，国务院专利行政部门做出授予专利权决定，发给相应的证书。

> **知识链接**
>
> 实用新型专利又称小发明或者小专利，通常是指对产品的形状、构造或者其结合所提出的适于实用的新的技术方案。实用新型专利与发明专利的不同之处在于：第一，实用新型专利只限于具有一定形状的产品，不能是一种方法，也不能是没有固定形状的产品；第二，对实用新型专利的创造性要求不太高，而要注重实用性。

5. 专利权的保护

《专利法》规定：发明专利的保护期限为自申请日起算20年；实用新型专利权和外观设计专利权的保护期限为自申请日起算10年。超过期限的专利权，不再受保护。在专利权的有效期内，未经专利权人许可或者有法定事由的情况下，擅自以营利为目的实施的专利侵权行为人，应当承担停止侵权行为、赔偿损失、消除影响的民事法律责任。

（四）商标权

商标，是指生产经营者在商品或者服务上使用的标志，亦称"品牌"。商标权是商标注册人依法对其商标享有的专有使用权。商标具有标示商品来源、监督商品质量、指导商品选购、销售商品广告的作用。《商标法》于1982年8月23日通过，并分别于1993年、2001年、2013年与2019年进行了修正。

1. 商标权的主体

商标权的主体是商标权人。商标权人必须是从事生产经营活动的自然人、法人或者其他组织，以及外国人或者外国企业。

2. 商标权的客体

商标权的客体仅限于注册商标。商标分为：商品商标、服务商标和集体商标、证明商标。商标标志包括文字、图形、字母、数字、三维标志、颜色组合和声音等，以及上述要素的组合，它们均可以作为商标申请注册。

3. 商标权的内容

商标权的内容，是指商标权人的权利和义务。商标权人的权利包括商标专有使用权、商标转让权以及注册商标的使用许可等权利。商标权人负有依法使用注册商标，保证注册商标的商品和服务质量的义务。

4. 商标权的取得

商标权的取得要求商标注册申请人向商标局申请商标注册，实行自愿注册、注册在先的原则。商标注册经申请、审查、核准注册程序，对初步审定公告的商标，自公告之日起3个月内期满无异议或者异议不成立，由商标局发给注册证并予以公告。

5. 商标权的保护

《商标法》第39条和第40条规定：注册商标的有效期为10年，自核准注册之日起计算。注册商标有效期满，需要继续使用的，商标注册人应当在期满前12个月内按照规定办理续展手续；在此期间未能办理的，可以给予6个月的宽展期。每次续展注册有效期为10年，自该商标上一届有效期满次日起计算。期满未办理续展手续的，注销其注册商标。

在注册商标的有效期内，下列行为均属侵犯注册商标专用权：未经商标注册人的许可，在同一种商品使用与其注册商标相同的商标的；未经商标注册人的许可，在同一种商品上使用与其注册商标近似的商标，或者在类似商品上使用与其注册商标相同或者近似的商标，容易导致混淆的；销售侵犯注册商标专用权的商品的；伪造、擅自制造他人注册商标标识或者销售伪造、擅自制造的注册商标标识的；未经商标注册人同意，更换其注册商标并将该更换商标的商品又投入市场的；故意为侵犯他人商标专用权行为提供便利条件，帮助他人实施侵犯商标专用权行为的；给他人的注册商标专用权造成其他损害的。

实施商标侵权行为的侵权人应当承担民事责任和刑事责任。

第五节 民事责任

一、民事责任概述

（一）民事责任的概念和构成要件

1. 民事责任的概念

民法主要通过两个方面来保护民事主体的民事权利：一方面是赋予民事主体权利，另一方面就是通过追究民事责任来保护民事主体的权利。因此，民事责任是民法保护民事权利的重要措施。

民事责任是民事主体不履行民事义务必须承担的法律后果，是以财产责任为主的具有补偿性的责任。

2. 民事责任的构成要件

一般而言，构成民事责任必须具备以下四个方面的条件：

（1）损害事实。损害，是指行为人对法律保护的合法权益正常状态的破坏或者加以不利影响的行为后果。构成民事责任要件的损害事实，可分为财产损害、人身损害。财产损害里包括实际损失和可得利益损失。损害事实的发生，是确定民事责任的首要条件。

（2）行为人行为的违法性。行为人行为的违法性是构成民事责任的决定性条件。只有造成损害事实的行为具有违法性，行为人才承担民事责任。违法行为包括作为和不作为，它以行为人在法律上是否负有作为和不作为的义务为依据。如果行为不违法，则除法律有特殊规定外不承担民事责任。

（3）违法行为和损害结果之间存在因果关系。违法行为和损害结果之间存在因果关系是造成损害结果的直接原因，而不仅仅是条件。任何人都要对自己的行为造成的损害后果负责。如果违法行为与损害后果之间无因果关系，一般不承担民事责任。

（4）行为人主观上须有过错。前三个条件是构成民事责任的客观要件，而行为人主观上须有过错则是构成民事责任的主观要件。过错，是指行为人在实施行为时的主观心理状态，包括故意和过失。在一般情况下，除了法律另有规定之外，行为人只有在有过错的情况下，才能对自己的行为所造成的损害后果负责。

（二）民事责任的承担方式

民事责任的形式是违反民事义务承担民事责任的方式。《民法典》第179条规定：承担民事责任的方式有如下几种：

（1）停止侵害。停止侵害，是指责令正在实施侵犯他人合法权益的行为人，无论主观上是否有过错，都立即停止该侵害行为。

（2）排除妨碍。排除妨碍，是指行为人实施的不法行为妨碍他人的正常行使权利，行为人应排除其妨碍。如影响他人采光、通行、污染环境等。

（3）消除危险。消除危险，是指当存在损害公共财产或者公民财产、人身危险时，有关人员应立即消除危险引起的隐患。

（4）返还财产。返还财产，是指将非法侵占的财产，归还给财产的所有人或者经营人。

（5）恢复原状。恢复原状，是指损坏国家、集体财产或者他人财产的，应将损坏的财产恢复到原来的状态。其前提是具有恢复的可能性和必要性。

（6）修理、重作、更换。修理、重作、更换都是对违反合同的一种补偿，也是对合同实际履行的表现。

（7）继续履行。继续履行是一种适用于合同违约的责任承担方式。虽然一方有违约行为，但若合同有继续履行必要的，另一方当事人可以申请继续履行，以防止损失的扩大。

（8）赔偿损失。赔偿损失，是指违反民事义务者以自己的财产补偿给对方。赔偿损失一般以损失的客观存在为赔偿的必要条件。

（9）支付违约金。支付违约金，是指专门适用于违反合同应承担的民事责任。

（10）消除影响、恢复名誉。消除影响、恢复名誉这类责任主要适用于侵犯公民、法人的人身权的行为。凡侵犯公民人格权中的姓名权、肖像权、名誉权、荣誉权的，应当消除影响、恢复名誉；凡侵犯民事主体知识产权的，包括著作权、专利权、商标专用权、发现权、发明权的，也应消除影响。

（11）赔礼道歉。赔礼道歉是主要适用于侵犯公民人身权、其他民事主体名誉权、荣誉权的行为的责任方式。通常在未造成财产损失或者未造成较大财产损失时，单独适用。

上述每种责任方式都有自己的适用范围和条件，可以单独适用，也可以合并适用。

根据民事责任发生的原因不同，民事责任可以分为违反合同的民事责任和侵权的民事责任。

> **法律提示**
>
> 侵权行为在很多情况下既会造成财产损害，又会造成精神损害。《民法典》第1183条规定：侵害自然人人身权益造成严重精神损害的，被侵权人有权请求精神损害赔偿。因故意或者重大过失侵害自然人具有人身意义的特定物，造成严重精神损害的，被侵权人有权请求精神损害赔偿。同时，《民法典》第1179条还规定：侵害他人造成人身损害的，应当赔偿医疗费、护理费、交通费、营养费、住院伙食补助费等为治疗和康复支出的合理费用，以及因误工减少的收入。造成残疾的，还应当赔偿辅助器具费和残疾赔偿金；造成死亡的，还应当赔偿丧葬费和死亡赔偿金。

（三）民事责任的归责原则

根据《民法典》等的规定，民事责任制度实行过错责任和无过错责任相结合的原则，具体包括以下四种责任。

1. 过错责任和过错推定责任

过错责任（包括过错推定责任），是指行为人对损害的发生必须有过错才承担侵权责任。《民法典》第1165条规定：行为人因过错侵害他人民事权益造成损害的，应当承担侵权责任。依照法律规定推定行为人有过错，行为人不能证明自己没有过错的，应当承担侵权责任。

2. 无过错责任

无过错责任，是指不以行为人的过错为要件，只要其活动或者所管理的人、物，损害了他人的民事权益，除非有法定的免责事由，否则行为人就要承担侵权责任。《民法典》第1166条规定：行为人造成他人民事权益损害，不论行为人有无过错，法律规定应当承担侵权责任的，依照其规定。

3. 公平责任

公平责任，是指在当事人对造成的损害都无过错、不能适用无过错责任要求加害人承担赔偿责任，但如果不赔偿受害人遭受的损失又显失公平的情况下，由人民法院根据当事人的财产状况及其他实际情况，责令加害人对受害人的财产损失给予适当补偿的一种责任形式。《民法典》第1186条规定：受害人和行为人对损害的发生都没有过错的，依照法律的规定，由双方分担损失。也就是说，造成他人损害，当事人双方都无过错，他人的损害由当事人双方来分担。这种情况往往是当事人均无过错，而又不属于适用无过错责任的范围，在解决损害问题时就适用公平责任原则。

4. 连带责任

连带责任，是指依照法律规定或者当事人的约定，两个或者两个以上当事人对其共同债务承担全部或部分责任，并能因此引起其内部债务关系变化的一种民事责任。它属于共同责任中的一种。我国《民法典》侵权责任编一般规定中做出了明确规定。

> **诚 举例说法**
>
> 在一个高层居民楼上，三个儿童在12层楼的楼道上玩。在玩的过程中，他们发现某居民家的门前放了一些旧的酒瓶子，三个儿童就每人拿起一个来到楼道窗户前，把瓶子扔了出去。此时，楼里面的一位居民从楼道里出来，一个瓶子正巧打到他的头上。因为不知道究竟是哪一个孩子扔的瓶子打伤受害人的，所以受害人将三个孩子作为被告向人民法院起诉，请求其监护人承担连带赔偿责任。本案中责任应如何确定？
>
> 评析：本案就是涉及共同危险行为的构成及其法律责任承担的问题。本案中，三名被告投掷瓶子的危险行为均有造成受害人被砸伤的损害结果的可能性，三名被告的行为构成了共同危险行为，依照法律规定应承担连带赔偿责任。人民法院审理后判决被告的监护人连带赔偿原告的损失。

二、违反合同的民事责任

违反合同的民事责任，是指合同当事人因主观过错不履行或者不完全履行合同规定的义务而应承担的民事法律后果。

违反合同的民事责任的构成要件，应适用民事责任的一般构成要件。根据《民法典》的规定，违约行为人可免除民事责任的法定事由如下：

（1）不可抗力。即当事人在订立合同时，不能预见、不能避免和不能克服的客观情况。如风灾、水灾、地震等自然灾害以及战争等。

（2）债权人过错。即义务人履行合同需要权利人的积极协助，但权利人因故意或者过失没有积极地协助而造成违约。

（3）情势变更。即在合同订立后非因双方当事人的原因，发生订约时无法预见的客观情况的重大变化，如果继续维持合同全部条款的效力，其履行将导致显失公平。此时当事人一方可要求依法变更以维持平衡。

违反合同的民事责任形式有以下三种：

（1）依法律规定或者合同约定支付违约金。如果约定的违约金低于实际损失的，当事人可请求人民法院或者仲裁机构予以增加；如果约定的违约金过分高于实际损失的，当事人可请求人民法院或者仲裁机构予以适当减少。违约金具有惩罚性。

（2）赔偿损失。损失通常包括直接损失和间接损失。赔偿损失带有补偿性。

（3）继续履行。违约人在承担违约责任后，对方要求继续履行的，应继续履行，违约人不得以承担违约金为理由拒绝继续履行合同。

三、侵权的民事责任

侵权的民事责任，是指民事主体不法侵害他人的人身权利和财产权利并造成损害时应承担的民事法律后果。侵权的民事责任可以分为一般侵权的民事责任和特殊侵权的民事责任。

（一）一般侵权的民事责任

一般侵权行为，是指行为人因过错实施某种行为致人损害时，适用民法上的一般民事责任的构成要件。在现实生活中，侵权损害的发生量很大，而其中大多数的侵权损害，民法都是以抽象概括性的规定进行规范的，并未做出具有针对性的特别规定。一般侵权的民事责任，适用一般的归责原则，即过错责任原则。

（二）特殊侵权的民事责任

特殊侵权的民事责任，是指由法律特别规定的因当事人的特殊行为或者特别原因致人损害的民事责任。

根据《民法典》侵权责任编第4章至第10章的规定，特殊侵权的民事责任包括以下几种：

1. 产品责任

因产品存在缺陷造成他人损害的，生产者应当承担侵权责任。被侵权人既可以向生产者请求赔偿，也可以向销售者请求赔偿。运输者、仓储者等第三人的过错使产品存在缺陷，造成他人损害的，产品的生产者、销售者赔偿后，有权向第三人追偿。明知产品存在缺陷仍然生产、销售，或者未采取有效补救措施，造成他人死亡或者健康严重损害的，被侵权人有权请求相应的惩罚性赔偿。

2. 机动车交通事故责任

因租赁、借用等情形，机动车所有人、管理人与使用人不是同一人时，发生交通事故造成损害属于该机动车一方责任的，由机动车使用人承担赔偿责任；机动车所有人、管理人对损害的发生有过错的，承担相应的赔偿责任。

当事人之间已经以买卖等方式转让并交付机动车但未办理所有权转移登记，发生交通事故后属于该机动车一方责任的,由受让人承担赔偿责任。

另外,《民法典》对挂靠车辆、非法驾驶他人车辆、买卖、转让拼装或已达到报废标准的车辆等的交通事故责任也做出了明确规定。

3. 医疗损害责任

因药品、消毒药剂、医疗器械的缺陷,或者输入不合格的血液造成患者损害的,患者可以向生产者或者血液提供机构请求赔偿,也可以向医疗机构请求赔偿。患者向医疗机构请求赔偿的,医疗机构赔偿后,有权向负有责任的生产者或者血液提供机构追偿。

4. 环境污染责任和生态破坏责任

因污染环境、破坏生态造成他人损害的,侵权人应当承担侵权责任。行为人违反国家规定造成生态环境损害的,应当依法承担修复责任。

5. 高度危险责任

民用航空器造成他人损害的,民用航空器的经营者应当承担侵权责任,但能够证明损害是因受害人故意造成的,不承担责任。

占有或者使用易燃、易爆、剧毒、放射性等高度危险物造成他人损害的,占有人或者使用人应当承担侵权责任,但能够证明损害是因受害人故意或者不可抗力造成的,不承担责任。被侵权人对损害的发生有重大过失的,可以减轻占有人或者使用人的责任。

从事高空、高压、地下挖掘活动或者使用高速轨道运输工具造成他人损害的,经营者应当承担侵权责任,但能够证明损害是因受害人故意或者不可抗力造成的,不承担责任。被侵权人对损害的发生有过失的,可以减轻经营者的责任。

6. 饲养动物损害责任

饲养的动物造成他人损害的,动物饲养人或者管理人应当承担侵权责任,但能够证明损害是被侵权人故意或者重大过失造成的,可以不承担或者减轻责任。

违反管理规定,未对动物采取安全措施造成他人损害的,动物饲养人或者管理人应当承担侵权责任。禁止饲养的烈性犬等危险动物造成他人损害的,动物饲养人或者管理人应当承担侵权责任。

动物园的动物造成他人损害的,动物园应当承担侵权责任,但能够证明尽到管理职责的,不承担责任。

案例讨论

张某住在某小区的一楼,他家养了一条宠物狗。一天,张某邻居4周岁的儿子小华在没有监护人照看的情况下,到张某家玩耍。在玩耍期间张某家养的宠物狗将小华咬伤。请讨论:谁应当承担小华因被狗咬伤的人身损害赔偿责任呢?

7. 建筑物和物件损害责任

建筑物、构筑物或者其他设施倒塌造成他人损害的,由建设单位与施工单位承担连带责任。建设单位、施工单位赔偿后,有其他责任人的,有权向其他责任人追偿。因其他责任人的原因,建筑物、构筑物或者其他设施倒塌造成他人损害的,由其他责任人承担侵权责任。

从建筑物中抛掷物品或者从建筑物上坠落的物品造成他人损害，难以确定具体侵权人的，除了能够证明自己不是侵权人的以外，由可能加害的建筑物使用人给予补偿。

在公共场所或者道路上挖坑、修缮安装地下设施等，没有设置明显标志和采取安全措施造成他人损害的，施工人应当承担侵权责任。窨井等地下设施造成他人损害，管理人不能证明尽到管理职责的，应当承担侵权责任。

复习思考题

在线答题

一、简答题

1. 如何理解我国民法的调整对象？
2. 什么是自然人的民事权利能力和民事行为能力？
3. 简述法人的概念及成立条件。
4. 民事法律行为的有效要件有哪些？
5. 简述代理的概念及种类。
6. 什么是所有权？民法对所有权的保护有哪些方式？
7. 简述债的概念及债的发生根据。
8. 人身权的内容包括哪些权利？
9. 简述知识产权的特征及种类。
10. 简述民事责任的概念及种类。

二、案例分析

1. 20××年1月，甲不慎遗失自己的手袋，内有名贵玉镯一只。乙拾得后，按照手袋内的名片所示积极寻找失主，与甲取得了联系，将玉镯归还给了甲。同年5月，甲与丙结婚。甲与丙共同开设了一家茶馆，茶馆办理工商登记注册的法人为甲。因急需资金，甲持玉镯到信达典当行典当，经商议，玉镯出典，获资金8万元，并且甲与典当行约定3个月后赎回。因缺乏经验，茶馆经营惨淡，终致难以为继。次年8月，甲与丙决定关闭茶馆。此时，茶馆已对外负债2万元。

根据上述案情，请分析：

（1）在乙向甲交还玉镯之前，乙不慎将玉镯摔裂，乙是否应当承担赔偿责任？为什么？

（2）甲在丢失玉镯后焦急万分，遂在遗失场所张贴数份启事，称若有人能够找到玉镯并送还，愿以现金5000元酬谢。当乙依此启事要求甲支付5000元时，甲提出，由于此玉镯是祖传的，丢失之际一时心急才张贴启事，实非内心真实意愿，故请乙给予谅解，不能支付该笔酬金。在此情况下，乙的请求能否得到支持？为什么？

（3）甲并未张贴上述启事，乙寻找到甲，将玉镯奉还，但要求甲承担其为寻找失主所花费的电话费、车费和工时费共计320元。在此情况下，乙的行为性质应如何认定？为什么？其请求能否得到支持？

（4）乙拾得玉镯后将其以5万元卖给不知情的第三人丁，甲3年后得知此事，能否请求丁返还？为什么？丁如何保护自己的权益？

（5）当甲与丙离婚时，茶馆对外所欠的2万元债务仍未清偿。在此情况下，债权人应如何主张自己的权益？

2. 一天晚上，甲下班回家，在路边等候出租车，恰好乙驾驶出租车驶来，被甲拦住。乙停车后，告知甲已停止营业，甲说可以加倍给付车费，乙说："我开了一天的车很累，如果出了什么事情你自己负责。"甲同意。行驶中，乙的出租车与丙驾驶的车相撞，汽车飞出的玻璃片击伤了横穿机动车道的路人丁。经医院诊断：甲左腿骨折，丁腿部皮肤被刮伤。经交警认定，乙负事故的主要责任，丙负次要责任。后几方因事故赔偿责任难以达成协议，诉至人民法院。

根据上述案情，请分析：

（1）甲与乙之间约定若出事故由甲负责，该约定是否有效？为什么？

（2）甲可以要求乙承担何种民事责任？为什么？

（3）丁遭受的损害应当由谁承担赔偿责任？

第六章 婚姻家庭与继承

> 甲幼年丧母，由其父抚养长大，后其父再婚。甲与其继母乙格格不入，父子关系也比较紧张。后因矛盾激化，甲与其父立字据宣布"脱离父子关系"。几年后，甲父死亡，临终留下遗书：要求把其存款平均分给甲、其妻乙及其与乙的儿子丙。但在执行遗嘱时，乙阻止将存款的1/3分给甲，声称甲与其父已脱离父子关系，无权继承其父的遗产，并将该存款取走。甲与其父所立的"脱离父子关系"字据，是否发生法律效力？甲是否有权继承其父的存款？

本案涉及婚姻家庭与继承的法律关系。在人的一生中，大多数人都会经历恋爱、结婚与组成家庭这一过程。婚姻家庭与继承作为《民法典》的重要组成内容，与每个人的生活密切相关。通过学习这部分内容，使学习者能够正确理解婚姻家庭与继承领域的一些基本概念，掌握其具体规定，并能综合运用于对实际问题的分析，初步具备解决一般法律问题的能力。

重点提示

- 婚姻家庭的基本原则
- 结婚的相关法律规定
- 离婚的相关法律规定
- 收养关系
- 救助措施与法律责任
- 继承的基本原则
- 遗产的范围和继承权的丧失
- 遗产的放弃和遗产的分割
- 法定继承
- 遗嘱继承

第一节 婚姻家庭

一、婚姻家庭概述

（一）婚姻、家庭的概念

婚姻是一定社会制度所确认的男女两性结合的一种社会形式。家庭是基于婚姻关系、血缘关系和收养关系而发生的，由一定范围内的亲属组成的共同生活单位。当然，以上是对婚姻家庭的一般意义上的表述，适用于人类学、社会学、伦理学等诸多学科。而就法学而言，婚姻，是指男女双方以永久共同生活为目的的、以夫妻的权利和义务为内容的结合。家庭，是指共同生活的、其成员间互享法定权利、互负法定义务的亲属团体。

婚姻关系是男女两性基于婚姻成立并存续，发生于夫妻双方之间的权利义务关系。家庭关系是基于婚姻、血缘、收养而产生于家庭之间的权利义务关系，包括夫妻关系、父母子女关系、兄弟姐妹关系、祖父母孙子女关系和外祖父母外孙子女关系等。

（二）婚姻法的立法演进

婚姻法是规定婚姻家庭关系的发生和终止，以及基于这些关系而产生的权利和义务的法律规范的总称。婚姻法调整的对象是婚姻家庭方面的人身关系以及由此产生的财产关系。其中，人身关系是主要的，财产关系是依人身关系为转移的。

我国在1950年4月3日发布了《中华人民共和国婚姻法》，成为中华人民共和国成立后颁布的第一部法律。《婚姻法》是1980年9月10日第五届全国人民代表大会第三次会议通过的，2001年4月28日第九届全国人民代表大会常务委员会第二十一次会议通过了对该法的修正案。2003年7月30日，国务院公布《婚姻登记条例》，自2003年10月1日施行。2020年5月28日第十三届全国人民代表大会第三次会议审议通过《民法典》，婚姻家庭成为其中一编。《婚姻法》自2021年1月1日起废止。

视频

（三）婚姻家庭的基本原则

婚姻家庭的基本原则是指导婚姻立法、执法和守法的根本准则。我国《民法典》第1041条规定：婚姻家庭受国家保护。实行婚姻自由、一夫一妻、男女平等的婚姻制度。保护妇女、未成年人、老年人、残疾人的合法权益。这些内容就是调整我国婚姻家庭关系的基本原则。

1. 婚姻家庭受国家保护原则

婚姻家庭受国家保护，这是一项宪法原则。《宪法》第49条第1款规定：婚姻、家庭、母亲和儿童受国家的保护。同时这一规定作为《民法典》婚姻家庭编的基本原则，体现了国家对婚姻家庭的重视和保护。

2. 婚姻自由原则

婚姻自由原则，是指当事人有权依法根据个人的意愿决定自己的婚姻，任何人不得强制和干涉。这是宪法赋予公民的一项基本权利。

婚姻自由包括结婚自由和离婚自由两个方面。

> **法律提示**
> 我国《刑法》第257条规定：以暴力干涉他人婚姻自由的，处2年以下有期徒刑或者拘役。犯前款罪，致使被害人死亡的，处2年以上7年以下有期徒刑。

（1）结婚自由。结婚自由，是指男女双方完全自愿，自主缔结婚姻关系的权利。不允许任何人（包括父母）加以干涉。

（2）离婚自由。离婚自由，是指男女双方有决定解除婚姻关系的自由。在夫妻双方感情已完全破裂的情况下，任何一方都有权提出离婚，并通过法定程序要求解除婚姻关系,任何人不得加以干涉和阻碍。当然,"婚姻自由"不是绝对的、毫无限制的。我国的《民法典》婚姻家庭编对结婚规定了必须具备的条件和必须履行的程序,以及离婚的程序和处理原则,具体指明了婚姻自由的范围,划清了婚姻问题上合法与违法、正确与错误的界限。任何自由都是有一定限度的,是相对的自由。

为了保障婚姻自由原则,我国《民法典》规定:禁止包办、买卖婚姻和其他干涉婚姻自由的行为,禁止借婚姻索取财物。

3. 一夫一妻原则

一夫一妻制,是指一男一女结为夫妻的婚姻制度,要求任何人只有一个配偶,不得同时有两个或者更多的配偶,反对任何形式的一夫多妻或者一妻多夫的婚姻。《民法典》规定:禁止重婚以及禁止有配偶者与他人同居。这就是说,无论公开的或者隐蔽的一夫多妻或者一妻多夫的两性关系都是非法的。

法律词典

重婚,是指有配偶者未办理离婚手续又与他人结婚,或者明知他人有配偶而与之结婚的行为。重婚不但在法律上无效,而且还是应受到法律制裁的犯罪行为。《刑法》第258条规定:有配偶而重婚的,或者明知他人有配偶而与之结婚的,处2年以下有期徒刑或者拘役。

4. 男女平等原则

男女平等,是指男女两性在婚姻关系和家庭生活各方面都享有平等的权利,负有平等的义务。我国《宪法》第48条规定:中华人民共和国妇女在政治的、经济的、文化的、社会的和家庭的生活等各方面享有同男子平等的权利。它主要包括以下内容:

首先,婚姻权利平等。即在结婚和离婚方面,男女双方的权利和义务是平等的。其次,夫妻在人身关系和财产关系方面的权利和义务是平等的。再次,父母抚养、教育子女的权利和义务是平等的。最后,其他不同性别的家庭成员在家庭中的权利和义务是平等的。《民法典》第1043条还做出了"夫妻应当互相忠实,互相尊重,互相关爱"的规定。

总之,男女平等原则是男女双方家庭地位的平等。在夫妻关系方面,男女人格独立、地位平等,享有同等的权利,负有同等的义务。在父母子女关系方面,父母享有的权利和义务是平等的;子女可以随父姓,也可以随母姓。不同性别的其他家庭成员之间的男女地位平等。

5. 保护妇女、未成年人、老年人和残疾人的合法权益原则

保护妇女、未成年人、老年人和残疾人的合法权益是《民法典》婚姻家庭编的一项基本原则,我国《民法典》规定:禁止家庭暴力,禁止家庭成员间的虐待和遗弃。

保护妇女的合法权益和男女平等原则是一致的。我国《民法典》规定:女方在怀孕期间、分娩后1年内或中止妊娠后6个月内,男方不得提出离婚。此外,离婚时分配共同财产,人民法院根据财产的具体情况,应根据照顾女方和子女权益的原则来处理等。这些无不体现了特别保护妇女权益的原则。

为了保护儿童的合法权益,《民法典》规定:父母有抚养教育和保护未成年子女的义务,禁止溺婴、弃婴和其他残害婴儿的行为;子女有继承父母遗产的权利,非婚生子女、养子女享有和婚生子女同等的权利。

保护老年人的合法权益也是社会和家庭的一项重要责任。为了保护老人的合法权

益，我国《民法典》规定：成年子女有赡养扶助和保护父母的义务，对于子女已经死亡或子女无力赡养的祖父母、外祖父母，有负担能力的孙子女、外孙子女有赡养的义务。

保护残疾人合法权益历来是我国宪法、法律的一个基本原则。《宪法》与《中华人民共和国残疾人保障法》中都明确做出了规定。保护残疾人权益符合婚姻家庭规范的特点和立法目的，体现了婚姻家庭的功能，能够保证家庭和谐安定，体现社会公平正义。

二、结婚

结婚，是指男女双方依照法律规定的条件和程序，确立夫妻关系的重要法律行为。结婚必须符合法定的条件和程序，否则，就得不到国家的承认和法律的保护。

（一）结婚的法定条件

按照我国《民法典》婚姻家庭编的规定，结婚的法定条件分为必须具备的条件和禁止性的条件。

1. 婚姻必备条件

（1）必须男女双方完全自愿。婚姻的主体必须是异性男女，我国法律不允许同性结婚。男女双方是否结婚、与谁结婚，应当完全由当事者本人决定。

（2）必须达到法定婚龄。《民法典》第1047条规定：结婚年龄，男不得早于22周岁，女不得早于20周岁。这种法律规定的结婚最低年龄，叫作法定婚龄。如果男女双方已达到法定婚龄，又符合其他结婚条件，要求结婚的，应予登记，任何单位和个人不得随意干涉，也不能擅自提高结婚年龄标准。

（3）必须符合一夫一妻制，禁止重婚，男女一方或双方已有配偶的不得结婚。

2. 禁止结婚的条件

禁止结婚的血亲关系。《民法典》第1048条规定：直系血亲或者三代以内的旁系血亲禁止结婚。血亲，主要是指出于同一祖先，有血缘关系的亲属。

> **知识链接**
>
> 我国禁止结婚的血亲有两类：直系血亲和旁系血亲。直系血亲，是指与自己有直接血缘关系的亲属，即生育自己和自己生育的上下各代亲属，包括父母子女之间，祖父母、外祖父母与孙子女、外孙子女之间。旁系血亲，是指与自己有间接血缘关系的亲属，即除了直系血亲以外，在血缘上与自己出于同源的亲属，如自己的同胞兄弟姐妹、堂兄弟姐妹、叔、伯、姑、舅、姨等。三代以内的旁系血亲，是指从自己开始计算为第一代的三代血亲。禁止近亲结婚既是优生学的需要，也是民族健康发展和社会进步的需要。

（二）结婚法定程序

1. 结婚登记

结婚的法定程序，是指法律规定的男女建立结婚关系所必须履行的程序。我国采取法律婚姻，即实行婚姻登记制度。《民法典》第1049条规定：要求结婚的男女双方应当亲自到婚姻登记机关申请结婚登记。符合本法规定的，予以登记，发给结婚证。完成结婚登记，即确立夫妻关系。未办理结婚登记的，应当补办登记。

2. 结婚登记机关

《婚姻登记条例》第2条规定：内地居民办理婚姻登记的机关是县级人民政府民政部门或者乡（镇）人民政府，省、自治区、直辖市人民政府可以按照便民原则确定农村居民办理婚姻登记的具体机关。

中国公民同外国人，内地居民同香港特别行政区居民、澳门特别行政区居民、台湾地区居民、华侨办理婚姻登记的机关是省、自治区、直辖市人民政府民政部门或者省、自治区、直辖市人民政府民政部门确定的机关。

3. 结婚登记程序

结婚登记大致分为申请、审查和登记三个环节。

（1）申请。中国公民在中国境内申请结婚必须男女双方亲自到一方当事人户口所在地的婚姻登记机关申请结婚登记，填写结婚申请书。申请时，男女双方应携带本人的身份证、户口簿、本人无配偶以及与对方当事人没有直系血亲和三代以内的旁系血亲关系的签字声明等证件。

（2）审查。婚姻登记机关对当事人的申请应当进行审查，查明结婚申请是否符合结婚条件，必要时，可要求当事人提供有关的证明材料。

（3）登记。结婚登记机关对符合结婚条件的，应当予以登记，并发给结婚证。如果申请结婚登记的当事人受单位或他人干涉，不能获得所需证明时，婚姻登记机关查明确实符合结婚条件的，应当予以登记。

（三）无效婚姻和可撤销婚姻

1. 无效婚姻

无效婚姻，是指欠缺婚姻成立的法定条件而不发生法律效力的男女两性的结合。根据《民法典》第1051条的规定，有下列情形之一的婚姻无效：重婚；有禁止结婚的亲属关系；未到法定婚龄。

2. 可撤销婚姻

可撤销婚姻，是指当事人因意思表示不真实而成立的婚姻，或者当事人成立的婚姻在结婚的要件上有欠缺，通过有撤销权的当事人行使撤销权，使已经发生法律效力的婚姻关系失去法律效力。《民法典》第1052条、第1053条规定：因胁迫结婚的，受胁迫的一方可以向人民法院请求撤销婚姻。请求撤销婚姻的，应当自胁迫行为终止之日起1年内提出。被非法限制人身自由的当事人请求撤销婚姻的，应当自恢复人身自由之日起1年内提出。一方患有重大疾病的，应当在结婚登记前如实告知另一方；不如实告知的，另一方可以向人民法院请求撤销婚姻。请求撤销婚姻的，应当自知道或者应当知道撤销事由之日起1年内提出。

3. 无效婚姻及被撤销婚姻的法律后果

无效婚姻或被撤销婚姻，自始无效。当事人之间不具有夫妻的权利和义务，同居期间

视 频

所得的财产，由当事人协议处理；协议不成时，由人民法院根据照顾无错方的原则判决。对重婚导致的婚姻无效的财产处理，不得侵害合法婚姻当事人的财产权益。当事人所生的子女，适用《民法典》有关父母子女的规定。婚姻无效或者被撤销的，无过错方有权请求损害赔偿。

> **法律词典**
>
> 　　事实婚姻，是指没有配偶的男女，未经结婚登记即以夫妻名义同居，邻里、亲戚等视其为夫妻关系的特殊现象。事实婚姻与法律婚姻的最大区别是，事实婚姻没有履行法定登记手续。对于事实婚姻的法律效力问题，我国立法和司法实践经历了有条件承认到完全不承认的过程。《最高人民法院关于适用〈中华人民共和国民法典〉婚姻家庭编的解释（一）》第7条规定：未按《民法典》第1049条规定办理结婚登记而以夫妻名义共同生活的男女，提起诉讼要求离婚的，应当区别对待：
> 　　（1）1994年2月1日民政部《婚姻登记管理条例》公布实施以前，男女双方已经符合结婚实质要件的，按事实婚姻处理。
> 　　（2）1994年2月1日民政部《婚姻登记管理条例》公布实施以后，男女双方符合结婚实质要件的，人民法院应当告知其补办结婚登记；未补办结婚登记的，依据本解释第3条规定处理。

三、家庭关系

　　家庭关系是社会关系的重要组成部分，通过婚姻，产生了家庭，形成了家庭关系。家庭关系包括夫妻关系、父母子女关系和其他家庭成员之间的关系。

（一）夫妻关系

　　夫妻关系，是指由合法婚姻而产生的男女之间的人身和财产方面的权利义务关系。它是家庭的基础和核心。根据我国《民法典》的规定，夫妻在家庭中地位平等，任何一方都不能只享受权利而不承担义务，或只承担义务而不享受权利，这是处理婚姻关系的基本原则。

　　1. 夫妻之间的人身关系

　　（1）姓名权。我国《民法典》第1056条规定：夫妻双方都有各自使用自己姓名的权利。双方都可以保持自己姓名的独立，不因结婚而改变。双方所生子女可以随父姓，也可以随母姓。

　　（2）夫妻都有参加生产、工作、学习和社会活动的自由，一方不得对另一方加以限制或干涉。这是夫妻家庭地位平等的具体体现，虽然是对夫妻双方权利的规定，但我国《民法典》中的这一规定极大地保护了已婚妇女按自己的意愿学习、就业和参加社会活动的权利，使广大已婚妇女的人身权利和自由得到切实的法律保障。夫妻在家庭地位的平等权真正落到实处。

　　（3）夫妻有相互扶养的义务。需要扶养的一方，在另一方不履行扶养义务时，有要求其给付扶养费的权利。这一法定义务对保障夫妻正常生活，维护婚姻家庭关系的稳定具有重要意义。

2. 夫妻之间的财产关系

夫妻之间的财产包括夫妻共同财产、夫妻个人财产和夫妻约定财产。

（1）夫妻共同财产。夫妻对于共同所有的财产，享有平等的处理权。《民法典》规定：夫妻在婚姻关系存续期间所得的财产归夫妻共同所有。夫妻共同财产包括：工资、奖金、劳务报酬；生产、经营、投资的收益；知识产权的收益；继承或赠与所得的财产，但遗嘱或赠与合同中确定只归夫或妻一方的财产除外；其他应当归共同所有的财产。

（2）夫妻个人财产。夫妻共同财产不包括夫或妻个人特有的财产、子女的财产和其他家庭成员的财产。《民法典》第1063条规定：有下列情形之一的，为夫妻一方的个人财产：一方的婚前财产；一方因受到人身损害获得的赔偿或者补偿；遗嘱或赠与合同中确定只归一方的财产；一方专用的生活用品；其他应当归一方的财产。夫妻对个人所有的财产，依法享有占有、使用、收益和处分的权利，他人不得干涉。

案例讨论

甲、乙一见钟情，相识3个月之后两人办理了结婚登记手续，但婚后两人发现彼此性格不合，夫妻双方经常争吵。甲的父亲在病重期间也对他们进行过多次的劝阻，为此，甲的父亲非常伤心，并在弥留之际留下遗嘱，将全部的遗产40万元指名由甲继承。甲在父亲去世后不久，就因交通事故被撞成重伤。肇事单位赔偿了甲的医疗费、误工费和预期收入等费用共计20万元。在甲伤势稍有好转后，乙提出离婚，并要求分割甲继承的40万元遗产和交通事故赔偿金20万元。甲不同意，并起诉到人民法院。请讨论：

（1）甲在婚姻关系存续期间继承的遗产是否属于夫妻共同财产？

（2）甲因受伤而获得的赔偿金是否属于夫妻共同财产？

（3）夫妻约定财产。《民法典》第1065条规定：夫妻可以约定婚姻关系存续期间所得的财产以及婚前财产归各自所有、共同所有或部分各自所有、部分共同所有。约定应当采用书面形式。没有约定或约定不明确的，适用《民法典》第1062条、第1063条的规定。夫妻对婚姻关系存续期间所得的财产以及婚前财产的约定，对双方具有约束力。夫妻对婚姻关系存续期间所得的财产约定归各自所有的，夫或妻一方对外所负的债务，第三人知道该约定的，以夫或妻一方所有的财产清偿。

夫妻有相互继承遗产的权利，夫妻相互继承遗产的权利是以夫妻之间的人身关系为前提的。夫妻一方死亡后，另一方有继承一方遗产的权利。

（二）父母子女关系

父母子女关系也称亲子关系，是指父母子女之间基于身份而产生的权利义务关系。它可分为自然血亲的父母子女关系和拟制血亲的父母子女关系。根据《民法典》第1072条、第1111条的规定：养父母和养子女之间的权利义务关系，适用本法关于父母子女关系的规定。继父或继母和受其抚养教育的继子女之间的权利义务，适用本法关于父母子女关系的有定。

（1）父母有抚养教育子女的义务，子女对父母有赡养扶助的义务。根据《民法典》

知识链接

自然血亲是基于出生的事实而发生的，自然血亲的子女包括婚生子女和非婚生子女。拟制血亲，是指彼此本无血缘关系，但法律因其符合一定的条件，确认其与自然血亲具有同等的权利义务关系。拟制血亲的父母子女关系包括养父母与养子女、继父母与继子女关系。

第26条的规定，父母对子女有抚养、教育和保护的义务。父母不履行抚养义务时，未成年的或不能独立生活的子女，有要求父母付给抚养费的权利。这一规定表明，父母对未成年子女的抚养教育义务是无条件的，不得随意推诿。而对成年子女则是有条件的，对于不能独立生活的或生活有困难的成年子女，父母应根据需要负担其生活费或适当给予物质帮助。

同样，《民法典》也规定：子女对父母有赡养扶助的义务，子女不履行赡养扶助义务时，无劳动能力的或生活有困难的父母，有要求子女给付赡养费的权利。《民法典》还规定：子女应当尊重父母的婚姻权利，不得干涉父母再婚以及婚后的生活；子女对父母的赡养义务，不因父母的婚姻关系变化而终止。

（2）夫妻有保护和教育未成年子女的权利和义务，在未成年子女对国家、集体或他人造成损害时，父母有承担民事责任的义务。

（3）父母和子女有相互继承遗产的权利。

（4）父母对子女的姓名有同等的决定权，子女既可以随父姓，也可以随母姓。

父母子女关系适用于婚生父母子女、非婚生父母子女、养父母子女、继父母和受其抚养教育的继子女之间的关系。

（三）其他家庭成员之间的关系

1. 祖父母、外祖父母与孙子女、外孙子女之间有抚养或赡养的义务

我国《民法典》第1074条规定：有负担能力的祖父母、外祖父母，对于父母已经死亡或父母无力抚养的未成年的孙子女、外孙子女，有抚养的义务。由此可见，祖父母、外祖父母对孙子女、外孙子女的抚养义务是有条件的。同样，有负担能力的孙子女、外孙子女，对于子女已经死亡或子女无力赡养的祖父母、外祖父母，有赡养的义务。

2. 兄弟姐妹之间有抚养义务

《民法典》第1075条规定：有负担能力的兄、姐，对于父母已经死亡或父母无力抚养的未成年的弟、妹，有扶养的义务。由兄、姐扶养长大的有负担能力的弟、妹，对于缺乏劳动能力又缺乏生活来源的兄、姐，有扶养的义务。

 法律词典

我国《刑法》第260条规定：虐待家庭成员，情节恶劣的，处2年以下有期徒刑、拘役或者管制。犯前款罪，致使被害人重伤、死亡的，处2年以上7年以下有期徒刑。第261条规定：对于年老、年幼、患病或者其他没有独立生活能力的人，负有扶养义务而拒绝扶养，情节恶劣的，处5年以下有期徒刑、拘役或者管制。

四、收养关系

（一）收养的概念和特征

收养，是指公民依法将他人的子女收养作为自己的子女的一种要式法律行为。通过收养，收养人与被收养人之间形成一种拟制的父母子女关系。

收养有以下特征：

（1）收养是一种要式法律行为。收养关系当事人之间必须订立书面收养协议，并可以办理收养公证。收养查不到生父母的弃婴和儿童，应向民政部门登记。

（2）收养是一种民事法律行为。它产生于特定的公民之间，并对收养关系当事人有特别的限制。收养关系一经确定，对收养人、被收养人及其生父母都会发生一系列民事权利和民事义务的变化。

（3）收养关系依法确立后，即产生一种拟制血亲关系。收养人与被收养人之间就产生了父母子女身份关系和权利义务关系，而被收养人与生父母及其兄弟姐妹之间的身份关系和权利义务关系随之消失。收养关系可以依法产生，也可以依法解除。

（二）收养的条件

根据《民法典》的规定，收养必须符合下列条件：

（1）收养人一般应同时具备年满30周岁、未患有在医学上认为不应当收养子女的疾病、无不利于被收养人健康成长的违法犯罪记录、无子女或者只有一名子女且有抚养、教育和保护被收养人的能力的条件。

（2）被收养人一般应是丧失父母的孤儿、查找不到生父母的未成年人、生父母有特殊困难无力抚养的子女。

（3）无配偶者收养异性女子的，收养人与被收养人的年龄应当相差40周岁以上。

（4）送养人可以是公民，也可以是组织。它主要是指无力抚养子女的生父母，以及孤儿的监护人、社会福利机构等。独生子女的父母一般不得为送养人，监护人不得为推卸监护职责而送养孩子。

（5）收养行为必须有收养各方的合意，送养人或者收养人是夫妻的，须经夫妻双方都同意。被收养人已有识别能力的，还应征得其本人同意。

（三）收养的程序

收养必须履行一定的法律程序才能成立。《民法典》第1105条规定：收养应当向县级以上人民政府民政部门登记。收养关系自登记之日起成立。

从收养关系成立起，养子女与生父母之间的权利义务关系即自行消除，养子女与养父母之间的权利义务关系适用《民法典》中关于父母子女关系的规定。

（四）收养的解除

作为拟制血亲的收养关系可以依法通过双方协议或者诉讼程序解除。解除收养关系的途径主要有以下两个：

（1）经养父母和养子女同意（养子女未成年的应征得其生父母的同意），双方对财产和其他生活问题又没有争议，即可达成书面协议。然后，到有关部门办理手续。凡公证收养的，应到公证机关办理解除收养关系的公证手续；凡登记收养的，应到原登记机关办理解除收养关系的登记。

（2）一方要求解除收养关系，另一方不同意或者双方都同意，但在财产、住房等问题上有争议的，则须通过诉讼程序由人民法院通过调解或者判决解决。收养关系解除后，收养人与被收养人之间的权利义务关系即告终止，养子女与生父母之间的权利义务关系即行恢复。养子女已经成年并已独立生活的，同其生父母间的权利义务关系的恢复，可由双方协商确定。

■ 五、离婚

离婚，是指夫妻双方依照法律条件和程序解除婚姻关系的法律行为。离婚不仅直接涉及夫妻双方的人身关系、财产关系发生的变化，而且还涉及子女的抚养教育和亲属关系等问题，对家庭和社会也会造成一定的影响。

（一）离婚的条件和程序

离婚有两种不同的法律程序，男女双方自愿离婚的，需要依行政程序办理离婚登记。男女一方要求离婚的，可由有关部门进行调解或直接向人民法院提出离婚诉讼。

1. 协议离婚

协议离婚，是指男女双方自愿解除婚姻关系，并对离婚后子女抚养和夫妻财产的处理达成协议的，经国家有关行政部门认可即可解除婚姻关系。

协议离婚必须具备的条件：当事人双方必须为合法夫妻关系，双方当事人具有完全民事行为能力，当事人双方自愿离婚，必须对子女的抚养教育达成一致的协议，必须对夫妻共同财产进行适当处理。

协议离婚的程序：当事人申请离婚的，必须双方亲自到婚姻登记机关申请离婚；婚姻登记机关对离婚协议进行审查，对符合离婚条件的予以登记，发给离婚证。

2. 诉讼离婚

诉讼离婚，是指男女双方对离婚或离婚后子女抚养或财产分割等问题不能协议达成共识，男女一方向人民法院提起诉讼，由人民法院依法审理，以调解或判决方式结案的离婚制度。

（1）调解。调解是在人民法院审判人员的主持下，男女双方自愿达成协议的一种方式。调解必须经双方自愿，依法进行；调解无效，依法进行判决。根据事实和法律，可以判决离婚，亦可以判决不准离婚。

（2）判决离婚的法律条件。夫妻感情已破裂，调解无效，这是我国判决离婚的法律条件。如果夫妻双方感情确已破裂，又无和好的可能，则应准予离婚。《民法典》第1079条列举了调解无效，准予离婚的几种情况：第一，重婚或与他人同居的；第二，实施家庭暴力或虐待、遗弃家庭成员的；第三，有赌博、吸毒等恶习屡教不改的；第四，因感情不和分居满2年的；第五，其他导致夫妻感情破裂的情形。

若一方被宣告失踪，另一方提出离婚诉讼的，应准予离婚。

经人民法院判决不准离婚后，双方又分居满一年，一方再次提起离婚诉讼的，应当准予离婚。

3. 有关离婚的特别规定

我国《民法典》第1081条规定：现役军人的配偶要求离婚，应当征得军人同意，但军人一方有重大过错的除外。这体现了对现役军人这一特殊群体婚姻家庭的保护。这对安定军心、巩固国防、维护军人的合法权益具有重要的意义。同时，这也在一定程度上保护了现役军人配偶的离婚自由的合法权益。

（二）离婚后的父母与子女的关系

1. 父母与子女的关系，不因父母离婚而消除

离婚后，父母对子女仍有抚养和教育的权利和义务。子女的抚养应当综合考虑父母的经济状况和抚养能力，尊重子女的意见。

《民法典》第1085条规定：离婚后，子女由一方直接抚养的，另一方应负担部分或者全部抚养费，负担费用的多少和期限的长短，由双方协议；协议不成时，由人民法院判决。抚育费应定期给付，有条件可一次性给付，一般是至子女18周岁为止。当然，实践中应根据具体情况处理。

（1）子女的抚养问题。离婚后，不满2周岁的子女，以由母亲直接抚养为原则。已满2周岁的子女，父母双方对抚养问题协议不成的，由人民法院根据双方的具体情况，按照最有利于未成年子女的原则判决。子女已满8周岁的，应当尊重其真实意愿。

（2）探视权。《民法典》第1086条规定：离婚后，不直接抚养子女的父或母，有探望子女的权利，另一方有协助的义务。行使探望权利的方式、时间由当事人协议；协议不成时，由人民法院判决。父或母探望子女，不利于子女身心健康的，由人民法院依法中止探望；中止的事由消失后，应当恢复探望。

> **举案说法**
>
> 甲与乙大学毕业后就办理了结婚登记。婚后生育了一个男孩丙。由于夫妇俩工作任务都非常繁重，没有时间和精力照顾孩子，决定将1周岁的孩子送回乙的老家，由乙的父母帮助照看。3年后，由于各种矛盾造成甲乙两人感情破裂，双方决定离婚，但对于孩子的抚养问题，始终达不成协议，双方都坚持孩子由自己来抚养。于是，他们起诉到人民法院，要求获得孩子的抚养权。问题：（1）在夫妇条件相同的情况下，孩子应由谁抚养？（2）没有抚养权的一方，依法应当具有哪些权利和义务？
>
> 评析：（1）由乙来抚养。根据法律规定：夫方与妻方抚养子女的条件基本相同，双方均要求子女与其共同生活，但子女单独随祖父母或外祖父母共同生活多年，祖父母或外祖父母要求并且有能力帮助子女照顾孙子女或外孙子女的，可作为子女随父或随母生活的优先条件予以考虑。
>
> （2）没有抚养权的一方有抚养教育的权利和义务，有负担必要的生活费和教育费的部分或全部的义务，有探望的权利。

2. 离婚时的财产分割

离婚时，夫妻的共同财产由双方协议处理；协议不成时，由人民法院根据财产的具体情况，按照照顾女方、子女和无过错方权益的原则判决。对夫或者妻在家庭土地承包经营中享有的权益等，应当依法予以保护。离婚时的财产分割，具体按以下原则处理：

（1）夫妻书面约定婚姻关系存续期间所得的财产归各自所有，一方因抚育子女、照料老人、协助另一方工作等付出较多义务的，离婚时有权向另一方请求补偿，另一方应当予以补偿。

议一议

夫妻双方婚后用共同财产购买的（包括贷款）房屋，是否属于夫妻共同财产？离婚时该如何分割？

（2）离婚时，原为夫妻共同生活所负的债务，应当共同偿还。共同财产不足清偿的，或财产归各自所有的，由双方协议清偿；协议不成时，由人民法院判决。

离婚时，一方隐藏、转移、变卖、毁损、挥霍夫妻共同财产，或伪造债务企图侵占另一方财产的，分割夫妻共同财产时，对隐藏、转移、变卖、毁损、挥霍夫妻共同财产或伪造债务的一方，可以少分或不分。离婚后，另一方发现有上述行为的，可以向人民法院提起诉讼，请求再次分割夫妻共同财产。

（3）离婚时，如果一方生活困难，有负担能力的另一方应当给予适当帮助。具体办法由双方协议；协议不成的，由人民法院判决。

六、救助措施与法律责任

《民法典》赋予受害人请求帮助的权利，以及有关机关相应的救济义务。对违反《民法典》规定的当事人，有关机关要依法追究其法律责任，具体规定如下：

（1）实施家庭暴力或虐待家庭成员，受害人有权提出请求，居民委员会、村民委员会以及所在单位应当予以劝阻、调解。对正在实施的家庭暴力，受害人有权提出请求，居民委员会、村民委员会应当予以劝阻；公安机关应当予以制止。实施家庭暴力或虐待家庭成员，受害人提出请求的，公安机关应当依照治安管理处罚的法律规定予以行政处罚。

（2）对遗弃家庭成员，受害人有权提出请求，居民委员会、村民委员会以及所在单位应当予以劝阻、调解。对遗弃家庭成员，受害人提出请求的，人民法院应当依法做出支付扶养费、抚养费、赡养费的判决。

（3）对重婚的，对实施家庭暴力或虐待、遗弃家庭成员构成犯罪的，依法追究刑事责任。受害人可以依照刑事诉讼法的有关规定，向人民法院自诉；公安机关应当依法侦查，人民检察院应当依法提起公诉。

（4）有下列情形之一，导致离婚的，无过错方有权请求损害赔偿：重婚的，与他人同居的，实施家庭暴力的，虐待、遗弃家庭成员的，有其他重大过错的。

（5）离婚时，一方隐藏、转移、变卖、毁损夫妻共同财产，或伪造债务企图侵占另一方财产的，分割夫妻共同财产时，对隐藏、转移、变卖、毁损夫妻共同财产或伪造债务的一方，可以少分或不分。离婚后，另一方发现有上述行为的，可以向人民法院提起诉讼，请求再次分割夫妻共同财产。人民法院对前款规定的妨害民事诉讼的行为，依照民事诉讼法的规定予以制裁。

（6）对拒不执行有关扶养费、抚养费、赡养费、财产分割、遗产继承、探望子女等判决或裁定的，由人民法院依法强制执行。有关个人和单位应负协助执行的责任。

（7）其他法律对有关婚姻家庭的违法行为和法律责任另有规定的，依照其规定。

七、涉外、涉及华侨和港澳同胞婚姻的有关规定

（一）涉外婚姻

涉外婚姻，是指中国公民同外国人的结婚、离婚、复婚。

1. 结婚的条件

《婚姻登记条例》规定：中国公民和外国人结婚或离婚的，男女双方应当共同到内地居民常住户口所在地的婚姻登记机关办理结婚或离婚登记。也就是说，我国公民与外国人在中国境内结婚，一律适用我国《民法典》及相关司法解释的有关结婚条件的规定。

2. 结婚的程序

中国公民与外国人（包括常驻我国和临时来华的外国人、外籍华人、定居我国的侨民）在中国境内自愿结婚的，男女双方必须亲自到中国公民一方所在地的省、自治区、直辖市人民政府指定的婚姻登记机关申请登记。

3. 离婚的规定

中国公民与外国人在中国境内要求离婚的，应按《中华人民共和国民事诉讼法》（以下简称《民事诉讼法》）的有关规定，向有管辖权的人民法院提出离婚诉讼。不论双方是自愿离婚还是诉讼离婚，都由我国人民法院处理。子女抚养问题适用我国《民法典》的有关规定。

（二）涉及华侨、港澳台同胞的婚姻

内地居民同香港特别行政区居民、澳门特别行政区居民、台湾地区居民或华侨办理结婚、离婚、复婚，凡婚姻缔结地在中国内地的，适用我国《民法典》的有关规定。男女双方应当共同到内地居民常住户口所在地的婚姻登记机关申请登记。

双方自愿离婚并已对子女的抚养和财产做了妥善处理的，须共同到婚姻登记机关申请离婚登记。一方要求离婚或不能到婚姻登记机关申请离婚的，可由有关部门进行调解或直接到国内一方的户口所在地的人民法院提出离婚诉讼。

第二节 继 承

一、继承概述

（一）继承的概念

从法律上讲，继承是指财产继承，即公民死亡后依法或者依其生前所立的合法遗嘱，将其遗留的个人合法财产和其他合法权益转移给他人所有的一种法律制度。遗留财产的死者，称为被继承人；依法或依遗嘱取得财产的人，称为继承人。被继承人遗留的个人合法财产和其他合法权益，称为遗产；继承人依照法律规定或依被继承人生前所立遗嘱的指定而取得遗产的权利，称为继承权。我国《宪法》第13条规定：国家依照法律规定保护公民的私有财产权和继承权。《民法典》是国家保护公民私有财产继承权的基本法律。

（二）继承的基本原则

1. 继承权男女平等的原则

继承权男女平等的原则，是指被继承人不论男女有同样的处分自己遗产的权利；同一顺序的继承人不分男女都享有平等的继承权；夫妻双方都有继承对方遗产的权利。

2. 养老育幼的原则

养老育幼是中华民族的传统美德，继承法也把它作为一项基本的原则，规定对生活有特殊困难的缺乏劳动能力的继承人，在分配遗产时应当适当予以照顾，应当为未出生的胎儿保留继承份额。

3. 互谅互让、和睦团结的原则

在继承财产时，继承人应本着互谅互让、和睦团结的精神，友好协商，妥善处理遗产继承问题。分割遗产时，应适当考虑各继承人的实际经济状况、与被继承人的关系、对家庭的贡献等各种因素，互相协商来确定各继承人的继承份额。对生活有困难或缺乏劳动能力的继承人，在分配遗产时，应当予以照顾。

4. 权利和义务一致的原则

我国《宪法》规定：公民的权利和义务是一致的。继承法也充分体现了这一原则。《民法典》规定：继承人对被继承人在生前尽了主要扶养义务或者与被继承人长期共同生活，在分配遗产时，可适当多分；有扶养能力和有扶养条件的继承人，不尽扶养义务的，分配遗产时，应当不分或者少分；继承人遗弃或者虐待被继承人情节严重的，人民法院可依法判决剥夺其继承权。

 举案说法

> 王某的父亲因病不幸去世，生前留有两套遗产房屋。后来因其中一套住房面临拆迁，作为父亲的合法继承人，王某向继母及弟弟提出要求继承父亲遗产中属于自己的份额。继母及弟弟认为，她嫁出去几十年了，无权继承。王某一纸诉状将继母及弟弟告上人民法院，要求依法继承父亲遗产。
> 评析：本案中王某与其继母、弟弟均依法享有遗产继承权。因为《民法典》规定，配偶、子女、父母属于第一顺序继承人，男女享有同等继承的权利。王某不具有继承权被剥夺的情形，因此合法享有继承权。

（三）遗产的范围和继承权的丧失

遗产，是指公民死亡后遗留下来的个人合法财产和其他合法权益。公民死亡遗留的财产，只有其合法的个人财产才能算作遗产。公民生前以非法手段获得的财产，不能算作遗产，应按有关规定处理。

1. 遗产的范围

遗产的范围包括：公民的合法收入；公民的房屋、储蓄和生活用品；公民的林木、牲畜和家禽；公民的文物、图书资料；法律允许的公民所有的生产资料；公民著作权、专利权中的财产权利；公民的其他合法财产（如债权、有价证券）等。

公民个人承包应得的收益可以继承。个人承包，依照法律允许有继承人继续承包的，按承包合同办理。公民生前承包的山林、养殖等，其死亡时尚未取得承包收益的，可把死者生前对承包投入的资金和所付出的劳动及其孳息和增值，由有关单位或继续承包人合理折价、补偿，其价额作为遗产。

2. 继承权的丧失

继承从被继承人死亡时开始。因失踪被宣告死亡的，从人民法院的判决中确定的失踪人死亡之日开始。

丧失继承权有以下几种情形：

第一，继承人故意杀害被继承人的。继承人故意杀害被继承人，不论是既遂还是未遂，都会丧失继承权。因过失导致被继承人死亡的，不丧失继承权。

第二，为争夺遗产而杀害其他继承人的。如果不是为了争夺遗产而杀害其他继承人的，不丧失继承权。

第三，遗弃被继承人的，或者虐待被继承人情节严重的。

第四，伪造、篡改、隐匿或者销毁遗嘱，情节严重的。

第五，以欺诈、胁迫手段迫使或者妨碍被继承人设立、变更或者撤回遗嘱，情节严重的。

（四）遗产的放弃和遗产的分割

1. 遗产的放弃

继承开始后，继承人放弃继承的，应当在遗产处理前，做出放弃继承的表示。没有表示的，视为接受继承。继承人放弃继承应当以书面形式向其他继承人表示。用口头方式表示放弃继承，本人承认，或有其他充分证据证明的，也应当认定其有效。继承人放弃继承的意思表示，应当在继承开始后、遗产分割前做出。遗产分割后表示放弃的不再是继承权，而是所有权。遗产处理前或在诉讼进行中，继承人对放弃继承反悔的，由人民法院根据其提出的具体理由，决定是否承认。遗产处理后，继承人对放弃继承反悔的，不予承认。

受遗赠人应当在知道受遗赠后60日内，做出接受或者放弃受遗赠的表示。到期没有表示的，视为放弃受遗赠。

2. 遗产的分割

（1）夫妻共同财产、家庭共有财产中遗产的分割。夫妻在婚姻关系存续期间所得的共同所有的财产，除有约定的以外，如果分割遗产，应当先将共同所有的财产的一半分出为配偶所有，其余的为被继承人的遗产。遗产在家庭共有财产之中的，在进行遗产分割时，应当先分出他人的财产。

> **举案说法**
>
> 胡某生前立遗嘱将自己的一套大房子和20万元存款留给小女儿，另一套房子留给大女儿。胡某死后，小女儿拿着父亲的遗嘱向母亲李某要20万元存款，并要求将房产过户到自己名下。她的母亲李某不同意，小女儿起诉至人民法院。经审理查明，房产及存款均系夫妻共同财产，母亲胜诉。
>
> 评析：按照《民法典》的规定，遗嘱人只能处理自己的个人财产。关于个人遗产的范围界定，我国《民法典》中有明确规定。两套房屋和20万元存款属于胡某与妻子李某的共同财产，胡某对于属于妻子的那一部分财产是无权处理的。

（2）胎儿继承份额的保留。遗产分割时，应当保留胎儿的继承份额。胎儿出生时是死体的，保留的份额按照法定继承办理。

（3）遗产分割的原则和方法。遗产分割应当有利于生产和生活的需要，不损害遗产的效用。不宜分割的遗产，可以采取折价、适当补偿或者共有等方法处理。

（4）无人继承又无人受遗赠的遗产的处理。无人继承又无人受遗赠的遗产，归国家所有；死者生前是集体所有制组织成员的，归所在集体所有制组织所有。

（5）被继承人债务的清偿。继承遗产应当清偿被继承人依法应当缴纳的税款和债务，缴纳税款和清偿债务以他的遗产实际价值为限。超过遗产实际价值部分，继承人自愿偿还的不在此限。继承人放弃继承的，对被继承人依法应当缴纳的税款和债务可以不负偿还责任。执行遗赠不得妨碍清偿遗赠人依法应当缴纳的税款和债务。

二、法定继承

法定继承，是指由法律直接规定继承人的范围、继承顺序以及遗产分配原则，将遗产转归继承人的财产继承制度。

法定继承的特点：法定继承是以一定的人身关系为前提的，也就是被继承人与继承人之间的婚姻、家庭和血缘关系为依据而成立的继承关系；法定继承人的范围、继承顺序和遗产分配的原则都是由法律做出规定的，除了被继承人生前依法以遗嘱方式改变之外，其他人没有权利变更。

有下列情况之一者，可适用法定继承：第一，被继承人生前没有订立遗嘱或遗赠的；第二，有遗嘱，但有未处分的财产的；第三，遗嘱继承人或受遗赠人先于被继承人死亡的；第四，遗嘱继承人放弃继承或受遗赠人放弃受遗赠的；第五，无效遗嘱或部分无效遗嘱所处分的财产的；第六，遗嘱继承人丧失继承权的；第七，胎儿为死体的，为其保留的份额也按法定继承处理。

视 频

（一）法定继承人的顺序和范围

法定继承人的顺序，是指法定继承人继承遗产的先后次序。它是根据继承人与被继承人的血缘关系的远近及经济上相互依赖程度决定的。根据《民法典》的规定，遗产按下列顺序继承：

第一顺序为：配偶、子女、父母。

第二顺序为：兄弟姐妹、祖父母、外祖父母。

继承开始以后，由第一顺序继承人继承，第二顺序继承人不继承。没有第一顺序继承人继承的，由第二顺序继承人继承。婚生子女、非婚生子女、养子女和有扶养关系的继子女具有同等的继承权。《民法典》第1129条规定：丧偶儿媳对公婆，丧偶女婿对岳父母，尽了主要赡养义务的，作为第一顺序继承人。

 案例讨论

> 小丽在父母离婚后随母亲生活，她的父亲独自与小丽的祖父母生活。几个月前小丽的父亲去世，在去世前写下"自己的所有财产归父母"的遗嘱。但小丽认为自己与祖父母均是法律规定的第一顺序的继承人，遗产中应有自己的份额，故诉至人民法院请求按继承顺序进行分割。请讨论：如果你是法官，该如何判决？

（二）代位继承和转继承

1. 代位继承

代位继承，是指被继承人的子女先于被继承人死亡，被继承人的子女的晚辈直系血亲可以代替被继承人的子女继承其应继承的遗产。在代位继承关系中，已先于被继承人死亡的继承人，称为被代位人；代替被代位人继承遗产的人，称为代位继承人。

代位继承人只限于被继承人的子女先于被继承人死亡的情况。代位继承人只能是被代位人的晚辈直系血亲，被继承人的旁系亲属或长辈直系血亲都没有代位继承权。代位继承人只能继承被代位继承人应继承的份额。

代位继承只适用于法定继承。遗嘱继承人、受遗赠人先于被继承人死亡的，不适用代位继承。遗产中的有关部分应按法定继承来处理。

2. 转继承

转继承又称为再继承、连续继承，是指被继承人死亡后，继承人还没来得及接受遗产就死亡的，他所应继承的份额转归他的继承人继承。

转继承必须是继承人在继承开始以后，遗产分割前死亡，并且继承人没有丧失或放弃继承权的，才可适用转继承。

3. 代位继承和转继承的区别

（1）被继承人与继承人的死亡时间不同。在代位继承中，继承人先于被继承人死亡；而在转继承中，继承人后于被继承人死亡。

（2）继承人的范围不同。在代位继承中，作为被代位人的继承人必须是被继承人的子女，代位继承人只能是继承人的晚辈直系血亲。而在转继承中，继承人不仅可以是被继承人的子女，也可以是配偶、父母、兄弟姐妹、祖父母、外祖父母等有继承权的人。

三、遗嘱继承和遗赠

（一）遗嘱和遗嘱继承

遗嘱，是指被继承人在生前按照法律规定的内容和方式，对自己的财产预做处分并在死亡时发生效力的法律行为。遗嘱有遗嘱继承和遗嘱赠与（即遗赠）两种。

遗嘱继承，是指在被继承人死亡后，按其生前所立的遗嘱内容，将其遗产转移给指定的法定继承人的一种继承方式。遗嘱继承又称为指定继承。立遗嘱的被继承人称为遗嘱人，接受遗嘱的指定继承人称为遗嘱继承人。遗嘱继承和法定继承都是继承方式，但应首先按遗嘱的规定进行遗嘱继承；在没有遗嘱或者遗嘱被人民法院判决无效时，才按照法定继承方式进行。遗嘱继承优于法定继承。

视 频

（二）遗嘱的有效条件和形式

1. 遗嘱成立的有效条件

（1）立遗嘱人必须具有完全民事行为能力。无民事行为能力人或者限制民事行为能力人所立的遗嘱无效。遗嘱人立遗嘱时有民事行为能力，后来丧失了民事行为能力的，不影响遗嘱的效力。

（2）遗嘱必须是立遗嘱人本人真实意思的表示。立遗嘱是立遗嘱人按自己的意愿处分自己身后财产的法律行为。因受胁迫、欺骗所立遗嘱不能反映立遗嘱人的真实意愿，所以所立遗嘱无效。

（3）立遗嘱人必须按法定的程序和方式订立遗嘱，遗嘱内容必须合法。

（4）如果取消或减少法定继承人中未成年人、无劳动能力又无生活来源的人，以及未出生的胎儿对遗产的应继承份额，该遗嘱无效。

2. 遗嘱成立的形式

（1）公证遗嘱。公证遗嘱，是指经过国家公证机关办理了公证手续的遗嘱。遗嘱人必须亲自到有管辖权的公证机关或者请公证人员到现场办理遗嘱公证，不能委托他人代为办理。

> **法律词典**
>
> 《民法典》规定的5种遗嘱形式中，除了自书遗嘱外，都把见证人作为合法有效遗嘱的重要条件之一。所以法律规定见证人必须具备一定的资格。《民法典》第1140条规定：下列人员不能作为遗嘱见证人：无民事行为能力人、限制民事行为能力人以及其他不具有见证能力的人；继承人、受遗赠人；与继承人、受遗赠人有利害关系的人。

（2）自书遗嘱。自书遗嘱，是指由立遗嘱人亲自书写的遗嘱，须由立遗嘱人亲自签名，注明年、月、日。

（3）代书遗嘱。代书遗嘱，是指委托他人代笔书写的遗嘱。应当由遗嘱人指定两个以上的见证人在场，由其中一个人代书，注明年、月、日，代书人宣读遗嘱，遗嘱人认定无误后，由代书人、其他见证人和遗嘱人签名。

（4）录音遗嘱。录音遗嘱，是指以录音形式制作的遗嘱。录音遗嘱应当有两个以上的见证人在场见证。

（5）口头遗嘱。口头遗嘱，是指遗嘱人用口述的方式所立的对其遗产进行处分的遗嘱。口头遗嘱应有两个以上的见证人在场见证。危急情况解除后，遗嘱人能够用书面或者录音的形式立遗嘱的，所立的口头遗嘱无效。

遗嘱人立遗嘱后，如果认为原立遗嘱不妥，则有权利加以变更或撤销。

遗嘱人以不同形式立有数份内容相抵触的遗嘱时，其中有公证遗嘱的，以最后所立的公证遗嘱为准；没有公证遗嘱的，以最后一份遗嘱为准。自书遗嘱、代书遗嘱、录音遗嘱、口头遗嘱都不得撤销和变更公证遗嘱。撤销遗嘱后未立新遗嘱的，其财产按法定继承的方式办理。

（三）遗赠

1. 遗赠的概念

遗赠，是指公民以遗嘱方式将其财产的一部分或全部赠给国家、集体组织、社会团体或者法定继承人以外的人，并于遗嘱人死亡时生效的法律行为。

2. 遗赠的特点

（1）遗赠是遗赠人死亡时生效的单方无偿民事法律行为。只要将遗赠内容载入遗嘱，不需要受遗赠人的同意即为有效。

（2）遗赠只能是遗产的财产权利，而不包括财产义务。即受遗赠人不承担遗嘱人所欠税款和债务的义务，只是在遗嘱执行人或继承人清偿遗嘱人所欠的税款和债务后才接受遗赠的财产。遗嘱继承人在继承遗产的同时，也继承了遗嘱人所欠的税款和债务，但清偿的原则以遗产的实际价值为限。

（3）受遗赠人可以是国家、集体组织、社会团体或者是法定继承人以外的人。而遗嘱继承人只能是法定继承人范围以内的人。

3. 遗赠扶养协议

（1）遗赠扶养协议，是指受扶养人和扶养人之间关于扶养人承担受扶养人的生养死葬的义务，受扶养人将自己所有的财产遗赠给扶养人的协议。

（2）遗赠扶养协议自签订时生效。遗赠扶养协议的法律效力高于法定继承和遗嘱继承。

（3）解除遗赠扶养协议的法律后果：扶养人无正当理由不履行扶养义务，致使协议解除的，不能享有受遗赠的权利，其支付的扶养费用一般不予补偿，遗嘱人无正当理由不履行协议中的义务，致使协议解除的，应当偿还扶养人已支付的供养费用。

四、涉外继承

涉外继承，是指一个继承关系中所包含的被继承人、继承人、遗产所在地等诸要素中，至少含有一个涉外因素的继承。

（一）我国处理涉外继承的一般原则

1. 维护国家主权和当事人合法利益的原则

人民法院在处理涉外继承案件时，要以维护国家主权和当事人合法权益为准则，依法办事。

2. 平等互利的原则

与世界大多数国家一样，我国在处理涉外继承上，对外国人也采取国民待遇原则。

3. 国际条约优先适用的原则

我国《民法典》《民事诉讼法》规定人民法院在审理涉外继承案件时，应遵循国际条约优先的原则，即中华人民共和国缔结或参加的国际条约同上述法律中的规定有冲突的，适用国际条约的规定，但中华人民共和国声明保留的除外。

（二）涉外继承的法律适用

世界各国对涉外继承的法律适用，一般采取两种制度：一种是单一制，一种是区别制。

单一制，是指确立处理涉外继承关系所适用的准据法时不区分动产和不动产，而采取"依被继承人遗产所在地法原则"或"依被继承人死亡时的属人法原则"。区别制，是指在处理涉外继承关系时，将被继承人的遗产区分为动产和不动产，分别适用不同的准据法。

中国与外国订有条约、协定的，按照条约、协定办理。

复习思考题

一、简答题

1. 婚姻家庭的基本原则有哪些？
2. 结婚需要哪些条件和程序？
3. 列举婚姻无效情形。
4. 离婚条件有哪些？
5. 继承法的基本原则是什么？
6. 什么是法定继承与遗嘱继承？二者有什么区别？
7. 法定继承人的顺序和范围有哪些？
8. 遗嘱的有效条件和形式有哪些？

二、案例分析

1. 男方在婚前购买了一套房屋，在女方的要求下，男方在房屋产权证上加上了女方的名字。

根据上述案情，请分析：

在房屋产权证上女方加名有什么法律后果？这样的房屋是否属于夫妻双方的共有财产？离婚时这样的房屋应该怎么分割？

2. 刘某系湖北某市一名退休干部，配偶为张某。夫妻俩有三个儿子，其中一个人是刘某和前妻所生，一个女儿系收养的。刘某有一个哥哥名叫刘某江。此外，刘某还有三个孙子，一个外孙女。刘某于2017年12月死亡，留下价值30万元的一笔存款，此外尚有不动产、其他公司的股份共价值20万元，但未立遗嘱。

根据上述案情，请分析：

在刘某死后不久，其兄刘某江、其妻张某以及三个儿子同时主张遗产的继承，该案应怎么处理？

第七章 合 同

> 陆某是本市一套房屋的产权人。20××年5月,陆某的儿子拿着陆某的印章、身份证和房屋产权证原件委托一家房产中介公司出售房屋。房产中介公司及时找到了买家徐某。6月,陆某的儿子拿着陆某的印章等资料和徐某签订了房屋买卖合同,并到房地产交易中心办理了房屋过户手续。8月,徐某要求入住房屋时,遭到陆某的拒绝。陆某认为,自己的印章、身份证和房屋产权证是被儿子偷出去的,儿子的所作所为他并不知情。双方在交涉无果的情况下,陆某于8月15日起诉到人民法院,要求人民法院宣告房屋买卖合同无效。本案中涉及的是合同法中的房屋买卖合同的效力问题。

合同是平等主体的自然人、法人、其他组织之间设立、变更、终止民事权利义务关系的协议,合同规范是调整合同法律关系的重要依据,是《民法典》的重要组成部分。合同法律规范在规范市场主体及其交易行为、维护市场秩序、促进经济发展等方面,起着不可替代的作用。

本章主要从合同的订立、生效、履行、违约责任等方面进行了较为详细的阐述,旨在通过对合同相关内容的分析,使学习者对合同法律规范有初步的了解和理解,进而对身边发生的事能做出较为准确的判断,增强分析问题、解决实际问题的能力。

▼ 重点提示

- 合同的概念及特征
- 合同的分类
- 合同的订立
- 合同的效力
- 合同的履行
- 代位权、撤销权
- 合同的转让
- 违约责任

第一节 合同概述

一、合同的概念及特征

在合同法理论上,合同也称为契约,我国学者一般认为,合同在本质上是一种合意或者协议。《民法典》第464条规定：合同是民事主体之间设立、变更、终止民事法律关系的协议。据此可见，合同具有以下法律特征：

（1）合同是平等主体的自然人、法人、非法人组织实施的一种民事法律行为。民事法律行为是民事主体实施的能够引起民事权利和民事义务的设立、变更或者终止的合法行为。因此，只有在合同当事人所做出的意思表示符合法律要求的情形下，合同才具有法律约束力，并受到国家法律的保护。另外，合同是由平等主体的自然人、法人、非法人组织所订立的，这就是说，订立合同的主体在法律地位上是平等的，任何一方都不得将自己的意志强加给另一方。

（2）合同以设立、变更或者终止民事权利义务关系为目的。设立民事权利义务关系，是指当事人订立合同旨在形成某种法律关系（如买卖关系），从而具体地享受民事权利、承担民事义务。变更民事权利义务关系，是指当事人通过订立合同使原有的合同关系在内容上发生变化。变更合同关系通常是在继续保持原合同关系效力的前提下变更合同内容，如果因为变更使原合同关系消灭并产生一个新的合同关系，则不属于变更的范畴。终止民事权利义务关系，是指当事人通过订立合同，旨在消灭原合同关系。

（3）合同是当事人协商一致的产物，是意思表示一致达成的协议。合同是合意的结果，它必须包括以下要素：第一，合同的成立必须要有两个以上的当事人；第二，各方当事人须互相做出意思表示；第三，意思表示达成一致。

案例讨论

在一个大雪纷飞的傍晚，行人甲急于回城，恰遇乙开私家车经过，甲奔上前去，请求搭乘。乙说："搭乘回城可以，但天降大雪，道路湿滑，如发生事故，我可不承担责任。"甲应允。在回城途中，因路太滑，致使该车撞向路边大树，甲因此受伤并花去医药费若干。为此甲乙双方引起纠纷。请讨论：本案中甲乙之间的关系是否属于合同关系？乙是否对甲的受伤承担责任？为什么？

二、合同的分类

依据不同的标准，合同可以做出不同的分类，这种分类不仅可以针对不同的合同确定不同的规则，而且有助于司法机关在处理合同纠纷时准确地适用法律，正确地处理合同纠纷。

一般来说，合同可以做出以下分类：

（一）诺成合同与实践合同

根据合同的成立是否需要交付标的物，合同可以分为诺成合同和实践合同。

诺成合同又称为不要物合同，是指双方当事人意思表示一致就可以成立的合同。大多数的合同都属于诺成合同，如买卖合同、租赁合同、借款合同等。

实践合同又称为要物合同，是指除了当事人双方意思表示一致以外，尚需交付标的物才能成立的合同。在实践合同中，仅有双方当事人的意思表示一致，还不能产生合同上的权利义务关系，必须有一方实际交付标的物的行为，才能产生合同成立的法律效果。例如，赠与合同、小件寄存合同等。

在实践中，大多数的合同都属于诺成合同，少数合同为实践合同。

（二）要式合同与不要式合同

根据法律对合同的形式是否有特定要求，合同可以分为要式合同和不要式合同。

要式合同，是指根据法律规定必须采取特定形式的合同。对于一些重要的交易，法律常要求当事人必须采取特定的方式订立合同。

不要式合同，是指当事人订立的合同依法并不需要采取特定的形式，当事人可以采取口头形式，也可以采取书面形式。除了法律有特别规定以外，合同均为不要式合同。根据合同的自愿原则，当事人有权选择合同的形式，但对于法律有特别的形式要件规定的，当事人必须遵循法律规定。

（三）双务合同与单务合同

根据当事人是否互相负有给付义务，合同可以分为双务合同和单务合同。

双务合同，是指当事人双方互负对待给付义务的合同，即双方当事人互享债权、互负债务，一方的权利正好是对方的义务，彼此形成对价关系。如买卖合同、租赁合同等。

单务合同，是指合同双方当事人中仅有一方负担义务而另一方只享有权利的合同，如借用合同、赠与合同等。在实践中，大多数的合同都是双务合同，单务合同比较少见。

（四）有偿合同与无偿合同

根据当事人之间的权利和义务是否存在对价关系，合同可以分为有偿合同和无偿合同。

有偿合同，是指当事人一方给予对方某种利益，对方要得到该利益就必须为此支付相应代价的合同。在实践中，绝大多数反映交易关系的合同都是有偿的，如买卖合同、租赁合同、加工承揽合同、运输合同、仓储合同等。

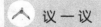

议一议

保管合同、委托合同是有偿合同还是无偿合同？为什么？

无偿合同，是指一方给付对方某种利益，对方取得该利益时并不支付相应代价的合同，如赠与合同、借用合同等。

在实践中，无偿合同的数量比较少。一般来说，双务合同属于有偿合同，但单务合同并非都是无偿合同。

（五）主合同与从合同

根据合同相互间的主从关系，合同可以分为主合同和从合同。

主合同，是指不以其他合同的存在为前提而能够独立存在的合同。

从合同，是指不能独立存在而以其他合同的存在为前提的合同。例如，甲与乙订立借款合同，丙为乙做担保而与甲签订保证合同，则甲与乙之间的借款合同为主合同，甲与丙之间的保证合同为从合同。

（六）有名合同与无名合同

根据法律是否明文规定了一定合同的名称，合同可以分为有名合同和无名合同。

有名合同，是指由法律赋予其特定名称及具体规则的合同。例如，我国《民法典》合同编中所规定的19类合同，即属于有名合同。

无名合同，是指法律上尚未确定一定的名称与规则的合同。根据合同的自愿原则，当事人可以自愿决定合同的内容，因此即使当事人订立的合同不属于有名合同的范围，只要不违背法律的禁止性规定和社会公共利益，也仍然是有效的。由此可见，当事人可以自愿订立无名合同。

第二节　合同的订立

一、合同订立的概念

合同的订立，是指当事人为设立、变更、终止财产性权利义务关系而进行协商、达成协议的过程。

由上可见，合同的订立主要有以下几个方面的含义：

（1）订约主体必须存在双方或者多方当事人。无论订约的主体涉及哪些人，合同必须存在着两个利益不同的订约主体，即合同必须具有双方当事人。合同订立是双方行为，只有一方当事人根本不能订立合同。

（2）订立合同应当经过一定程序或者方式。也就是说，当事人订立合同，要经过要约和承诺两个基本阶段。没有要约或者承诺，就不可能达成交易、订立合同。

（3）订立合同必须经过当事人协商一致。协商一致，是指当事人双方订立合同时必须协商并取得一致的意见。任何一方不得把自己的意志强加给另一方，不得采取欺诈、胁迫等违法手段签订合同。

（4）合同订立的结果是在当事人之间建立合同关系。通过订立合同这种行为，就在当事人之间确立了合同的权利义务关系，即设立、变更或者终止权利义务的关系。

二、合同订立的程序

当事人订立合同采取要约、承诺的方式。这种方式是当事人对合同的内容进行协商，达成意见一致的过程。当事人相互协商的过程，也就是合同订立的过程。

（一）要约

要约，是指当事人一方以一定条件订立合同为目的，而向对方提出确定的意思表示，也就是希望和对方订立合同的一种意思表示，即订约提议。

1. 要约必须具备三个条件

（1）要约人要表示订立某种合同的意思。在通常情况下，要约是向特定人提出，或向特定人的代理人提出。

（2）要约的内容必须明确、具体、肯定，即应该在要约中明确提出准备与对方签订合同的主要条件，以便受要约人确切知道要约的内容。一旦受要约人表示接受，双方当事人就可以成立合同。要约是一种意思表示，它不同于没有主要条款的一般订约通知或者一般订约愿望。要约经受要约人承诺，要约人即受该意思表示的约束。

（3）要约必须传递给受要约人或者其代理人，否则要约就没有法律效力。口头要约在对方了解其内容时发生法律效力，书面要约一般在送达对方或者其代理人时发生法律效力。

采用数据电文形式订立合同，收件人指定特定系统接收电文的，该数据电文进入该特定系统的时间，视为到达时间；未指定特定系统的，该数据电文进入收件人的任何系统的首次时间，视为到达时间。

案例讨论

甲公司通过电视发布广告，称自己有100辆某型号的汽车，每辆汽车的价格为15万元，广告有效期为10天。乙公司看到该广告后于第3天自带金额为300万元的汇票去甲公司买车，但甲公司的车此时已全部售完，无货可供。乙公司要求甲公司承担此行花费的费用2000元未果后起诉至人民法院。请讨论：甲公司的广告是否为要约？为什么？

2. 要约的法律后果

要约的法律后果，主要是指要约人在要约有效期限内受要约的拘束，具体表现为以下两种：

（1）要约中规定对方必须在一定时间内同意签订合同的，则在此期限内要约人不得撤销或者变更要约的内容。

（2）要约人负有与接受要约的对方订立合同的义务。要约在有效期内，受要约人一经接受，合同就此成立。

3. 要约的撤回和撤销

（1）要约的撤回。要约的撤回，是指要约人在发出要约后，于要约生效前取消要约。要约撤回的后果是要约不发生效力。要约的撤回，须符合以下要求：

①撤回要约，只能在要约生效前发出。

②撤回要约，须以通知受要约人的方式做出。

③撤回要约的通知应当在要约到达受要约人之前或者与要约同时到达受要约人。

（2）要约的撤销。要约的撤销，是指在要约生效后，要约人以自己的意思使要约溯及既往地不发生效力。撤销要约的通知应在受要约人发出承诺通知之前到达受要约人。有下列情形之一的，要约不得撤销：

①要约人确定了承诺期限或者以其他形式明示要约不可撤销。

②受要约人有理由认为要约是不可撤销的，并已经为履行合同做了合理准备工作。

要约一经撤销，即视为要约自始不生效。

4. 要约的失效

要约的失效，是指已经发生效力的要约因一定事由终止效力，对要约人和受要约人均不再有拘束力。有下列情形之一的，属于要约失效：

（1）拒绝要约的通知到达要约人。

（2）要约人依法撤销要约。

（3）承诺期限届满，受要约人未做出承诺。

（4）受要约人对要约的内容做出实质性变更。

（二）承诺

承诺，是指受要约人明确同意要约的意思表示，即接受提议。承诺也是一种意思表示，承诺人对要约表示同意后，合同即为成立，承诺人就负有履行合同的义务。

1. 承诺有效成立的必备条件

（1）承诺必须由受要约人向要约人做出。如果非受要约人代替受要约人做出承诺，则此承诺应视为对要约人发出的新要约，并不产生承诺的效力。

（2）承诺必须在要约有效期内做出。如果要约已经失效，则承诺人表达同意要约内容的意思表示，应视为向要约人发出新要约，不能产生承诺的效力。

（3）承诺的内容应当与要约的主要内容一致。承诺不能更改要约的实质内容。受要约人对要约的内容做出实质性变更的，为新要约。承诺对要约的内容做出非实质性变更的，除要约人及时表示反对或者要约表明承诺不得对要约的内容做出任何变更的以外，该承诺有效，合同的内容以承诺的内容为准。

（4）承诺应以要约要求的方式做出。承诺应当以通知的方式做出，但根据交易习惯或者要约表明可以通过行为做出承诺的除外。

2. 承诺的效力

（1）承诺生效的时间。在我国，承诺生效的时间采取到达主义，即承诺的意思表示到达要约人支配的范围内时，承诺发生法律效力。承诺不需要通知的，根据交易习惯或者要约的要求做出承诺的行为时生效。采用数据电文形式订立合同的，承诺到达的时间适用有关要约的规定。

（2）承诺的延迟。承诺的延迟，是指受要约人未在承诺期限内发出承诺。受要约人逾期承诺的，除了要约人及时通知受要约人该承诺有效的以外，为新要约。

议一议

要约与承诺的几个问题：

（1）甲向乙发出一份信函：我处现有存粮若干，欲卖与你方，速派人前来。请问这是不是要约？

（2）甲以书面形式向乙订购了一批货物，并要求乙立即发货。乙迅速准备货源并雇车，随后甲发出了撤销通知。请问甲的要约能否撤销？

（3）甲向乙发出一份要约，向乙订购1000公斤小麦，乙回复完全同意，但是现在只有500公斤小麦。请问乙的答复是承诺吗？

3. 承诺的撤回

承诺的撤回，是指受要约人在发出承诺通知以后，在承诺正式生效之前撤回其承诺。撤回承诺的通知应当在承诺通知到达要约人之前或者与承诺通知同时到达要约人。

4. 合同的成立

《民法典》第490条和第491条规定：当事人采用合同书形式订立合同的，自当事人均签名、盖章或者按指印时合同成立。在签名、盖章或者按指印之前，当事人一方已经履行主要义务，对方接受时，该合同成立。法律、行政法规规定或者当事人约定合同应当采用书面形式订立，当事人未采用书面形式但是一方已经履行主要义务，对方接受时，该合同成立。当事人采用信件、数据电文等形式订立合同要求签订确认书的，签订确认书时合同成立。当事人一方通过互联网等信息网络发布的商品或者服务信息符合要约条件的，对方选择该商品或者服务并提交订单成功时合同成立，但是当事人另有约定的除外。

《民法典》第492条和第493条规定：承诺生效的地点为合同成立的地点。采用数据电文形式订立合同的，收件人的主营业地为合同成立的地点；没有主营业地的，其住所地为合同成立的地点。当事人另有约定的，按照其约定。当事人采用合同书形式订立合同的，最后签名、盖章或者按指印的地点为合同成立的地点，但是当事人另有约定的除外。

三、缔约过失责任

缔约过失责任，是指在缔约过程中一方假借订立合同，实施损害对方的行为或者其他违背诚实信用原则的行为，给对方造成损害时应负的责任。

适用缔约过失责任的条件：

（1）缔约的一方违反了先合同义务。先合同义务，是指缔约人在订立合同的过程中产生的相互之间的注意的义务，包括协助、通知、照顾、保护、帮助、信任等义务。这些是基于诚实信用的基本原则产生的义务。

（2）对方当事人受到不应有的损失。

（3）一方的损失与对方的不履行法律义务有因果关系，即损失是由于对方的不履行义务的行为造成的，与对方的行为无关的损失不能算是缔约过错造成的。

（4）违反法律义务的一方有过错。即使是他的行为造成的，如果他没有过错，是他之外的原因造成的，他也不应该对此负责。

《民法典》第500条和第501条集中规定了缔约过失责任的主要种类：

（1）假借订立合同，恶意进行磋商；

（2）故意隐瞒与订立合同有关的重要事实或者提供虚假情况；

（3）有其他违背诚实信用原则的行为。如没有尽到通知义务、滥用对方的信用、没有尽到协助的责任等；

（4）泄露或者不正当地使用在订立合同过程中知悉的属于对方的商业秘密。

第三节 合同的效力

一、合同效力概述

（一）合同效力的概念

合同效力有广义和狭义两种含义和理解。广义的合同效力，是指合同的一般法律约束力，它存在于合同从成立至终止的全过程。狭义的合同效力，是指合同约定的权利和义务的约束力，它存在于合同从生效至失效的全过程。

（二）合同成立与合同生效

合同成立与合同生效的联系为：合同成立是合同生效的前提。合同成立解决的是合同存在与否的事实问题，而合同成立后是否发生效力则是法律价值的判断问题。

合同成立与合同生效的区别如下所述：

第一，性质不同。合同成立，是指合同订立过程的完成，以当事人的合意为基础；合同生效，是指合同符合法律的规定，从而产生法律拘束力，以法律规定为基础。第二，要件不同。只要当事人就合同的主要条款意思表示一致，合同即告成立。合同生效以合同成立为前提，除了当事人合意以外，还应当符合法律规定的生效要件：合同当事人需要具有相应的民事行为能力；意思表示真实；不违反法律或者社会公共利益等。第三，法律后果不同。合同不成立只能产生缔约过失责任、返还不当得利等民事责任。合同无效，不仅会产生民事责任，而且还可能引起行政责任或者刑事责任。第四，解释方法和意义不同。在合同的条款有遗漏或者不清楚的情况下，如果当事人已经就合同的主要条款达成了协议，人民法院仍可以认为合同已经成立，并依解释规则补充合同的遗漏，确定合同的内容。但是，如果合同的内容不符合法律规定的生效要件，人民法院无权通过合同解释的方法使其有效，只能依法认定其无效。

> **举案说法**
>
> 甲因出国留学，将自家的一幅名人字画委托好友乙保管。在此期间，乙一直将该字画挂在自己家中欣赏，来他家的人也以为这幅字画是乙的。后来乙因做生意急需钱，便将该幅字画以3万元价格卖给丙。甲回国后，发现自己的字画在丙家中，询问情况后，向人民法院起诉。请问，乙与丙之间的买卖合同效力如何？
>
> 评析：本案中，乙与丙之间的买卖合同属于效力未定的合同。因为乙的行为属于无权代理行为，需要等待甲决定是否做出追认。

二、合同效力的类型

(一) 合同生效

合同生效,是指已经成立的合同具备了法律所规定的生效要件时产生法律效力的一种状态。合同生效需要具备的法定生效要件,可分为一般要件和特殊要件。合同生效的一般要件,是指合同发生效力所普遍应具备的要件。合同生效的特殊要件,是指合同生效除了需要满足一般有效要件之外,还需要满足法律特别规定或者当事人特殊约定的有效要件。

1. 合同生效的一般要件

(1) 签约的合同当事人须具有相应的缔约能力。完全民事行为能力人具有完全的缔约能力,法律对其不予限制。限制民事行为能力人可以成为订立合同的主体,但只能订立与其年龄、智力、精神健康状况相适应的合同或者纯获利益的合同。而订立其他合同,须由法定代理人代理或者征得法定代理人的同意。无民事行为能力的人不具备缔约行为能力,因此其订立的合同无效。

法人的缔约能力受其经营范围的限制,但是法人超越其经营范围而订立的合同并非当然无效。但违反国家限制经营、特许经营以及法律、行政法规禁止经营规定的除外。

尽管非法人组织不具备独立的法律人格,但其仍具有缔约能力。与法人组织的不同之处在于,非法人组织不能独立承担民事责任。

(2) 意思表示真实。意思表示真实,是指订约者的意思表示与其真实的内在意思一致,并且其意思完全是基于自己的正确认识自愿形成的,未受到他人的不法干预或者不当的影响。

(3) 不违反法律、行政法规的强制性规定,不损害社会公共利益。部分条款违反法律、行政法规只是导致部分条款无效,并不影响其他条款的效力。

> **案例讨论**
> 张某是某企业的销售人员,随身携带盖有该企业公章的空白合同书,便于对外签约。后来,张某因收取回扣被企业除名,但盖有该企业公章的空白合同书未被该企业收回,张某以此合同书与他人签订买卖合同。请讨论:该买卖合同的性质应如何认定?

2. 合同生效的特殊要件

法律规定应当具备特殊生效要件的合同,主要包括应当办理批准、登记手续才能生效的合同和实践合同。法律规定应当办理批准、登记手续的合同,在办理法定手续后生效。在实践合同中,交付标的物为合同生效要件。

(二) 无效合同

1. 无效合同的概念

无效合同,是指合同已经具备成立要件,但欠缺一定的生效要件,因而自始、确定、当然地不发生法律效力。无效合同具有以下法律特征:

（1）无效合同是已经成立的合同。无效合同与未生效合同不同，尽管二者的前提都是合同已成立，但未生效合同只是一种暂时状态，而不是对合同的最终法律判断。因此，当合同未生效时，可以通过效力补正使合同生效。无效合同则是因为合同违法而当然无效、自始无效，不能补正。

（2）无效合同是不产生法律约束力的合同。但是无效合同仍会产生一定的法律效力，当合同被确认无效以后，同样会产生债的关系，这些债的关系不因合同无效而消灭。

（3）无效合同是自始无效的合同。合同一旦被确认为无效，将产生溯及力，使合同从订立时起就不具有法律约束力，已经履行的无效合同，应当采取返还财产、赔偿损失等措施，使当事人的财产恢复到合同订立前的状态。

（4）无效合同是当然无效的合同。无效合同是当然不能发生法律效力的合同。对于无效合同，任何人都可以主张其无效。但是，无效合同并不一定是指合同的内容全部无效，如果无效的原因仅存在于合同的一部分，而该部分无效又不影响其余部分时，则合同的其余部分仍然有效。

> **举案说法**
>
> 张某为一位文物收藏家，李某为一位富商。张某对外谎称已得到晋朝大书法家王羲之的《兰亭序》正本，李某欲购买收藏，便与张某达成买卖协议。协议约定，该《兰亭序》正本以100万元成交，在交付并经专家鉴定之前，李某预付20万元，余下80万元，待经专家鉴定之后补付。李某如约预付20万元，张某向李某交付了《兰亭序》正本，后经专家鉴定，该正本为明朝某一无名氏之伪作。为此，双方发生纠纷。张某与李某订立的合同效力如何？李某能否请求张某赔偿损失？
>
> 评析：本案中，由于《兰亭序》正本在我国早已失传，张某身为文物收藏家，在明知道事实的情况下，还谎称有《兰亭序》正本，该行为为欺诈行为。因为欺诈行为而签订的合同依据《民法典》的规定，该合同为可撤销合同。因此，李某可依据《民法典》的规定向人民法院申请撤销该合同。合同一旦撤销，张某除了应返还李某已付的20万元预付款以外，对李某因订立合同所支出的费用以及其他必要费用，应依法承担赔偿损失的责任。

2．无效合同的类型

（1）合同主体资格不合格者订立的合同。

①不具备法人资格的社会团体和组织以法人名义订立的合同。

②未经核准登记领取营业执照的经济组织和个体工商户以其名义订立的合同。

③超越主管机关批准的经营范围或者违反经营方式所签订的合同。

④不具有相应的民事权利能力和民事行为能力的当事人订立的合同。《民法典》第145条规定：限制民事行为能力人实施的纯获利益的民事法律行为或者与其年龄、智力、精神健康状况相适应的民事法律行为有效；实施的其他民事法律行为经法定代理人同意或者追认后有效。为了确保双方当事人的利益，维护有效的交易和提高交易的能力，《民法典》第145条还规定：相对人可以催告法定代理人自收到通知之日起30日内予以追认。法

定代理人未作表示的，视为拒绝追认。民事法律行为被追认前，善意相对人有撤销的权利。撤销应当以通知的方式作出。

（2）无代理权的人订立的合同。行为人没有代理权、超越代理权或者代理权终止后，仍然实施代理行为，未经被代理人追认的，对被代理人不发生效力，由行为人承担责任。被代理人已经开始履行合同义务或者接受相对人履行的，视为对合同的追认。

（3）法定代表人、负责人越权订立的合同。法人的法定代表人或者非法人组织的负责人超越权限订立的合同，除相对人知道或者应当知道其超越权限外，该代表行为有效，订立的合同对法人或者非法人组织发生效力。这是由于法定代表人、负责人订立的合同，除了违法行为以外，相对人很难知道其是否超越了权限。只有相对人知道或者应当知道法定代表人或者负责人越权而与之订立的合同，才属于无效合同。

（4）无处分权人处分他人财产的合同。无处分权的人处分他人财产，经权利人追认或者无处分权的人订立合同后取得处分权的，该合同有效，否则无效。

（5）内容不合法的合同。《民法典》第1编第6章中规定，属于下列情形的，合同无效：恶意串通，损害他人合法权益；以合法形式掩盖非法目的；违背公序良俗；违反法律、行政法规的强制性规定。

 知识链接

　　表见代理，是指行为人没有代理权、超越代理权或者代理权终止后以被代理人的名义进行的民事行为。表见代理具有如下特征：① 无权代理人并没有取得被代理人的明确授权，表见代理属于广义上的无权代理；② 表见代理在客观和外表上具有足以使人相信行为人具有代理权的理由；③ 合同的相对人在主观上必须是善意、无过失的，不知道或者不应当知道行为人实际上无代理权；④ 表见代理产生有权代理的法律后果。

《民法典》第506条规定，合同中的下列免责条款无效：造成对方人身伤害的；因故意或者重大过失造成对方财产损失的。

这种免责条款违反"公平原则"，往往使占据有利地位的一方将自己的意志强加于他人。这一规定仅是指该条款无效，并不影响合同其他条款的效力，不能因该条款无效而否定其他条款的效力。

（三）可撤销合同

可撤销合同，是指合同虽然已经成立，但是由于存在着法定的可撤销因素，经一方当事人请求，人民法院或者仲裁机构确认后予以撤销的合同。合同在被撤销之后，当事人之间的合同法律关系自始归于消灭。

下列合同，当事人一方有权请求人民法院或者仲裁机构变更或者撤销：因重大误解订立的；在订立合同时显失公平的；一方以欺诈、胁迫的手段，使对方在违背真实意思的情况下订立的合同，受损害方有权请求人民法院或者仲裁机构撤销。

>
>
> 甲公司与乙公司签订了一份秘密从境外买卖免税香烟并运至国内销售的合同。甲公司依双方的约定，按期将香烟运至境内。但乙公司提走货物后，以目前账上无钱为由，要求暂缓支付甲公司货款，甲公司同意。3个月后，乙公司仍未支付货款，甲公司多次索要无果，遂向当地人民法院起诉要求乙公司支付货款并支付违约金。请讨论：该合同是否具有法律效力？为什么？应如何处理？

有下列情形之一的，撤销权消灭：

（1）当事人自知道或者应当知道撤销事由之日起1年内、重大误解的当事人自知道或者应当知道撤销事由之日起90日内没有行使撤销权。

（2）当事人受胁迫，自胁迫行为终止之日起1年内没有行使撤销权。

（3）当事人知道撤销事由后明确表示或者以自己的行为表明放弃撤销权。

当事人自民事法律行为发生之日起五年内没有行使撤销权的，撤销权消灭。

三、无效合同或被撤销合同的处理

合同无效或者被撤销之后，该合同自始就不具有法律约束力。但是，合同部分无效，不影响其他部分效力的，其他部分仍然有效。对于合同无效或者被撤销之后造成的财产损失，应当根据当事人的过错大小，用以下三种办法处理：

（1）返还财产。返还财产是使当事人的财产关系恢复到合同签订以前的状态。如果当事人依据无效合同取得的标的物还存在，则应返还给对方；如果当事人依据无效合同取得的标的物已经不存在，不能返还或者没有必要返还的，则应折价补偿。

（2）赔偿损失。赔偿损失是过错方给另一方当事人造成损失时，应当承担的责任。过错方应当赔偿另一方当事人所受到的损失。如果双方都有过错，应当按照责任的主次、轻重来承担经济损失中与其责任相适应的份额。

（3）追缴财产。当事人恶意串通，损害国家、集体或者第三人利益的，因此取得的财产收归国家所有或者返还集体、第三人，并可依照行政、刑事方面的法律的规定，承担相应的行政责任和刑事责任。

第四节 合同的履行

一、合同履行概述

（一）合同履行的概念

合同履行，是指合同义务人严格依照合同的约定或者法律的规定，全面、适当地履行其合同义务，使合同权利人的利益得以实现的行为。

（二）合同履行的特征

（1）合同履行是合同的基本法律效力。合同履行是合同效力的集中体现和主要内容，是"契约必须严守"原则的基本要求。

（2）合同履行是合同当事人所为的特定行为。当事人的履约行为是合同债权得以实现的一般条件，这也是债权与物权在实现方式上的基本区别。

（3）合同履行应当是给付行为与给付结果的统一。

（4）合同履行是合同权利义务关系终止的一种原因。即合同履行是合同权利义务关系消灭的正常原因。

二、合同履行的原则

（一）全面履行原则

全面履行原则，又称为适当履行原则，是指当事人按照合同约定的标的及其质量、数量，由适当的主体在适当的履行期限、履行地点，以适当的履行方式，全面完成合同义务的履行原则。

（二）诚信履行原则

诚信履行原则，是指合同当事人应当本着协作、互助的精神，履行合同义务，实现合同目的。协作履行包括以下内容：

1. 及时通知义务

凡是在合同履行中所发生的对合同的履行有影响的客观情况，当事人都负有相互及时通知的义务。

2. 相互协助义务

相互协助义务要求：

（1）债务人履行合同债务，债权人应当适当受领给付。

（2）在债务人履行合同债务，需要债权人提供必要协助时，债权人应当按照债务人的要求创造必要的条件，为其提供方便。

（3）一方当事人在对方因故不能履行或者不能完全履行时，应当积极采取措施，避免或者减少损失，防止损失扩大，否则其应当对因未及时采取合理措施导致损失扩大的部分自行负责。

3. 保密义务

依据诚信原则，当事人在合同履行中负有保密义务。一方当事人对在合同履行中知悉的商业秘密或者其他应当保密的信息，不得泄露或者不正当地使用。该保密义务在商事活动中比较典型。

（三）绿色原则

《民法典》合同编第509条第3款规定：当事人在履行合同过程中，应当避免浪费资源、污染环境和破坏生态。这与《民法典》总则编的绿色原则相呼应。绿色原则是落实党中央关于建设生态文明，实现可持续发展理念的要求，是贯彻宪法关于保护环境规定的要求，因此，合同履行中必须加以贯彻落实。

三、合同履行的规则

（一）履行的主体

合同履行的主体，是指合同中的债权人与债务人。当事人也可以约定由第三方履行。

（二）约定不明的合同的补充规则和解释规则

1. 约定不明的合同的补充规则

合同生效后，当事人就质量、价款或者报酬、履行地点等内容没有约定或者约定不明确的，可以补充协议；不能达成补充协议的，按照合同有关条款或者交易习惯确定。

2. 约定不明的合同的解释规则

当事人就有关合同内容没有约定或者约定不明确，依照上述补充规则仍不能确定的，适用下列规则确定：

（1）质量要求不明确的，按照强制性国家标准履行；没有强制性国家标准的，按照推荐性国家标准履行；没有推荐性国家标准的，按照行业标准履行；没有国家标准、行业标准的，按照通常标准或者符合合同目的的特定标准履行。

（2）价款或者报酬不明确的，按照订立合同时履行地的市场价格履行；依法应当执行政府定价或者政府指导价的，依照规定履行。

（3）履行地点不明确，给付货币的，在接受货币一方所在地履行；交付不动产的，在不动产所在地履行；其他标的，在履行义务一方所在地履行。

（4）履行期限不明确的，债务人可以随时履行，债权人也可以随时请求履行，但是应当给对方必要的准备时间。

（5）履行方式不明确的，按照有利于实现合同目的的方式履行。

（6）履行费用的负担不明确的，由履行义务一方负担；因债权人原因增加的履行费用，由债权人负担。

（三）政府定价变化时的履行规则

执行政府定价或者政府指导价的，在合同约定的交付期限内政府价格调整时，按照交付时的价格计价。逾期交付标的物的，遇到价格上涨时，按照原价格执行；遇到价格下降时，按照新价格执行。逾期提取标的物或者逾期付款的，遇到价格上涨时，按照新价格执行；遇到价格下降时，按照原价格执行。

> **举案说法**
>
> 甲与乙签订了一份大米买卖合同,甲为卖方,乙为买方。同时约定,甲将大米发货给丙,因为乙与丙签订了一份大米购销合同,乙为卖方,丙为买方。甲的所在地在A市,乙的所在市为B市,丙的所在地在C市。甲将大米发货给丙后,要求丙支付运费若干,理由是合同中没有约定履行费用的承担主体,因此作为收货方的丙应承担运费,但丙不同意,为此引起纠纷。请问:本案中合同履行地点应在哪里?运费应由谁承担?
>
> 评析:本案中甲、乙约定由甲将大米发货给丙,虽然该约定未具体指明合同的履行地点,但已经表明甲负有运送货物的义务。因此,合同履行地点应为丙的所在地C市。同时,合同中未约定运费承担问题,发生争议后,也未能协商解决,根据履行费用的负担不明确的,由履行义务一方负担的履行规则,应由甲承担运费。

四、合同履行中的抗辩权

(一)同时履行抗辩权

1. 同时履行抗辩权的概念

同时履行抗辩权,是指双务合同未约定债务履行的先后顺序时,一方当事人在对方当事人未履行对待给付前,可以拒绝履行自己债务的权利;在对方当事人履行给付义务不符合约定时,也可以拒绝其相应的履行要求。

2. 同时履行抗辩权的构成要件

(1)双方当事人须因同一双务合同而互负债务。同时履行抗辩权基于合同当事人的权利和义务的牵连性,一方当事人履行与对方当事人对待履行互为条件、互相依存。

(2)双方互负的债务没有先后履行顺序,且均已届清偿期。

(3)一方当事人未履行债务或者其履行不符合规定。一方当事人向对方当事人请求履行债务时,须自己已经履行或已经提出履行,否则对方当事人可行使同时履行抗辩权,拒绝履行自己的债务。一方当事人的履行不适当时,对方当事人可以行使同时履行抗辩权。

比如,卖方在同时履行的日期根本无法供货,买方在同时履行的日期有权不付款。例如,100万吨化肥的买卖合同,买方了解到卖方只有80万吨化肥,而且不可能在履行日期提供另外20万吨化肥,则买方在同时履行的日期有权仅支付80万吨化肥的价款,而拒绝支付另外20万吨化肥的价款。

(二)后履行抗辩权

1. 后履行抗辩权的概念

后履行抗辩权,是指当事人互负对待给付义务,且有先后履行顺序,应先履行一方当事人未履行的,后履行一方当事人有权拒绝其履行要求;应先履行一方当事人履行给付义务不符合约定的,后履行一方当事人有权拒绝其相应的履行要求。

2. 后履行抗辩权的构成要件

（1）双方当事人须基于同一双务合同而互负债务。

（2）双方互负的债务有先后履行顺序，且均已届清偿期。当事人的债务履行顺序，应当按照法律规定、当事人约定或者交易习惯予以确定。

（3）先履行一方当事人未履行或者其履行不符合约定。合同履行存在先后顺序时，负有先履行义务的一方当事人应当先履行，若先履行义务的一方当事人的债务已届清偿期而不履行，则属于违约，后履行一方当事人有权拒绝其履行要求。如果先履行一方当事人的履行不符合约定，则后履行一方当事人有权拒绝其相应的履行要求。

（三）不安抗辩权

1. 不安抗辩权的概念

不安抗辩权，是指在双务合同中，应当先履行债务的一方当事人，有确切证据证明对方当事人已经或者可能丧失履行债务的能力，可以中止履行合同并在法定条件下解除合同的权利。

2. 不安抗辩权的构成要件

（1）双方当事人须基于同一双务合同而互负债务。

（2）双方互负的债务有先后顺序，且先履行的一方当事人的债务已届履行期。合同债务有先后履行顺序的，先履行的一方当事人应当先为给付。但是，如果后履行的一方当事人难以做出对待履行，先履行的一方当事人在履行义务后，则有可能使自己的利益受损。

> 举案说法
>
> 甲与乙签订了500台电视机的买卖合同，由乙先供货，甲后付款，后乙发现甲经营不善，产品积压价值达到1000万元，而且欠了许多供货商的货款，乙以此作为证据，拒绝先将500台电视机交付给甲。请问：乙的行为是否构成违约？为什么？
>
> 评析：此案中乙的行为不仅不违约，反而是合法行为，属于行使不安抗辩权，目的在于防止风险和损失的扩大。

（3）后履行的一方当事人有丧失或者可能丧失履行债务能力的情形。先履行债务的一方当事人，有确切证据证明对方有下列情形之一的，可以中止履行：经营状况严重恶化；转移财产、抽逃资金，以逃避债务；丧失商业信誉；有丧失或者可能丧失履行债务能力的其他情形。

行使不安抗辩权可能发生三种效力：

（1）中止履行合同，即暂停履行或者延期履行合同。

（2）恢复履行，即在中止履行并通知对方后，后履行一方当事人提供适当担保时，先履行的一方当事人应当恢复履行。

（3）解除合同，即在中止履行后，后履行一方当事人在合理期限内未恢复履行能力并且未提供适当担保的，中止履行的一方当事人有权解除合同。

五、合同的保全

（一）合同保全概述

合同保全，是指为防止因债务人的财产不当减少而给债权人的债权带来危害，允许债权人代债务人之位向第三人行使债务人的权利或者请求人民法院撤销债务人与第三人的法律行为的法律制度。其中，债权人代债务人之位向第三人行使债务人的权利，称为债权人的代位权；债权人请求人民法院撤销债务人与第三人的法律行为的权利，称为债权人的撤销权。

（二）代位权

1. 代位权的概念

代位权，是指当债务人怠于行使其对第三人享有的到期债权而危及债权人的债权时，债权人为保全其债权，可以自己的名义代位行使债务人对第三人的债权的权利。

2. 债权人行使代位权的构成要件

（1）债务人须享有对第三人的到期债权。债务人对第三人享有合法债权，且该债权已届清偿期，是债权人行使代位权的前提条件。

（2）债务人怠于行使其债权。债务人怠于行使其债权，是指债务人应当行使，并且能够行使而不行使其债权。

（3）债务人怠于行使其债权的行为影响债权人到期债权的实现。

（4）作为债权人代位权行使对象的债务人的到期债权，应当以非专属于债务人的债权为限。专属于债务人的债权，是指基于扶养关系、抚养关系、赡养关系、继承关系产生的给付请求权和劳动报酬、退休金、养老金、抚恤金、安置费、人寿保险、人身伤害赔偿请求权等权利。

3. 代位权的行使

（1）债权人以自己的名义行使。债权人应当以自己的名义行使代位权，并且应当尽到善良管理人的注意义务；否则，给债务人造成损失的，债权人应负损害赔偿责任。

（2）通过诉讼的方式行使。债权人代位权必须通过诉讼程序行使。

案例讨论

孙某向许某借款1.5万元，约定半年后本息一次还清。孙某用此款与他人合伙倒卖旧家电，被登记机关查获，旧家电被全部没收并每人罚款1万元。孙某为翻本，倾其所有财产再次经营家电生意，结果又亏损，至还款期届满，已经无支付能力。许某多次催要，未果。某日，许某又向孙某催债，恰有姜某找孙某还款，孙某连忙将话岔开并进行掩饰。原来孙某数年前曾借给姜某1万元作为经营资金，现在本息已达2万元。姜某准备归还孙某该借款本息，但孙某认为收回这2万元也得还债，让姜某暂不要归还。1年后，孙某仍无归还许某借款的意思，许某向人民法院起诉要按行使代位权向姜某催债。请讨论：人民法院能否支持许某的起诉？为什么？

（3）代位权行使的效力。债权人向次债务人提起的代位权诉讼经人民法院审理后认定代位权成立的，由次债务人向债权人履行清偿义务，债权人与债务人、债务人与次债务人之间相应的债权债务关系即予消灭。

（4）代位权行使的范围。以保全债权人的债权为限度，在必要的范围内可同时或者顺次代位行使债务人的数个权利。

（三）撤销权

1. 撤销权的概念

撤销权，是指债务人实施处分其财产的行为，影响债权人的债权实现时，债权人可以通过向人民法院提出申请撤销其行为，恢复债务人财产的权利。

2. 撤销权的构成要件

（1）客观要件。客观上须是债务人实施了影响债权人债权实现的行为，包括放弃债权、放弃债权担保、无偿转让财产、以明显不合理的低价转让财产等。这些行为并不当然产生债权人的撤销权，只有当这些行为影响债权人的债权时，才允许债权人行使撤销权。影响债权人的债权，是指债务人的责任财产减少，清偿能力降低，致使债权人的债权不能实现，进而对债权人造成损害。

（2）主观要件。债务人以无偿行为损害债权时，债权人的撤销权不以债务人和受益人的主观因素为构成要件；只有当债务人以有偿行为损害债权时，才要求债务人与受益人均为恶意，即债务人知道自己的行为损害债权人的债权而故意为之，并且受益人也知道该情形的，债权人方可行使撤销权。

3. 撤销权的行使

（1）撤销权的主体。撤销权的行使，必须由享有撤销权的债权人以自己的名义向人民法院提起诉讼，请求人民法院撤销债务人不当处分财产的行为。

（2）撤销权的行使范围。撤销权的行使范围以债权人的债权为限。

（3）撤销权的行使期间。撤销权自债权人知道或者应当知道撤销事由之日起1年内行使。自债务人的行为发生之日起5年内没有行使撤销权的，该撤销权消灭。

第五节 合同的变更、转让和终止

一、合同的变更

（一）合同变更概述

合同变更可以分为广义的合同变更和狭义的合同变更两种。广义的合同变更，是指合同内容和主体的变化；狭义的合同变更，仅指合同内容的变化，不包括合同主体的变化。以下述及的合同变更，仅指狭义的合同变更。

合同变更具有以下特征：

（1）合同变更仅指合同的内容发生变化，而合同当事人保持不变。
（2）合同变更是合同内容的局部变更，是合同的非根本性变化。
（3）合同变更通常依据双方当事人的约定，也可能基于法律的直接规定。
（4）合同变更只能发生在合同成立之后，尚未履行或者尚未完全履行之前。

（二）合同变更的要件

1. 原有合同关系有效存在

合同变更是对已有合同的改变，因此合同关系的有效存在是合同变更的首要条件。

2. 具有变更合同的根据

变更合同的根据，是指合同变更应当基于一定的法律事实而发生。

（1）以双方当事人协商一致为基础。双方当事人协商一致，可以变更合同。协商变更合同的情况下，变更合同的协议也应当符合民事法律行为的有效要件。

（2）基于法律的规定变更合同。一类是法律效果可以直接发生，不以人民法院裁决为必经程序；另一类是不能直接发生法律效果，须经人民法院裁决程序的变更。

3. 合同内容的变化

合同内容须发生变化，否则不能构成合同的变更。无论变更哪些内容，均需合同当事人明确约定，否则推定为未变更。

4. 遵守法定的变更方式

法律、行政法规规定合同变更应当办理批准、登记等手续的，依照其规定。如果法律、行政法规对于合同变更的形式未做强制性规定，当事人可以协商决定合同变更的形式。通常情况下，合同变更的形式应当与原合同的形式一致。

（三）合同变更的效力

合同当事人就合同变更达成一致后，合同债权债务关系就发生了相应的变更，合同变更后的效力体现如下：

（1）当事人应当按照变更后的合同内容履行。任何一方违反变更后的合同内容，都将构成违约。

（2）合同的变更没有溯及力。合同的变更只对合同未履行的部分有效，对合同已经履行的内容不发生效力。

（3）合同的变更对从权利的影响。合同债权人和债务人之间变更合同的协议不应对提供担保的第三人当然发生效力，变更时双方当事人应取得担保人的同意，且此种同意应通过书面的形式做出，否则变更对第三人不发生效力。

（4）合同的变更不影响当事人请求损害赔偿的权利。

举案说法

王某于8月向某家具店定作结婚家具一套，双方约定，家具店于9月10日交货。9月8日，家具店通知王某，因工作失误家具店发生火灾，烧毁了部分已做好的家具，要求迟延履行合同。当时，王某因与其未婚妻闹意见，婚礼推迟，因此未对家具店的要求做出答复。9月15日，王某与其未婚妻正式分手，婚礼取消。王某于9月16日通知家具店，解除合同。此时，家具店以大部分家具已做好为由，拒绝解除合同，双方发生争议。请问：本案应该如何解决？

评析：本案中家具店要求延期履行合同，但王某没有做出答复，应认为双方对变更合同履行期限没有达成一致意思，故合同没有变更。根据合同约定，家具店应在9月10日交货，其没有按期交货，构成违约，应承担违约责任。同时，王某作为本承揽合同的定作人，享有合同的任意解除权，但王某因解除合同给家具店造成的损失，应由其赔偿。

二、合同的转让

（一）合同转让概述

1. 合同转让的概念

合同转让，是指合同的一方当事人依法将其合同中的权利或者义务，全部或者部分转让给第三人的法律行为。其实质是合同的主体发生变更，包括债权让与、债务承担及债权债务的概括转移。

2. 合同转让的特征

（1）合同转让是合同主体变更。合同转让通常导致第三人替代原合同的一方当事人，或者加入合同关系之中，成为合同当事人。

（2）合同的转让并不改变原合同的权利或者义务内容。转让后的合同内容与转让前的合同内容具有同一性。

（3）合同的转让通常涉及两个相关的法律关系。合同的转让涉及原合同当事人双方之间的关系，以及转让人与受让人之间的关系。

3. 合同转让的构成要件

（1）须有合法有效的合同关系。合同的有效存在是该合同中的权利或者义务能被让与或者承担的基本前提。

（2）当事人须就合同转让事宜达成有效的协议。

（3）合同转让应符合法律规定的程序。法律要求在转让合同的权利或者义务时，应当取得原合同对方当事人的同意或者及时通知对方当事人。此外，法律、行政法规规定转让权利或者转移义务应当办理批准、登记等手续的，应依照其规定。

（4）合同的转让不得违背法律规定，且不能违反社会公共利益。

（二）债权让与

1. 债权让与的概念

债权让与，是指在不改变合同内容的前提之下，债权人通过协议将其债权全部或者部分地转让给第三人的法律行为。

2. 债权让与的构成要件

（1）须有合法有效的合同债权存在。合同债权的有效存在是该合同中的权利能够被让与的基本前提。

（2）合同权利须通过协议转让。合同债权的转让人和受让人之间达成转让合同债权的协议，是合同权利转让的法律依据。

（3）让与的债权须具有可转让性。下列债权不得转让：① 依照合同的性质不可转让的；② 当事人特别约定禁止转让的债权；③ 依照法律规定不得转让的。

（4）债权让与须通知债务人。只要让与人将让与事实通知了债务人，债权让与便对债务人发生法律效力。

3. 债权让与的效力

（1）债权让与的对内效力，即债权让与对让与人和受让人双方当事人的效力。在债权全部让与的情况下，让与人脱离原债权债务关系，受让人取代原债权人的地位，享有原合同债权；债权部分让与的，原债权人就转让的部分丧失债权，与受让人一起就各自的部分享有独立的债权。

让与人应当告知受让人有关主张债权的一切必要情况，并对出让的债权及其从权利负有权利瑕疵担保责任。

（2）债权让与的对外效力，即债权让与对让与合同当事人之外关系人的效力，主要是指对债务人及保证人的效力。① 对债务人的效力。债权转让的，债务人成为受让人的债务人；债务人接到债权转让通知后，债务人对让与人的抗辩可以向受让人主张；债务人对让与人享有债权，并且债务人的债权先于转让的债权到期或者同时到期的，债务人可以向受让人主张抵销。② 对保证人的效力。原则上保证责任并不受债权让与的影响，另有约定的除外。

> **诚 举案说法**
>
> 甲向乙借款1万元，约定还款期限为1年。半年后，乙到丙处，发现全套张国荣纪念光盘，就想买下来。乙、丙经过多次协商后，丙以1万元的价格将该套光盘卖给乙。恰好此时，甲的借款已经到期，乙、丙遂协商，由甲将1万元交付丙，丙表示同意。乙通知了甲，但未取得甲的同意。试分析本案的合同转让性质。
>
> 评析：本案中合同转让属于合同债权的转让，根据法律规定，合同债权的转让应该是合法有效的债权，该债权具有让与性，且通知了债务人，因此本案中的债权转让合同是有效的。

(三) 债务承担

1. 债务承担概述

债务承担，是指在不改变合同内容的前提下，债权人、债务人通过与第三人订立协议，将债务全部或者部分地移转给第三人承担的法律行为。它可以分为免责的债务承担和并存的债务承担。免责的债务承担，是指债务人将自己的合同债务完全移转给第三人，债务人退出原合同关系，并不再承担合同债务的法律行为；并存的债务承担，是指债务人仅将自己的部分债务让与第三人，自己仍然承担部分合同债务的法律行为。合同债务承担与第三人代为履行的本质区别是：原债务人和第三人的法律地位不同。

2. 债务承担的构成要件

（1）须有合法有效的债务。债务承担的前提就是债务的有效存在。

（2）债务具有可移转性。以下债务具有不可移转性：① 性质上不可移转的债务；② 当事人在合同中特别约定不得移转的债务；③ 依法不得移转的债务。

（3）债务承担须征得债权人的同意。债权人的同意是债务承担合同对债权人的生效要件。

3. 债务承担的效力

（1）第三人取得债务人的法律地位。

（2）新债务人取得抗辩权，即新债务人可以主张原债务人对债权人的抗辩。

（3）从债务一并转移，即新债务人应当承担与主债务有关的从债务，但该从债务专属于原债务人自身的除外。

（4）对保证人的影响。免责的债务承担中，未经保证人书面同意，保证人不再承担保证责任；并存的债务承担中，未经保证人书面同意，保证人仅对原债务人保留的债务承担保证责任，对新债务人的债务不承担保证责任。

（四）债权债务的概括转移

1. 债权债务的概括转移概述

债权债务的概括转移，是指债的关系的一方当事人将其权利和义务一并转移给第三人，第三人一并接受其转让的权利和义务。

鉴于债权债务的概括转移实际上包含了债权让与和债务承担，因此，有关债权让与和债务承担共同适用的规则同样适用于债权债务的概括转移。

2. 债权债务的概括转移的类型

（1）意定的概括承受，又称合同承受，是指根据当事人之间的协议发生的概括承受。

（2）法定的概括承受，是指依据法律规定产生的债权债务的概括承受。如企业合并或者分立等。

三、合同的终止

（一）合同终止概述

合同终止，又称合同消灭，是指一定法律事实的发生使合同设定的权利和义务归于消灭，合同关系在客观上不复存在。

合同终止的原因有清偿、解除、抵销、提存、免除、混同及法律规定或者当事人约定终止的其他情形。其中，清偿是合同终止的常态，是最普遍、最正常的合同终止原因。

合同的权利义务终止后，当事人还需承担后合同义务，即根据交易习惯履行通知、协助、保密等义务。

（二）合同解除

1. 合同解除概述

合同解除，是指在合同有效成立之后、履行完毕之前，当事人依照法律规定或者合同约定的条件和程序，终止合同效力，结束合同确定的权利和义务关系的一种民事法律行为。合同解除具有以下法律特征：

（1）合同解除适用于有效成立的合同。

（2）合同解除必须具备一定条件。禁止当事人在没有任何法定或者约定根据的情况下任意解除合同。

（3）合同的解除必须有解除行为，包括当事人双方协商同意或者有解除权的一方做出解除的意思表示。

（4）合同解除的效力是使合同关系自始消灭或者向将来消灭。当事人可以通过意思表示选择合同解除的效力，当事人没有特别约定的，合同解除的效力应溯及合同订立之时起。

2. 合同解除的种类

合同解除的种类有两种：意定解除和法定解除。

（1）意定解除。意定解除是最普遍适用的一种合同解除方式，包括约定解除与协商解除两种。约定解除，是指当事人事先约定解除合同的条件，当解除合同的条件成就时，合同得以解除。协商解除，是指当事人通过协商订立新合同以解除原合同。

（2）法定解除。法定解除，是指在具备法定事由时，因当事人一方行使法定解除权而使合同效力消灭的法律行为。法定解除的事由有：因不可抗力致使不能实现合同目的；在履行期限届满之前，当事人一方明确表示或者以自己的行为表明不履行主要债务，当事人一方迟延履行主要债务，经催告后在合理期限内仍未履行；当事人一方迟延履行债务或者有其他违约行为致使不能实现合同目的；法律规定的其他情形。

3. 解除权的行使期限

解除权是一种形成权。形成权，是指当事人可以以自己的行为使法律关系发生变化的权利，如追认权、撤销权等。法律已经规定或者当事人已经约定解除权行使期限时，期限届满当事人未行使解除权的，该权利消灭；法律没有规定或者当事人没有约定解除权行使期限时，当事人经对方催告后在合理期限内不行使的，该权利消灭。

4. 解除权的行使

获得意定解除权或者法定解除权的当事人一方主张解除合同的，应当通知对方。合同自通知到达对方时解除。对方有异议的，可以请求人民法院或者仲裁机构确认解除合同的效力。法律、行政法规规定解除合同应当办理批准、登记等手续的，从其规定。

(三)合同终止的其他情形

1. 抵销

抵销,是指债权人与债务人双方互相负有基于不同法律关系而产生的债务时,各自以其债权冲抵其债务,使双方的债务在等额范围内消灭的法律制度。

(1)法定抵销。法定抵销,是指具备法律规定的要件,依据一方当事人意思表示而为的抵销。法定抵销的构成要件包括:当事人互负债务;抵销标的物的种类、品质相同;两个债务均届清偿期;依据合同的性质和法律的规定可以抵销。下列债务不得抵销:根据债的性质,非履行不能达到目的的债务不得抵销,如不作为债务;与人身不可分离的债务不得抵销,如退休金、抚恤金债务;根据法律规定不得抵销的债务;《民事诉讼法》中规定的不得强制执行的债务,如债务人的生活必需品,因侵权行为所产生的债务等。

(2)合意抵销。合意抵销,是指依据当事人之间的协议而成立的抵销。合意抵销只要求当事人互负债务。

抵销一经成立,当事人双方所负的债务在数额对等的范围内归于消灭;数额不对等的,余额部分仍然有效存在,债务人须继续履行。

2. 提存

提存,是指债权人无正当理由拒绝接受履行或者其下落不明,或者数人就同一债权主张权利,债权人一时无法确定,致使债务人难于履行,经公证机关证明,债务人可将标的物交付有关部门保存,以消灭债权债务关系的法律制度。

有下列情形之一,难以履行债务的,债务人可以将标的物提存:债权人无正当理由拒绝受领;债权人下落不明;债权人死亡未确定继承人或者丧失民事行为能力未确定监护人;法律规定的其他情形。

自提存之日起,债权人的债权得到清偿,债务人与债权人之间的合同关系归于消灭。债权人可以随时领取提存物,但如果债权人对债务人负有到期债务,在债权人未履行债务或者提供担保之前,提存部门根据债务人的要求应当拒绝其领取提存物。债权人领取提存物的权利,自提存之日起5年内不行使而消灭,提存物扣除提存费用后归国家所有。

案例讨论

甲、乙父子二人合伙做生意。20××年2月14日,二人在北京逛超市,正值超市开展情人节降价促销活动,乙欲为妻子购买2000元的戒指一枚,却发现忘了带钱包。于是,甲替乙付账买下这枚戒指。20××年3月9日,甲、乙解散合伙生意。分割合伙财产时,乙当场表示免除其父以前所欠的借款1000元,后乙又反悔,并多次向其父索要这笔欠款。甲一怒之下将乙打伤。乙为治伤花去医药费2000元。甲、乙发生纠纷后,请村委会调解。甲提出,之前乙在北京买戒指,自己为乙付账2000元,现在乙受伤花了医药费2000元,两下抵销。合伙做生意时,甲欠乙的1000元,乙已经表示免除。乙说,甲之前替自己在北京付账,纯属赠与。因合伙生意终止结算,甲欠自己1000元,虽然自己表示过免除,但后来又反悔了,甲应还自己1000元。请讨论:本案中债务终止的各种情形是什么?

3. 免除

免除，是指债权人为消灭债权，而实施的放弃债权意思表示的单方法律行为。债权人免除债务人部分或者全部债务的，合同的权利和义务部分或者全部终止。

4. 混同

混同，是指债权债务同归一人，致使合同权利义务关系以及其他债之关系消灭的法律事实。混同的原因有两种：一是概括承受，即一方当事人概括承受另一方的债权债务；二是特定承受，即债务人受让债权人的债权，或者债权人承受债务人的债务。

第六节　违约责任

一、违约责任的概念

违约责任，是指当事人违反合同的约定所应当承担的法律责任。规定违约责任是合同法一个非常重要的问题。

违约责任的特征如下：

（1）违约责任是一种民事责任。违约责任仅限于民事责任，不包括行政责任、刑事责任。

（2）违约责任是以合同义务为前提的民事责任。只有当事人负有合同义务而又未履行该义务时，才会产生违约责任。

（3）违约责任是违反合同义务的义务人向合同权利人承担的民事责任。

（4）违约责任可以由当事人约定。当事人对违约责任的约定不能违反法律、行政法规的强制性规定。

（5）违约责任主要具有补偿性。违约责任是一种补偿性的财产责任，其目的是补偿因违约行为造成的损害后果。

二、违约责任的归责原则

违约责任的归责原则，是指当事人不履行合同义务后，根据何种归责事由确定其应承担的违约责任。违约责任的归责原则主要有过错责任原则和严格责任原则。我国合同法中的相关规定体现出，违约责任的归责原则是以严格责任原则为主，过错责任原则为辅。

（一）严格责任原则

严格责任原则，是指违约发生后确定违约当事人的责任，不考虑当事人有无过错（过错包括故意和过失），而只考虑违约结果是否因为当事人的行为造成的一种归责原则。将严格责任作为一般归责原则的原因有：严格责任可以促使当事人认真履行合同义务；严格责任更符合违约责任的本质；严格责任更符合国际经贸交往的需要。

（二）过错责任原则

过错责任原则，是指在一方当事人违反合同规定的义务，不履行或者不适当履行合同时，应以过错作为确定责任要件和责任范围的根据。

《民法典》合同编对一些特殊的违约情形采用了过错责任原则，作为严格责任原则的例外。适用过错原则的情况主要体现在合同编中，如承租人的保管责任和保管人的责任等。

三、违约责任的构成要件

违约责任的构成要件，可以分为一般构成要件和特殊构成要件。一般构成要件，是指违约当事人承担任何违约责任形式都必须具备的要件。特殊构成要件，是指各种具体的违约责任形式所要求的责任构成要件。特殊构成要件主要包括损害事实、损害事实与违约行为之间的因果关系、行为人过错等。

违约责任的一般构成要件主要包括以下两个内容：

（一）违约行为

违约行为，是指合同当事人违反合同义务的行为。它包括预期违约和实际违约两种情形。

（1）预期违约。预期违约分为明示预期违约和默示预期违约。明示预期违约，是指在合同履行期限到来之前，一方当事人无正当理由而明确、肯定地向对方当事人表示将不履行合同。默示预期违约，是指在合同履行期限到来之前，一方当事人有充分证据证明另一方当事人在履行期限到来时将不履行合同或者不能履行合同。预期违约侵害的是权利人的期待利益。

（2）实际违约。实际违约，是指在合同履行期限到来之后，一方当事人不履行合同义务或者履行合同义务不符合约定。实际违约可以分为不履行和不适当履行。

（二）不存在法定或者约定的免责事由

法定免责事由，是指不可抗力和债权人过错。约定免责事由，是指当事人在合同中约定的免责条款，但此类约定不得违反法律、行政法规的强制性规定。

案例讨论

10月2日，A市水果店向B市果品公司订购了10万公斤苹果，合同约定，11月20日于B市果品公司交货，单价每公斤10元。10月25日，B市果品公司向当地果农购买苹果10万公斤，并向当地果农支付货款35万元。11月15日，A市水果店通知B市果品公司，因苹果销路不好，将不再购买预定于11月20日交付的苹果。此时，B市果品公司为保管苹果支付了仓储费3000元、人工费1500元。为避免损失的进一步扩大，B市果品公司于11月15日当天以每公斤3.30元的价格将10万公斤苹果出售给长腾公司。11月18日，B市果品公司向人民法院起诉A市水果店，要求其赔偿损失。请讨论：A市水果店是否承担违约责任？为什么？

四、承担违约责任的方式

根据合同法的规定,承担违约责任的方式主要有继续履行、采取补救措施、赔偿损失、违约金、定金等。

(一)继续履行

继续履行,是指合同一方当事人不履行合同义务或者履行合同义务不符合约定时,对方当事人有权要求违约方继续按照合同履行其义务。继续履行是一种违约后的补救方式。

(1)对于金钱债务,只要存在违约行为,则无条件适用继续履行方式。

(2)对于非金钱债务,当事人一方不履行债务或者履行债务不符合约定,对方可以要求继续履行。但是否强制继续履行,还要取决于实际履行的可能性。下列情形不适用继续履行:法律上或者事实上不能履行;债务的标的不适于强制履行或者履行费用过高;债权人在合理期限内未要求履行。

(二)采取补救措施

补救措施,是指对一些特殊违约行为的矫正和修补。采取补救措施可以与赔偿损失并用,即当事人一方不履行合同义务或者履行合同义务不符合约定的,采取补救措施之后,对方还有其他损失的,应当赔偿损失。

(三)赔偿损失

赔偿损失,是指违约方在因不履行或者不完全履行合同义务给对方造成损失时,依法或者根据合同约定应当赔偿对方损失。赔偿损失主要以金钱形式进行,当事人可以对赔偿损失的责任进行约定。当事人既可以约定具体的赔偿损失数额,也可以约定损害赔偿的计算方式。

(四)违约金

违约金,是指当事人通过协商预先确定的,一方当事人违约后应向另一方当事人支付的一定数额的金钱。违约金的支付,以违约行为存在及当事人在合同中有违约金约定为前提。

违约金数额的确定,受到法律一定程度的限制。约定的违约金低于造成的损失的,当事人可以请求人民法院或者仲裁机构予以增加;约定的违约金过分高于造成的损失的,当事人可以请求人民法院或者仲裁机构予以适当减少。

违约金与赔偿损失一般不能同时适用。但合同中可以约定不同的违约行为分别适用违约金与赔偿损失的责任方式,也可以在约定违约金的同时约定当违约金不足以弥补违约造成的损失时,违约方仍有补足义务。

(五)定金

定金,是指为保证合同履行,依据合同当事人的约定,由一方按合同标的数额的一定比例预先给付对方的金钱。定金数额由当事人约定，但是不得超过主合同标的额的20%。给付定金的一方不履行约定的债务的，无权要求返还定金；收受定金的一方不履行约定的债务的，应当双倍返还定金。

当一个合同同时存在违约金条款和定金条款时，当事人可以选择适用，但不能同时适用。

定金与赔偿损失在一定情况下可以并用。如果在适用定金罚则后仍不足以弥补实际损失的，则守约方可就不足部分请求赔偿损失。当事人在合同中另有约定的，从其约定。

复习思考题

在线答题

一、简答题

1. 简述要约的概念及构成要件。
2. 简述承诺的概念及构成要件。
3. 简述合同生效的要件。
4. 简述合同无效的情形。
5. 简述合同履行中的抗辩权的种类及各自的构成要件。
6. 简述代位权、撤销权的概念及构成要件。
7. 简述违约责任的构成要件及承担方式。

二、案例分析

1. 某果品公司因市场上西瓜脱销，向新疆某农场发出一份传真："因我市西瓜脱销，不知贵方能否供应。如有充足货源，我公司欲购10个冷冻火车皮。望能及时回电与我公司联系协商相关事宜。"农场因西瓜丰收，正愁没有销路，接到传真后，喜出望外，立即组织10个车皮货物给果品公司发去，并随即回电："10个车皮的货已发出，请注意查收。"在果品公司发出传真后，农场回电前，外地西瓜大量涌入，价格骤然下跌。接到农场回电后，果品公司立即复电："因市场发生变化，贵方发来的货，我公司不能接收，望能通知承运方立即停发。"但因货物已经起运，农场不能改卖他人。为此，果品公司拒收，农场指责果品公司违约，并向人民法院起诉。

根据上述案情，请分析：

（1）本案的纠纷是因谁的原因导致？为什么？

（2）此案应如何处理？

2. 甲公司为开发新项目，急需资金，甲公司向乙公司借款15万元。双方谈妥后，乙公司借给甲公司15万元，借期6个月，月息为银行贷款利息的1.5倍，至同年9月12日本息一起付清，并且甲公司为乙公司出具了借据。

甲公司因新项目开发不顺利，未盈利，到了9月12日无法偿还欠乙公司的借款。某日，乙公司向甲公司催促还款无果后得知，某单位曾向甲公司借款20万元，现已到还款期，某单位正准备还款，但甲公司让某单位不用还款。

于是，乙公司向人民法院起诉，请求甲公司以某单位的还款来偿还债务，甲公司辩称该债权已放弃，无法清偿债务。

根据上述案情，请分析：

（1）甲公司的行为是否构成违约？为什么？

（2）乙公司是否可以针对甲公司的行为行使撤销权？为什么？

（3）乙公司是否可以行使代位权？说明理由。

第八章 经济法

> 王某在某超市准备购买一种香皂,但发现其标价与自己平日购买的价格不同,遂将标价抄录下来以便回家比较。王某此举当即遭到2个超市保安员的制止,并被要求交出抄了价格的纸条。王某不同意,超市保安员对其强行搜身,并将王某带往保安办公室,期间超市保安员还动手打了王某。事发后,该超市有关负责人声称王某违反了商场"严禁抄写商品价格"的规定,侵犯了商场的商业秘密。经调查,这家商场在入口处张贴的店规内容是:① 顾客到商场购物永远是对的;② 顾客与员工发生争执时,遵照第1条执行;③ 商场内严禁照相、摄影及抄写价格。商场的行为是否侵犯了王某的消费者权益?王某的行为是否侵犯商场的商业秘密?

该案涉及消费者权利和商业秘密等相关的法律问题。在市场经济社会,经济法是调整市场经济关系的基本法律规范。经济法作为一个独立的法律部门,是我国社会主义法律体系的重要组成部分。通过本章的学习,学生可以掌握相关的经济法律制度,了解国家的经济政策,运用法律知识解决实际问题,依法维护自身的合法权益。

重点提示

- 经济法的调整对象和基本原则
- 有限责任公司和股份有限公司
- 不正当竞争行为的种类
- 消费者的权利和经营者的义务
- 生产者、销售者的产品质量义务和产品质量责任
- 劳动者的基本权利和义务
- 劳动合同
- 社会保障制度
- 环境保护法和自然资源保护法

第一节 经济法概述

一、经济法的概念和调整对象

(一)经济法的概念

经济法是社会主义法律体系中的一个独立的部门。由于它在调整对象、指导原则、结构体系等方面的特点,决定了它能够全面、系统地反映我国经济生活的客观要求和经济体

制改革的目标，能够适时、及时地体现和贯彻党和国家在经济领域内的方针、政策、部署和举措，在我国法律体系中占有重要地位。经济法是与民法、刑法、行政法等并列的重要法律部门之一。

（二）经济法的调整对象

经济法只调整一定范围的经济关系，主要是调整社会生产和再生产过程中，以各类组织为基本主体所参加的经济管理关系和一定范围的经营协调关系。它的调整对象主要包括以下几种：

1. 国家经济管理关系

经济管理关系即纵向经济关系，包括国家（国家机关及其授权组织）对企业、事业单位等社会组织的宏观经济管理关系以及企业等社会组织内容的微观经济管理关系。这里主要是指国家通过国家机关及其授权组织对企业、事业单位等社会组织的宏观经济管理关系，为与企业等社会组织的微观经济管理关系相区别，可称之为"国家经济管理关系"。

2. 经营协调关系

经营协调关系，即专指经济法所调整的那部分横向经济关系。这一概念与经济协作关系的概念不同，它包含着经营过程中必然发生的经济竞争关系。

议一议

经济法的调整对象和行政法、民法、刑法的调整对象有何不同？

经营协调关系的参加者（主体）地位是平等的，因此这一领域是经济法与民法共同调整的范围。二者可以做基本的划分，但很难绝对地截然分清，交叉调整和相互配合的调整不仅是难免的，也往往是必要的。大体上说，经济法主要调整由国家计划制约的、由国家直接管理的或涉及全局利益的，以及其他一些重要的关系国计民生的经营协调关系。横向经济关系包括经济联合关系、经济协作关系和经济竞争关系。

3. 组织内部经济关系

组织内部经济关系，是指在企业等组织内部之间所发生的一些重要的纵向经济关系和横向经济关系。它主要是指有关内部领导体制、经济责任制、内部承包、内部经济合同、经济核算制等方面发生的关系。

4. 涉外经济关系

涉外经济关系，是指具有涉外因素的经济管理关系和经营协调关系。因其所在的领域特殊，且由国家专门的涉外法规调整，故单独来讲。

二、经济法的基本原则

经济法的基本原则，是指贯穿于经济法制的全过程，并为经济法制和经济法规所确认和体现的总的指导思想和根本法律准则，它对经济立法、司法、执法具有统帅和指导意义，是经济法精神和价值的反映，是经济法宗旨和本质的具体体现。

（一）遵循和综合运用经济规律原则

遵循和综合运用经济规律是经济法的首要原则，在进行经济立法时，就应以经济规律的客观要求作为立法的基点，不能强行规定那些客观上还不具备条件的目标和内容。当有些经济法规已不符合客观发展的实际时，也应及时修订和废除。经济法要不断地接受经济规律的检验和修正。

（二）平衡协调发展原则

平衡协调发展原则，即经济法从社会整体利益出发，协调各利益主体的行为，平衡各利益主体的相互关系，以引导、促进或强制个体行为运行在社会整体发展所定的目标和运行秩序的轨道之上，从而达到经济总量的平衡、经济结构的优化和经济秩序的和谐；同时，通过对利益主体做超越形式平等的权利和义务分配，以达到实质上的利益平衡和社会公正。

（三）公平、有效竞争原则

竞争是人类文明社会赖以发展的动力，也是市场机制发挥其"看不见的手"的功能的基本条件，但是，过度的竞争会导致社会经济秩序的混乱。因而，以维护市场机制有效运转为重点的经济法应当将公平、有效的竞争纳入自己的调控范围，以充分发挥竞争的积极功效，抑制垄断和不正当竞争等破坏市场经济秩序的行为。

（四）利益兼顾原则

要贯彻利益兼顾原则必须正确处理以下四个关系，即国家与企业之间的利益关系、国家与劳动者个人之间的利益关系、企业与劳动者个人之间的利益关系、中央与地方之间的利益关系。经济法的任务就在于，坚持国家整体经济利益，兼顾地方、企业和个人等各种利益，实现社会整体利益最大化。

（五）可持续发展原则

坚持可持续发展原则是我国社会主义现代化建设进程中一直要考虑的重大课题。经济的发展涉及资源的开发利用、废弃物的排放、环境保护和治理等一系列社会性问题。因此，经济法必须强调坚持可持续发展原则，不能为眼前的利益而牺牲长远利益。

三、经济法律关系

（一）经济法律关系的概念

经济法律关系，是指在国家协调经济运行过程中根据经济法的规定发生的权利义务关系。也就是说，由经济法调整的，在当事人之间形成的，具有权利义务关系内容的社会关系。

（二）经济法律关系的构成

任何法律关系必须具有主体、客体和内容三要素，经济法律关系也是由经济法律关系的主体、经济法律关系的客体和经济法律关系的内容三要素构成。

1. 经济法律关系的主体

经济法律关系的主体，是指经济法律关系的参加者，即参与经济法律关系、依法享有经济权利和承担经济义务的组织或个人。它主要包括以下几类：

（1）国家机关；社会组织；自然人（包括个体工商户、农村承包经营户）。
（2）私营企业；法人；国家；外国人、无国籍人和外国社会组织等。

2. 经济法律关系的客体

经济法律关系的客体，是指经济法律关系的主体享有的权利和承担的义务所共同指向的标的。经济法律关系的客体包括以下几种：

（1）物，是指可以为人们控制和支配，有一定经济价值，以物质形态表现出来的物体。

（2）经济行为，是指经济法主体为达到一定经济目的所进行的活动。它包括经济管理行为、转移财产的行为、完成工作的行为和提供劳务的行为等。

（3）非物质财富，也称精神产品和精神财富，包括知识产品和道德产品。知识产品也称智力成果，是无形财富，是指通过人们脑力劳动所创造的，能够带来经济价值的精神财富。它主要包括专利、商标、专有技术等。知识产品是一种精神形态的客体，是一种思想或技术方案，不是物，通常有物质载体，如书籍、图书、录像、录音等。道德产品，是指人们在各种社会活动中所取得的非物质化的道德价值，如荣誉称号、嘉奖表彰等，它们是自然人、法人荣誉权的客体。

> **举案说法**
>
> 甲、乙双方签订了一份修理设备的合同，在此经济活动中，形成的经济法律关系的客体是什么？有人说是乙方修理的该设备，是否正确？
>
> 评析：经济法律关系客体，是指经济法律关系主体享有的权利和承担的义务所共同指向的标的。甲、乙双方签订修理合同而形成经济法律关系的客体是行为。即该法律关系客体并不是乙方修理的设备，而是乙方修理设备的劳务行为。

（4）人身，是指由各个生理器官组成的生理整体。它是人的物质形态，也是人的精神利益的物质体现。

3. 经济法律关系的内容

经济法律关系的内容，是指经济法律关系的主体所享有的经济权利和承担的经济义务。它是经济法律关系的核心，体现了经济法律关系的本质。

经济权利是由经济法律、法规所确认的一种资格或许可，或者说是经济法律关系的主体依法可能享有的利益。

经济义务是经济法律关系的一方主体依照法律的规定或者当事人的约定，必须为或不为某种行为以满足另一方要求的责任。

四、经济法律事实

（一）经济法律事实的概念和种类

1. 经济法律事实的概念

任何一个法律关系的产生、变更与终止都不是凭空产生的，都是基于一定的客观情况。凡是能引起经济法律关系产生、变更与终止的客观情况就叫作经济法律事实。

2. 经济法律事实的种类

经济法律事实分为事件和行为两大类：

（1）事件，是指不以人的意志为转移，与其主观意志、行为无关的那些能够引起经济法律关系产生、变更与终止的客观现象。事件包括自然现象和社会现象。

（2）行为是人有意识、有目的的活动。行为分为合法行为与非法行为。

值得注意的是，法律关系客体中的行为与法律事实中的行为是两个概念，不能混为一谈。例如，保管合同，保管行为是当事人的权利和义务指向的对象，是客体；而订立保管合同的行为是法律事实。

（二）经济法律行为

经济法律行为，是指能够引起经济法律关系的产生，并依法运行的最主要的经济行为。

> **议一议**
> 下列法律事实中，属于经济法律事件的有（ ）。
> A. 纵火
> B. 签订合同
> C. 爆发战争
> D. 签发支票

经济法律行为仅指合法行为，不包括经济违法行为。

构成经济法律行为必须具备一系列基本条件：行为者有合法的主体资格，他们的意思表示真实，拟定的经济法律关系内容合法，有必要的形式和手续。具备上述基本条件的行为才能形成国家法律所承认、所保护的经济法律关系。

第二节 企业法和公司法

一、企业法

企业，是指依法设立、从事经营性活动、具有独立或相对独立法律人格的经济组织。企业法，是指调整企业在设立、组织形式、管理和运行过程中发生的经济法律关系的法律规范的总称。企业法是以确认企业法律地位为主旨的法律体系，因此，广义的企业法应当是规范各种类型企业的法律规范的总称。

> **知识链接**
> 依照企业性质的不同，我国的企业分为：国有企业、集体企业、联营企业、股份合作制企业、私营企业、个体户、合伙企业、有限责任公司、股份有限公司等。
> 公司的种类分为：有限责任公司和股份有限公司两种。

（一）全民所有制工业企业法

全民所有制工业企业，是指依法自主经营、自负盈亏、独立核算的社会主义商品生产和经营单位，企业对国家授予其经营管理的财产享有占有、使用和依法处分的权利。1988年4月我国通过了《中华人民共和国全民所有制工业企业法》（简称《全民所有制工业企业法》），它是中华人民共和国成立以来制定和颁布的全民所有制工业企业的基本法。2009年8月27日第十一届全国人民代表大会常务委员会第十次会议通过《全国人民代表大会常务委员会关于修改部分法律的决定》（以下简称《决定》），《决定》中对该法做出了修改。

全民所有制工业企业依据所有权与经营权相分离的原则，落实企业经营权，实行自主经营、自负盈亏。为了充分增强国有企业的活力，提高其经济效益，全民所有制工业企业根据政府主管部门的决定，可以采取承包、租赁等经营责任制。

《全民所有制工业企业法》规定了企业的权利，具体包括：生产经营决策权、产品、劳务定价权、产品销售权、物资采购权、出口权、投资决策权、留用资金支配权、资产处置权、联营、兼并权、劳动用工权、人事管理权、工资、奖金分配权、内部机构设置权、拒绝摊派权。

全民所有制工业企业的义务有：对国家的义务、对社会的义务和对职工的义务。

全民所有制工业企业可设立企业管理委员会，它是协助厂长决策的机构。企业管理委员会由企业各方面的负责人和职工代表组成，厂长任管理委员会主任。

职工代表大会（或职工大会），是全民所有制工业企业实行民主管理的基本形式，是职工行使民主管理权力的机构。

《全民所有制工业企业法》明确规定：企业实行厂长负责制。厂长是企业的法定代表人。企业建立以厂长为首的生产经营管理系统。厂长在企业中处于中心地位，对企业的物质文明建设和精神文明建设负有全面责任。

> **法律提示**
>
> 厂长在全民所有制工业企业的生产经营管理工作中，行使下列职权：
> （1）依照法律和国务院规定，决定或者报请审查批准企业的各项计划。
> （2）决定企业行政机构的设置。
> （3）提请政府主管部门任免或者聘任、解聘副厂级行政领导干部。法律和国务院另有规定的除外。
> （4）任免或者聘任、解聘企业中层行政领导干部。法律另有规定的除外。
> （5）提出工资调整方案、奖金分配方案和重要的规章制度，提请职工代表大会审查同意。提出福利基金使用方案和其他有关职工生活福利的重大事项的建议，提请职工代表大会审议决定。
> （6）依法奖惩职工；提请政府主管部门奖惩副厂级行政领导干部。

（二）集体所有制企业法

集体所有制企业，是指企业财产属于劳动群众集体所有，实行共同劳动、按劳分配的经济组织。集体所有制经济是社会主义公有制经济的基本组成部分。集体所有制企业包括城镇集体所有制企业（以下简称"集体企业"）和乡镇企业。1991年9月9日国务院颁布了《中华人民共和国城镇集体所有制企业条例》并分别于2011年和2016年进行了修订。1996年10月全国人民代表大会常务委员会第二十二次会议通过《中华人民共和国乡镇企业法》。

1. 集体企业

集体企业必须具备法定条件，经省、自治区、直辖市人民政府规定的审批部门批准，取得法人资格。企业以全部财产独立承担民事责任，遵循自愿组合、自筹资金、独立核算、自负盈亏、自主经营、民主管理、集体积累、自主支配、按劳分配、入股分红的原则。

集体企业实行厂长（经理）负责制，对集体企业职工（代表）大会负责。职工（代表）大会是集体企业的权力机构。党的基层组织是集体企业的政治领导核心。集体企业的收益分配，必须遵循兼顾国家、集体和个人三者利益的原则。

2. 乡镇企业

乡镇企业是国民经济的重要组成部分。乡镇企业的财产属于举办该企业的乡、村范围内的全体农民集体所有。乡镇企业可实行多种经营，如承包、租赁、联营等，但乡镇企业的财产所有权不变，所有者与经营者分离。

乡镇企业具备法定设立条件，经县级政府主管部门批准，向当地乡镇企业行政管理部门办理登记，取得法人资格，领取营业执照。乡镇企业实行独立核算、自主经营、自负盈亏。

乡镇企业实行民主管理和厂长负责制。乡镇企业职工有参加管理、提出批评和控告的权利。乡镇企业职工大会有权对企业的经营管理提出意见和建议，评议、监督厂长和管理人员，维护职工的合法权益。

（三）私营企业法

1. 私营企业的概念、特征和种类

私营企业，是指由自然人投资设立或由自然人控股，以雇佣劳动为基础的营利性经济组织。私营企业的法律特征：

（1）私营企业的投资主体为自然人或由自然人控股，这是私营企业与国有企业和集体企业的主体区别。

议一议

私营企业与个体工商户有什么区别？

（2）企业的资产属于私人所有。这是它与国有企业和集体企业的本质区别。这里所说的私人，可以是一个人，也可以是若干人。

（3）私营企业是营利性的经济组织。私营企业享有完全、充分的所有权，可以依法继承。它的主要义务是遵守法律和政策，依法纳税，服从国家机关的监督管理。

私营企业分为合伙企业、独资企业和有限责任公司三种。

1997年2月23日第八届全国人民代表大会常务委员会第二十四次会议通过《合伙企业法》，并于2006年8月修订；1999年8月30日第九届全国人民代表大会常务委员会第十一次会议通过《中华人民共和国个人独资企业法》；1993年12月29日第八届全国人民代表大会常务委员会第五次会议通过《中华人民共和国公司法》（以下简称《公司法》），并分别于1999年12月、2004年8月、2013年12月和2018年10月进行了修正，2005年进行了修订。

2. 合伙企业法

合伙企业，是指自然人、法人和其他组织依照《合伙企业法》在中国境内设立的普通合伙企业和有限合伙企业。合伙企业的法律特征有：

（1）由两个以上的投资人共同投资兴办。合伙企业的投资人可以是具有完全民事行为能力的自然人，也可以是法人或者其他组织，但必须是两个以上的合伙人；有限合伙企业由2个以上50个以下合伙人设立，这使得合伙企业与个人独资企业区别开来。

（2）合伙协议是合伙企业的成立基础。合伙协议依法由全体合伙人协商一致，以书面形式订立、修改或补充。订立合伙协议应遵循自愿、平等、公平、诚实信用原则。合伙人以书面合伙协议确定各方出资、利润分享和亏损分担。对于合伙人之间的权利和义务，合伙协议有约定的，依照其约定。

（3）合伙企业属于人合企业。合伙企业的设立是基于合伙人之间的信赖关系。因此，合伙企业中的合伙人共同参与企业的经营管理，对合伙事务的执行有同等的权利。但有限合伙企业的有限合伙人不执行合伙事务，不对外代表有限合伙企业。如果合伙企业要吸收新的合伙人，则必须得到全体合伙人的同意。

（4）普通合伙人对合伙企业债务承担无限连带责任，有限合伙人对合伙企业债务承担有限责任。

根据《合伙企业法》第2条的规定，合伙企业中的合伙人分为两类：普通合伙人和有限合伙人，普通合伙人对合伙企业债务承担无限连带责任，有限合伙人以其认缴的出资额为限对合伙企业债务承担责任。虽然所有的市场主体都可以参与设立合伙企业，成为合伙人，但对于一些特殊的市场主体来说，如果让其成为合伙企业的普通合伙人，对合伙企业债务承担无限连带责任，不利于保护国有资产和上市公司利益以及公共利益。因此，《合伙企业法》对一些特定市场主体成为普通合伙人做出了限制性规定，在第3条明确规定：国有独资公司、国有企业、上市公司以及公益性的事业单位、社会团体不得成为普通合伙人。按照这一规定，上述组织只能参与设立有限合伙企业成为有限合伙人，而不得成为普通合伙人。

3. 个人独资企业法

个人独资企业，是指在中国境内设立，由一个自然人投资，财产为投资人个人所有，投资者以其个人财产对企业债务承担无限责任的经营实体。

设立个人独资企业应具备下列条件：① 投资人为一个有完全民事行为能力的自然人；② 有合法的企业名称；③ 有投资人申报的出资；④ 有固定的生产经营场所和必要的生产经营条件；⑤ 有必要的从业人员。个人独资企业经登记机关注册登记，领取个人独资企业营业执照。

个人独资企业投资人对本企业财产依法享有所有权，可以依法进行转让或继承。个人独资企业亏损，其财产不足以清偿债务的，投资人应以个人的其他财产予以清偿。个人独资企业投资人在申请企业设立登记时明确以其家庭共有财产作为个人出资的，应依法以家庭共有财产对企业债务承担无限责任。

（四）外商投资法

所谓外商投资，是指外国的自然人、企业或者其他组织（以下简称"外国投资者"）直接或者间接在中国境内进行的投资活动。外商投资企业，是指全部或者部分由外国投资者投资，依照中国法律在中国境内经登记注册设立的企业。外商投资法是指调整外商投资者在设立、经营管理过程中发生的经济关系的法律规范的总称。

《中华人民共和国外商投资法》由第十三届全国人民代表大会第二次会议于2019年3月15日通过，自2020年1月1日起施行。

我国在外商投资的政策方面，一直坚持对外开放的基本国策，鼓励外国投资者依法在中国境内投资。

国家对外商投资实行准入前国民待遇加负面清单管理制度。准入前国民待遇，是指在投资准入阶段给予外国投资者及其投资不低于本国投资者及其投资的待遇。负面清单，是指国家规定在特定领域对外商投资实施的准入特别管理措施。国家对负面清单之外的外商投资，给予国民待遇。

国家依法保护外国投资者在中国境内的投资、收益和其他合法权益。对外国投资者的投资不实行征收。在特殊情况下，国家为了公共利益的需要，可以依照法律规定对外国投资者的投资实行征收或者征用。但是征收、征用应当依照法定程序进行，并及时给予公平、合理的补偿。同时，外国投资者、外商投资企业应当遵守中国法律法规，不得危害中国国家安全、损害社会公共利益。对外国投资者、外商投资企业违反法律、法规的行为，由有关部门依法查处，并按照国家有关规定纳入信用信息系统。

二、公司法

（一）公司法概述

1. 公司的概念和法律特征

公司，是指依照法律规定，以营利为目的，由股东投资设立的企业法人。公司的法律特征有以下几点：

（1）公司必须依法设立。依照各国法律，依法设立公司是取得法人资格的前提。

（2）公司应以营利为目的。公司以营利为目的，是指公司通过经营活动使公司自身的财产得到增加，并获取利润，从而使公司的出资人因此获取经济利益。本身不从事经营活动，只是以从事行政管理为其活动内容的公司不称为公司。

（3）公司必须具备法人资格。我国《公司法》第3条规定：公司是企业法人，有独立的法人财产，享有法人财产权。公司以其全部财产对公司的债务承担责任。有限责任公司的股东以其认缴的出资额为限对公司承担责任；股份有限公司的股东以其认购的股份为限对公司承担责任。公司作为法人，必须具备《民法典》规定的法人条件，其中最主要的两个条件是独立的财产和独立承担民事责任。

（4）公司是以股东投资行为为基础而设立的。公司的财产来自股东的投资，投资行为形成的权利就是股权，它是与特定股东的身份密切联系在一起的。

2. 公司法的立法概况

公司法，是指调整公司的组织和经

 知识链接

我国关于公司的概念，既不同于大陆法系的公司概念，也不同于英美法系的公司概念，而是二者的结合。它吸收了英美法系合同概念中把股东承担有限责任规定为公司的一个本质特征；有限制地承认一人有限责任公司；吸收了大陆法系公司概念中明确的公司仅指盈利法人。

济运行行为的法律规范的总称。如前面所述，我国自1993年12月29日通过《公司法》之后，先后经历了四次修正，一次修订，目前适用的是2018年修正后的《公司法》。

我国《公司法》中所指的公司主要是有限责任公司和股份有限公司两种形式。

（二）有限责任公司

1. 有限责任公司的概念

有限责任公司，是指依照法律规定由一定人数的股东组成的，每个股东以其认缴的出资额为限对公司承担责任，公司以其全部资产对公司的债务承担责任的公司。

2. 有限责任公司的法律特征

（1）有限责任公司的股东，仅以其出资额为限对公司承担责任。有限责任公司的建立是以股东出资为基础的，股东对公司所承担的责任也以其出资多少为限度，不对公司的债权人承担直接责任，这使得有限责任公司区别于无限责任公司。

（2）有限责任公司的股东人数符合法律规定。

（3）有限责任公司是以其全部资产对公司的债务承担责任。

（4）有限责任公司的设立程序比较简单，组织机构设置比较灵活。

（5）有限责任公司的信用基础兼有资合与人合的性质。公司所有股东以其出资额为限对公司负责，而公司又以其全部财产对外承担责任，在公司设立程序和组织机构等方面都体现着资合的性质。而在公司的人数方面，由于限制了公司的人数，各股东之间比较熟悉，再加上出资额的转让有一定的限制，股东的流动性也就不大，这就使得有限责任公司的股东关系具有明显的人身因素。

3. 有限责任公司的设立条件

（1）股东符合法定人数和法定资格。有限责任公司由50人以下的股东出资组成。允许一个法人或一个自然人投资设立一人有限责任公司（一个自然人只能投资设立一个一人有限责任公司），或者由国务院或地方政府授权的投资机构设立国有独资公司。此外，股东还应具备相应的身份和资格。

（2）股东共同制定公司章程。有限责任公司的章程必须经全体股东共同制定，并签名盖章。一人有限责任公司的章程由股东制定，并签名盖章。国有独资公司的章程由国有资产管理机构制定，或者由董事会制定并报国有资产管理机构批准。公司章程一经制定，即产生法律效力，出资人必须按照公司章程履行认缴、缴付出资和负责筹办公司的义务。

（3）有公司名称，建立符合有限责任公司要求的组织机构。有限责任公司的组织机构包括股东会、董事会、监事会。但由于有限责任公司的具体形式、股东人数、经营规模、资本来源不同，法律、法规要求其建立的组织机构也不尽一致。依据《公司法》的规定，有限责任公司人数较少或者规模较小的，可以设立1名执行董事，不设董事会，可以设1名至2名监事，不设监事会。一人有限责任公司和国有独资公司，不设股东会。

（4）有公司住所。公司住所为公司主要办事机构所在地。有限责任公司设立时，登记机关要求提供证明公司对其住所享有使用权的文件。

4. 有限责任公司的股东出资

（1）出资形式。股东可以用货币出资，也可以用实物、知识产权、土地使用权等可以用货币估价并可以依法转让的非货币财产作价出资；但是，法律、法规规定不得作为出资的财产除外。

对作为出资的非货币财产应当评估作价，核实财产，不得高估或者低估作价。法律、法规对评估作价有规定的，从其规定。

> **举案说法**
>
> 　　A、B、C三人经协商，准备成立一家有限责任公司甲，主要从事家具的生产。其中，A为公司提供厂房和设备，经评估作价25万元；B从银行借款20万元现金作为出资；C原为一家国有企业的家具厂厂长，具有丰富的管理经验，提出以管理能力出资，作价15万元。A、B、C签订协议后，向登记机关申请注册。请问：本案包括哪几种出资形式？分析A、B、C的出资效力。为什么？
>
> 　　评析：本案例中有三种出资形式：实物、现金和无形资产。其中，A的出资为实物出资，符合我国《公司法》的规定；B虽然是从银行借的资金，但并不影响其出资能力，属于货币出资，符合我国《公司法》的规定；C的出资是无形资产，但我国《公司法》只规定工业产权和非专利技术可作为无形资产出资，以管理能力作为出资不符合我国《公司法》的规定。

（2）出资证明书。根据《公司法》的规定，有限责任公司成立后，应当向股东签发出资证明书。出资证明书应当载明下列事项：公司名称；公司成立日期；公司注册资本；股东的姓名或者名称、缴纳的出资额和出资日期；出资证明书的编号和核发日期。出资证明书由公司盖章。

出资证明书的意义在于：

① 它表明公司设立人已履行了缴付所认缴的出资义务，已经成为该有限责任公司的股东。

② 股东依据出资证明书记载的事项享有相应的权利，并承担相应的义务和责任。

出资证明书不能流通，但股东依法转让出资时，可以随其出资一同转让。

股东在公司登记后，不得抽回出资。股东全部缴纳出资后，必须经法定的验资机构验资并出具证明。

5. 有限责任公司的组织机构

股东会由全体股东组成，是公司的最高权力机构。

股东会会议分为定期会议和临时会议。定期会议应当按照公司章程的规定按时召开，代表1/10以上表决权的股东、1/3以上的董事、监事会或者不设监事会的公司的监事提议召开临时会议的，应当召开临时会议。董事会是股东会的执行机构，由3~13人组成。两个以上的国有企业或者两个以上的其他国有投资主体投资设立的有限责任公司，其董事会应当有公司职工代表参加。董事会中的职工代表由公司职工通过职工代表大会、职工大会或者其他形式民主选举产生。董事会设董事长1人，副董事长1~2人。董事长为公司的法定代表人。股东人数较少或者规模较小的有限责任公司，可以设1名执行董事，不设董事会，由执行董事作为公司的法定代表人。执行董事可以兼任公司经理。执行董事的职权由公司章程规定。

经理负责公司的日常经营管理工作，由董事会聘任或者解聘。

（三）股份有限公司

1. 股份有限公司的概念

股份有限公司，是指全部资本分成等额股份，股东以其所持股份为限对公司承担责任，公司以其全部资产对公司的债务承担责任的法人。

2. 股份有限公司的法律特征

（1）股份有限公司的全部资本分为等额股份，股份采取股票的形式。这是股份有限公司与有限责任公司的最主要区别。

（2）股份有限公司的股东均负有限责任。股东以其所持股份为限对公司承担责任，公司以其全部资产对公司的债务承担责任。这是股份有限公司与无限公司、两合公司、股份两合公司最主要的区别。

（3）股份有限公司的股东有最低人数限制，而没有最高人数限制。

（4）股份有限公司的设立程序较为复杂。每个公司设立时都要经过行政审批；采取募集方式设立时，还需要经过证券管理部门批准。

> **案例讨论**
>
> 乙公司是有限责任公司，股份有限公司甲持有乙75%的股份。乙公司准备购买丙公司的一项技术，而甲公司却要求乙公司购买自己的技术。乙公司不同意，甲公司威胁乙公司要抽回对其的投资，但乙公司坚持与丙公司订立合同。请讨论：甲公司的行为是否合法？为什么？

3. 股份有限公司的设立条件

根据《公司法》的规定，设立股份有限公司，应当具备下列条件：

（1）发起人符合法定人数。设立股份有限公司，应当有2人以上200人以下发起人，其中须有半数以上的发起人在中国境内有住所。

（2）有符合公司章程规定的全体发起人认购的股本总额或者募集的实收股本总额。

（3）股份发行、筹办事项符合法律规定。

（4）发起人制订公司章程，采用募集设立方式设立的经创立大会通过。

（5）有公司名称，建立符合股份有限公司要求的组织机构。股份有限公司的名称中，必须写明"股份"字样。公司的组织机构是指必须设立股东大会、董事会、监事会和经理这些机构。

（6）有公司住所。

4. 股份有限公司的设立方式

股份有限公司的设立方式有发起设立和募集设立。发起设立，是指由发起人认购公司应发行的全部股份而设立的公司；募集设立，是指由发起人认购公司应发行股份的一部分，其余股份向社会公开募集或者向特定对象募集而设立的公司。股份有限公司采取发起设立方式设立的，注册资本为在公司登记机关登记的全体发起人认购的股本总额。公司全体发起人的首次出资额不得低于注册资本的20%，其余部分由发起人自公司成立之日起2年内缴足；其中，投资公司可以在5年内缴足。在发起人认购的股份缴足前，不得向他人募集股份。股份有限公司采取募集方式设立的，注册资本为在公司登记机关登记的实收股本总额。

5. 股份有限公司的组织机构

股东大会是由全体股东组成的公司权力机关。其职权与有限责任公司股东会职权基本相同。其差别是，有限责任公司的股东向股东以外的人转让出资时，须由股东会做出决议；而股份有限公司的股东依法可以自由转让出资，不须经股东大会批准。

董事会是股东大会的执行机构，董事会由5～19人组成。董事会设董事长1人，设副董事长1～2人。

股东大会是股份有限公司最高组织机构，分为年会和临时股东大会，股东年会又称普通股东大会；临时股东大会是在年会以外遇有特殊情况时召开的股东大会。根据《公司法》的规定，有下列情形之一的，应当在2个月内召开临时股东大会：① 董事人数不足《公司法》规定人数或者公司章程规定人数的2/3时；② 公司未弥补的亏损达实收股本总额1/3时；③ 单独或者合计持有公司10%以上股份的股东请求时；④ 董事会认为必要时；⑤ 监事会提议召开时；⑥ 公司章程规定的其他情形。

股东大会的决议分为普通决议和特别决议。普通决议，是指对公司一般事项和任免董事、监事及决定其报酬事项所做的决议，只需出席会议的股东所持表决权过半数通过即可生效。特别决议，是指股东大会就修改公司章程、增加或者减少注册资本，以及公司合并、分立、解散或者变更公司形式所做的决议，必须经出席会议的股东所持表决权的2/3以上通过。

股份有限公司的经理负责公司的日常经营管理工作。由公司董事会聘任或解聘。其职权与有限责任公司经理的职权相同。

第三节　反不正当竞争法和消费者权益保护法

一、反不正当竞争法

（一）不正当竞争的概念和特征

1. 不正当竞争的概念

竞争是市场经济的基本运行机制，是保持市场活力、推动经济发展的重要因素。竞争是市场主体在市场中为谋取利益最大化而进行的较量。在市场交易中应遵循自愿、平等、公正、诚实信用原则以及公认的商业道德，即必须是公平的、正当的；违反这些原则和公认的商业道德的竞争行为都是不正当竞争行为。

不正当竞争行为，是指经营者为了争夺市场竞争优势，违反公认的商业习俗和道德，采用欺诈、混淆等经营手段排挤或破坏竞争，扰乱市场经济秩序，损害其他经营者和消费者合法权益的竞争行为。

2. 不正当竞争行为的特征

（1）主体的特定性。它是经营者的竞争行为。《中华人民共和国反不正当竞争法》（以下简称《反不正当竞争法》）第2条规定：本法所称的经营者，是指从事商品生产、经营或者提供服务（以下所称商品包括服务）的自然人、法人和非法人组织。但实施了限制竞争行为的政府及其附属部门，也可以作为不正当竞争行为的特殊主体。

> **法律词典**
>
> 《反不正当竞争法》第8条规定：经营者不得对其商品的性能、功能、质量、销售状况、用户评价、曾获荣誉等作虚假或者引人误解的商业宣传，欺骗、误导消费者。经营者不得通过组织虚假交易等方式，帮助其他经营者进行虚假或者引人误解的商业宣传。

（2）行为的违法性。不正当竞争行为是违法、违反商业道德的行为，表现为：第一，它是违反《反不正当竞争法》规定的行为；第二，它是违反我国其他法律规范的行为，如《商标法》《中华人民共和国产品质量法》（以下简称《产品质量法》）等；第三，它是违反公认商业道德的行为。

（3）损害的严重性。不正当竞争行为不仅直接或间接地损害其他经营者的合法权益，而且直接或间接地损害消费者的利益。更为重要的是，不正当竞争行为使公平的市场体系无法建立，妨碍正常交易秩序。

3. 反不正当竞争法的立法概况

反不正当竞争法，是指调整在制止不正当竞争行为过程中所发生的社会关系的法律规范的总称。

我国于1993年9月2日通过《反不正当竞争法》，2017年11月4日进行修订，根据2019年4月23日第十三届全国人民代表大会常务委员会第十次会议《关于修改〈中华人民共和国建筑法〉等八部法律的决定》修正。《反不正当竞争法》的调整范围主要是调整违背商业道德意义上的不正当竞争行为；同时也调整一部分限制竞争行为。《反不正当竞争法》是一部确立市场竞争规则，制止各种不正当竞争行为，保护公平竞争，保护经营者、消费者合法权益的重要法律。

（二）不正当竞争行为的种类

1. 采用欺骗性标志从事交易

采用欺骗性标志从事交易，是指经营者采用伪冒或其他虚假的标志从事交易，引起公众的误解，诱使消费者误购，牟取非法利益的行为。

2. 商业贿赂

商业贿赂，是指经营者在市场交易活动中，为争取交易机会或有利的交易条件，以销售或购买商品，通过秘密给付财物或其他手段，收买交易对象的不正当竞争行为。

3. 虚假宣传

虚假宣传行为，是指经营者利用广告或者其他的方式对商品的质量、性能、用途、特点、价格、使用方法等令人误解的虚假表示，诱发消费者产生误购的行为。

4. 侵犯商业秘密

商业秘密，是指不为公众所知悉，具有商业价值并经权利人采取相应保密措施的技术信息、经营信息等商业信息。如经营者以盗窃、利诱、胁迫或者其他不正当手段获取权利人的商业秘密的行为就属于此种情况。

案例讨论

某设备厂与某设计院签订了一技术开发协议，协议约定：双方联合开发新技术和新产品，由设计院设计、推荐图纸，设备厂负责生产，按产品销售额的1%给付设计院技术服务费。双方约定于9月完成改型设计，同年11月投入生产。生产的新产品很畅销，经济效益可观。第二年10月，某机械厂通过在设备厂工作的丁某，请求丁某帮助搞一批新产品开发设计图纸，并许诺给丁某支付一定的报酬。不久丁某把新产品开发设计图纸交给丁某，并收到丁某给的6万元报酬。请讨论：丁某的行为是否构成了侵犯商业秘密罪？

商业秘密的特征：商业性，即经济性，表现为它具有实用价值并能够为权利人带来经济利益。秘密性，表现为它不为社会公众所知悉，并且权利人还采取了保密措施来维持这种秘密性。难知性，又称保密性，一方面，它是指权利人必须采取适当的保密措施，使其秘密性得以维持；另一方面，它是指商业秘密具有一定的创新性，不易为一般人总结研究而破密。

5. 降价排挤

降价排挤，是指同业竞争者以排挤竞争对手为目的，采用不当的手段降低价格来销售商品的行为。

6. 诋毁商誉

诋毁商誉，是指经营者针对特定的同业竞争对象故意捏造和歪曲事实，并通过各种宣传手段散布虚假信息，损害竞争对手的商业信誉和商品声誉的行为。

7. 违反规定的有奖销售

违反规定的有奖销售，是指经营者以提供奖品或奖金的手段推销产品的行为。它主要包括附赠式和抽奖式两种。

（三）不正当竞争行为的法律责任和监督检查

经营者违反《反不正当竞争法》的规定，给其他经营者造成损害的，应当承担赔偿责任，并承担被侵害者因调查该不正当竞争行为所支付的合理费用。同时，经营者对不正当竞争行为应承担的行政责任，监督检查部门可以采取责令停止、没收其违法所得、罚款、吊销营业执照等追究措施，对不正当竞争行为情节严重、构成犯罪的经营者，应依法追究刑事责任。

对不正当竞争行为进行监督检查是鼓励和保护公平竞争，制止不正当竞争，保护消费者合法权益的必要条件和措施。县级以上人民政府登记机关是对不正当竞争行为进行监督检查的专门机关；此外，还有依照法律、行政法规规定的其他监督检查部门。除了国家机关进行监督检查之外，法律还规定，国家鼓励、支持和保护一切组织和个人对不正当竞争行为进行社会监督。

二、消费者权益保护法

（一）消费者的概念和立法概况

1. 消费者的概念

消费作为社会再生产的一个重要环节，是生产、交换、分配的目的与归宿。它包括生产消费和生活消费两大方面。把消费者限于个体社会成员，这是国际上的通行做法。生活消费是人类生存所必需的，通常情况下所称的消费即指此意义。由此，我们对消费者这一概念做一个界定：消费者，是指为了满足个人生活消费的需要而购买、使用商品或者接受服务的人。消费者在各国的消费者权益法中都是指自然人或个体社会成员，不包括法人、其他组织或单位。

2. 消费者权益保护法的立法概况

消费者权益保护法，是指调整在保护消费者权益过程中发生的社会关系的法律规范的总称。消费者权益保护法有广义和狭义之分。广义的消费者权益保护法包括《中华人民共和国消费者权益保护法》（以下简称《消费者权益保护法》）、《产品质量法》、《反不正当竞争法》、《全国人民代表大会常务委员会关于惩治生产、销售伪劣商品犯罪的决定》和其他法律、法规中有关消费者权益保护的规范。狭义的消费者权益保护法仅指《消费者权益保护法》。我国于1993年10月31日通过《消费者权益保护法》，并分别于2009年8月和2013年10月进行修正，这是我国制定的第一部专门保护消费者权益的法律。

（二）消费者的权利

我国《消费者权益保护法》具体规定了消费者的权利，主要包括以下几个方面：

1. 保障安全权

保障安全权是消费者最基本的权利，它是消费者在购买、使用商品和接受服务时所享有的保障其人身、财产安全不受损害的权利。由于消费者取得商品和服务是用于生活消费的，因此商品和服务必须安全可靠，必须保证商品和服务的质量不会损害消费者的生命与健康。消费者依法有权要求经营者提供的商品和服务必须符合保障人身、财产安全的要求。

2. 知悉真情权

知悉真情权又称获取信息权、知情权，是指消费者享有的知悉其购买、使用的商品或者接受的服务的真实情况的权利。依据《消费者权益保护法》的规定，消费者有权根据商品或者服务的不同情况，要求经营者提供商品的价格、产地、生产者、用途、性能、规格、等级、主要成分、生产日期、有效期限、检验合格证明、使用方法说明书、售后服务，或者服务的内容、规格、费用等有关情况，唯有如此，才能保障消费者在与经营者在签约时做到知己知彼，并表达其真实的意思。

3. 自主选择权

自主选择权，是指消费者享有的自主选择商品或者服务的权利。该权利包括以下几个方面：

（1）自主选择提供商品或者服务的经营者的权利。

（2）自主选择商品品种或者服务方式的权利。

（3）自主决定购买或者不购买任何一种商品、接受或者不接受任何一项服务的权利。

（4）在自主选择商品或服务时，有进行比较、鉴别和挑选的权利。

4. 公平交易权

公平交易权，是指消费者在购买商品或者接受服务时所享有的获得质量保障和价格合理、计量正确等公平交易条件的权利。

举案说法

王某是一个个体食杂店老板，某日他从金利食品批发中心批发了30箱啤酒准备出售。当王某把啤酒拉到家卸车时，一瓶啤酒突然爆炸，将王某的左眼炸伤，花去医疗费1万余元。王某找到金利食品批发中心要求赔偿医疗费，但是金利食品批发中心认为自己只是销售啤酒，应由啤酒生产厂家来负责任。王某一定要找厂家才可以获得赔偿吗？

评析：金利食品批发中心的说法是不成立的。法律规定，消费者在购买、使用商品和接受服务时享有人身、财产安全不受损害的权利。经营者因产品给消费者造成人身或财产损害的，应当赔偿消费者的医疗费、护理费以及因误工减少的收入等费用。造成残疾的，经营者还应支付残疾者的生活自助费、生活补助费、残疾赔偿金以及由其扶养的人所必需的生活费等费用。需要说明的是，《消费者权益保护法》中所称的"经营者"，包括生产者、销售者、运输者和保管者。因此，金利食品批发中心称自己不负责任是没有法律依据的。

---

5. 依法求偿权

依法求偿权又称为索赔权，是指消费者享有的因购买、使用商品或者接受服务过程中受到人身、财产损害时，依法获得赔偿的权利。依法求偿权是弥补消费者所受损害的必不可少的救济性权利。

6. 依法结社权

依法结社权，是指消费者享有的依法成立维护自身合法权益的社会团体的权利。

在我国，依法成立的消费者组织有两种：一种是消费者协会，另一种是其他消费者组织。消费者协会包括中国消费者协会和各地设立的消费者协会。其他消费者组织，是指除消费者协会系统之外，由消费者依法成立的旨在维护自身合法权益的社会团体，如中国保护消费者基金会。

7. 接受教育权

接受教育权也称为获取知识权,是从知悉真情权中引申出来的一种消费者权利,它是指消费者所享有的获得有关消费和消费者权益保护方面的知识的权利。

8. 获得尊重权

获得尊重权,是指消费者在购买、使用商品和接受服务时,其所享有的人格尊严、民族风俗习惯得到尊重的权利。尊重消费者的人格尊严和民族风俗习惯,是社会文明进步的表现,也是尊重和保障人权的重要内容。

9. 监督批评权

监督批评权,是指消费者享有的对商品和服务以及消费者保护工作进行监督的权利。它包括两个方面的内容:第一,消费者有权对经营者提供的商品和服务的全过程进行监督,有权检举、控告其侵害消费者权益的行为;第二,消费者有权检举、控告国家机关及其工作人员在保护消费者权益工作中的违法失职行为,有权对保护消费者权益工作提出批评和建议。

(三)经营者的义务

由于经营者是为消费者提供商品和服务的市场主体,是与消费者直接进行交易的另一方,因此,明确经营者的义务对于保护消费者权益至为重要。我国《消费者权益保护法》较为全面地规定了在保护消费者权益方面,经营者所负有的下列义务:

1. 依法定或约定履行义务

经营者向消费者提供商品或服务,应当依照我国的《产品质量法》和其他有关法律、法规的规定履行义务,即经营者必须依法履行其法定义务。此外,经营者和消费者有约定的,应当按照约定履行义务,但双方的约定不得违背法律、法规的规定。

2. 听取意见和接受监督

经营者应当听取消费者对其提供的商品或者服务的意见,接受消费者的监督。这是与消费者的监督批评权相对应的经营者的义务。法律规定经营者的这一义务,有利于提高和改善消费者的地位。

3. 保障人身和财产安全

保障人身和财产安全是与消费者的保障安全权相对应的经营者的义务。经营者应当保证其提供的商品或者服务符合保障人身、财产安全的要求。对可能危及人身、财产安全的商品和服务,应当向消费者做出真实的说明和明确的警示,并说明和标明正确使用商品或者接受服务的方法以及防止危害发生的方法。

4. 不作虚假宣传

不作虚假宣传是与消费者的知悉真情权相对应的经营者的义务。经营者应当向消费者提供有关商品或者服务的真实信息,不得做引人误解的虚假宣传;否则,即构成侵犯消费者权益的行为和不正当竞争行为。经营者对消费者就其提供的商品或者服务的质量和使用方法等具体问题提出的询问,应当做出真实、明确的答复。在价格标示方面,商店提供的商品应当明码标价。

5. 出具相应的购货凭证和服务单据

经营者提供商品或者服务，应当按照国家有关规定或者商业惯例向消费者出具购货凭证或者服务单据；消费者索要购货凭证或者服务单据的，经营者必须出具，这是经营者的义务。

6. 提供符合要求的商品或者服务

经营者应当保证在正常使用商品或者提供服务的情况下，说明其提供的商品或者服务应当具有的质量、性能、用途和有效期限；但消费者在购买该商品或者接受该服务前已经知道其存在瑕疵的除外。经营者以广告、产品说明、实物样品或者其他方式表明商品或者服务的质量状况的，应当保证其提供的商品或者服务的实际质量与标明的质量状况相符。

7. 不得从事不公平、不合理的交易

为了保障消费者的公平交易权，经营者不得以格式合同、通知、声明、店堂告示等方式做出对消费者不公平、不合理的规定，或者减轻、免除其损害消费者合法权益应当承担的民事责任。

8. 不得侵犯消费者的人身权

消费者的人身权是其基本人权，消费者的人身自由、人格尊严不受侵犯。经营者不得对消费者进行侮辱、诽谤，不得搜查消费者的身体及其携带的物品，不得侵犯消费者的人身自由。

（四）国家对消费者合法权益的保护

依据我国《消费者权益保护法》的规定，国家对消费者合法权益的保护主要体现在以下几个方面：

1. 在立法方面的保护

国家在制定有关消费者权益的法律、法规时，应当听取消费者的意见和要求，这是立法程序之一。只有认真听取消费者的意见和要求，制定的法律才能切实有效地保护消费者的权益。

2. 在行政执法方面的保护

政府的行政管理工作与消费者权益的保护水平直接相关。各级人民政府应当加强领导，组织、协调、督促有关行政部门做好保护消费者合法权益的工作。各级人民政府应当加强监督，预防危害消费者人身、财产安全行为的发生，及时制止危害消费者人身、财产安全的行为。这实际上是对消费者的保障安全权的重点确认和保护。

3. 在司法方面的保护

人民法院应当采取措施，方便消费者提起诉讼。对于符合我国《民事诉讼法》规定的起诉条件的消费者权益争议，人民法院必须受理，并应及时审理，以使消费者权益争议尽快得到解决。

（五）消费者权益争议的解决

各类争议的解决，大致都有协商、调解、仲裁、诉讼等基本的解决途径，消费者权益争议也与此类似。根据我国《消费者权益保护法》的规定，消费者与经营者发生消费者权益争议的，可以通过下列途径解决：

（1）与经营者协商和解。
（2）请求消费者协会或者依法成立的其他调解组织调解。
（3）向有关行政部门投诉。
（4）根据与经营者达成的仲裁协议提请仲裁机构仲裁。
（5）向人民法院提起诉讼。

第四节　产品质量法

一、产品质量法概述

（一）产品质量立法概况

产品质量法，是指调整产品质量管理关系和产品质量责任关系的法律规范的总称。它兼具市场运行和国家监管两个方面的法律规范。《产品质量法》于1993年2月22日通过，并分别于2000年7月、2009年8月和2018年12月进行三次修正。

（二）产品质量法的适用范围

产品质量，是指产品所具有的符合人们需要的各种特性。一般来说，产品的特性包括产品的适用性、产品的安全性、产品的可靠性、产品的可维修性、产品的经济性等。

我国《产品质量法》所说的产品，是指经过加工、制作，用于销售的产品。我国《产品质量法》适用的范围有：

（1）适用的地域为中华人民共和国境内。
（2）适用的主体为中华人民共和国境内的公民、企业、事业单位、国家机关、社会组织以及个体工商业经营者等。企业包括国有企业、集体所有制企业、私营企业、中外合资经营企业、中外合作经营企业和外资企业。个体工商经营者包括个体工商户、个人合伙等。
（3）适用的产品为以销售为目的，通过工业加工、手工制作等生产方式所获得的具有特定使用性能的物品。

未经加工的天然形成产品（如原矿、原煤、石油、天然气等），以及初级农产品（如农、林、牧、鱼等产品）不适用该法。

建设工程不适用该法的规定，但是建设工程使用的建筑材料、建筑构配件和设备，属于《产品质量法》所称产品的，适用该法的规定。

符合上述要求的在中国境内销售的进口产品适用该法。

二、生产者、销售者的产品质量义务

（一）生产者的产品质量义务

生产者对产品质量有作为的义务和不作为的义务。作为的义务有以下三项，产品质量

符合以下三项要求的，即为合格产品。

（1）不存在危及人身、财产安全的不合理的危险；有保障人体健康和人身、财产安全的国家标准、行业标准的，应当符合该标准。

（2）具有产品应当具备的使用性能，但是对产品存在使用性能的瑕疵做出说明的除外。

（3）符合在产品或者其包装上注明采用的产品标准，符合以产品说明、实物样品等方式表明的质量状况。

前两项为默示担保条件，后一项为明示担保条件。

产品或者其包装上的标识应当符合要求，包括合格证明、产品名称、厂家和厂址，产品规格，安全使用日期，警示标志等。

特殊产品的包装必须符合要求，这包括剧毒、危险、易碎、储运中不能倒置以及有其他特殊要求的产品，其包装应有特殊的要求。

不作为的义务有：生产者不得生产国家明令淘汰的产品；不得伪造产地，伪造或者冒用他人的厂名、厂址；不得伪造或者冒用认证标志等质量标志；生产产品，不得掺杂、掺假，不得以假充真、以次充好，不得以不合格产品冒充合格产品。

（二）销售者的产品质量义务

1. 作为的义务

销售者应当对其销售的产品质量负责。具体要求有：销售者应当执行进货检查验收制度，验明产品合格证明和其他标识；在进货之后，销售者应当采取措施，保持销售产品的质量（如防止受潮、腐烂等）；销售的产品的标识应当符合有关规定。

2. 不作为的义务

销售者不得销售失效、变质的产品；不得伪造产地，不得伪造或者冒用他人的厂名、厂址；不得伪造或者冒用认证标识、名优标志等质量标志；销售产品，不得掺杂、掺假，不得以假充真、以次充好，不得以不合格产品冒充合格产品。

对以上作为、不作为的要求，我国《产品质量法》统称为"生产者、销售者的产品质量责任和义务"。规定并要求生产者、销售者履行产品质量义务，是为了实现消费者的产品质量权利。一个生产环节，一个流通环节，把住这两个关口，将治标与治本结合起来，产品质量才能有基本的保障。

三、产品质量责任

产品质量责任，是指产品的生产者、销售者违反产品质量义务而应承担的法律后果。产品质量责任一般包括经济或民事责任、行政责任和刑事责任。经济或民事责任包括产品瑕疵担保责任和产品责任。

（一）产品瑕疵担保责任

产品瑕疵担保责任，是指销售者应保证所销售的产品符合约定的质量。如果销售的产品不符合约定的质量，即为产品有瑕疵，销售者应承担瑕疵担保的责任。

售出的产品有下列情形之一的，即构成承担瑕疵担保责任的条件：

（1）不具备产品应当具备的使用性能而事先未做说明的。
（2）不符合在产品或其包装上注明采用产品标准的。
（3）不符合以产品说明、实物样品等方式表明的质量状况的。

《产品质量法》规定：对违反产品瑕疵担保责任的，不论是否造成损害后果，都应承担责任。

违反产品瑕疵担保责任的方式有：负责修理、更换、退货，给购买产品的消费者造成损失的，销售者应当赔偿损失。

此外，《产品质量法》还明确规定：销售者负责修理、更换、退货、赔偿损失后，属于生产者的责任或者属于向销售者提供产品的其他销售者（以下简称"供货者"）的责任的，销售者有权向生产者、供货者追偿。

（二）产品责任

产品责任，是指产品的生产者、销售者因产品存在缺陷而给使用者、消费者造成人身伤害或缺陷产品以外的财产损失所应承担的侵权责任。

产品责任的归责原则，是指确定侵权人因产品缺陷而给使用者、消费者造成人身伤害或财产损失，行为人承担产品责任的规则或准则。

1. 生产者的损害赔偿责任

因产品存在缺陷造成人身伤害及缺陷产品以外的其他财产（以下简称"他人财产"）损害的，生产者应当承担赔偿责任。缺陷，是指产品存在危及人身、他人财产安全的不合理的危险；产品有保障人体健康、人身及财产安全的国家标准、行业标准的，不符合该标准。

2. 销售者的损害赔偿责任

由于销售者的过错使产品存在缺陷，造成人身、他人财产损害的，销售者应当承担赔偿责任，销售者只有在自己对造成产品缺陷有过错的情况下，才承担侵权损害赔偿责任。销售者承担产品责任的归责原则是过错责任原则，以其有主观过错为要件。

销售者依法负责修理、更换、退货、赔偿损失后，属于生产者的责任或者属于供货者的责任的，销售者有权向生产者、供货者追偿。

销售者未按照规定给予修理、更换、退货或者赔偿损失的，由管理产品质量监督工作的部门或者登记机关责令更正。

生产者之间、销售者之间，生产者与销售者之间订立的产品购销、加工承揽合同有不同约定的，合同当事人按约定执行。

由于销售者的过错使产品存在缺陷，造成人身、他人财产损害的，销售者应当承担赔偿责任。销售者对自身没有过错，负有举证责任。销售者不能指明缺陷产品的生产者，也不能指明缺陷产品的供货者的，销售者应当承担赔偿责任。

（三）行政责任

根据《产品质量法》的规定，承担行政责任的违法行为有以下几种：
（1）生产不符合保障人体健康和人身、财产安全的国家标准、行业标准的产品；生产国家明令淘汰的产品。

（2）销售失效、变质产品。

（3）生产者、销售者在产品中掺杂、掺假，以假充真、以次充好或者以不合格产品冒充合格产品；伪造产品的产地，伪造或者冒用他人的厂名、厂址，伪造或者冒用认证标志等质量标志。

> **案例讨论**
>
> 一户赵姓人家在为家中老人祝寿时，高压锅突然爆炸，儿媳妇被锅盖击中头部，抢救无效后死亡。据负责高压锅质量检测的专家鉴定，高压锅爆炸的直接原因是高压锅的设计存在问题，导致锅盖上的排气孔堵塞。由于高压锅的生产厂家距离赵家较远，赵家要求出售此高压锅的商场承担损害民事赔偿责任。但商场声称高压锅存在的缺陷不是由自己造成的，而且商场在出售这种高压锅（尚处于试销期）的时候已与买方签订了一份合同，约定如果产品存在质量问题，商场负责退货，并双倍返还货款，因而商场只承担双倍返还货款的违约责任。
>
> 请讨论：赵家可否向该商场请求承担责任？为什么？

（4）产品标识或者有包装的产品标识不符合法律规定。

（5）伪造检验数据或者检验结论。

技术监督行政部门、登记机关依照各自的职权，对违反《产品质量法》中规定的行为可以责令纠正，并给予下列行政处罚：警告；罚款；没收违法生产、销售的产品和没收违法所得；责令停止生产、销售；吊销营业执照。

（四）刑事责任

违反《产品质量法》的行为，如已触犯刑法，构成犯罪的，依照我国《刑法》的规定追究刑事责任。

生产、销售不符合保障人体健康和人身、财产安全的国家标准、行业标准的产品的，责令停止生产、销售，没收违法生产、销售的产品，并处违法生产、销售产品货值金额50%以上3倍以下的罚款；有违法所得的，并处没收违法所得；情节严重的，吊销营业执照；构成犯罪的，依法追究刑事责任。

> **法律提示**
>
> 承担行政责任的主要形式是行政处罚。

在产品中掺杂、掺假，以假充真，以次充好，或者以不合格产品冒充合格产品的，销售变质、失效的产品，构成犯罪的，都要依法追究刑事责任。

根据我国《刑法》的规定，对生产、销售伪劣商品犯罪行为负有追究责任的国家机关工作人员，徇私舞弊，不履行法律规定的追究职责，情节严重的，处5年以下有期徒刑或者拘役。此举对强化产品质量管理体制和机制，有着重要的意义。

第五节 劳动法和社会保障制度

一、劳动法

（一）劳动法的调整对象及立法状况

劳动法，是指调整劳动关系以及由劳动关系产生的其他社会关系的法律规范的总称。劳动法的调整对象是劳动关系，包括劳动就业、劳动合同、劳动报酬、劳动安全、劳动时间和休假、劳动卫生、劳动保护、劳动纪律、劳动争议和职业培训等劳动问题。

《劳动法》于1994年7月5日通过，分别于2009年8月、2018年12月进行修正。

（二）劳动法的基本原则

劳动法的基本原则是：

（1）保护劳动者的劳动权利与劳动义务的原则。

（2）改进劳动组织，不断提高劳动生产率的原则。

（3）实行各尽所能、按劳分配的原则。

> **举案说法**
>
> 李某初中未毕业就辍学，15周岁时他与一家化工厂签订了劳动合同。试分析本案有何违法之处？
>
> 评析：本案例考核的是劳动合同订立主体的资格要求，文艺、体育、特种工艺单位录用人员可以不满16周岁。而化工厂不是上述的单位，所以签订的劳动合同违反《劳动法》的规定。

（三）劳动者的基本权利和基本义务

《中华人民共和国劳动合同法》第4条规定：用人单位应当依法建立和完善规章制度，保障劳动者享有劳动权利和履行劳动义务。

劳动者的基本权利有：平等就业和选择职业的权利、取得劳动报酬的权利、休息和休假的权利、获得劳动安全卫生保护的权利、接受职业技能培训的权利、享受社会保障和社会福利的权利、提请劳动争议合法处理的权利、依法参加和组织工会的权利、依法参与企业民主管理的权利、依法解除劳动合同的权利、法律规定的其他劳动权利。

劳动者的基本义务有：劳动者应当完成劳动任务，提高职业技能，执行劳动安全卫生规程，遵守劳动纪律和职业道德。

（四）劳动合同

1.劳动合同的订立

劳动合同，是指劳动者和用人单位之间依法确立劳动关系，明确双方权利和义务的书面协议。劳动合同的订立，是指劳动者和用人单位经过相互选择和平等协商，就劳动合同的各项条款协商一致，并以书面形式明确双方的权利、义务及责任，从而确立劳动关系的法律行为。

劳动合同的订立应遵循以下原则：合法原则、公平原则、平等自愿原则、协商一致原则、诚实信用原则。

劳动合同订立的主体资格要求是：劳动者需年满16周岁以上（只有文艺、体育、特种工艺单位录用人员可以例外），有劳动权利能力和行为能力；用人单位有用人权利能力和行为能力。

用人单位以担保或其他名义向劳动者收取财物的，由劳动行政部门责令限期退还劳动者本人，并以每人500元以上2000元以下的标准对用人单位处以罚款；给劳动者造成损害的，应当承担赔偿责任。

劳动合同订立应当采用书面形式，对于已经建立劳动关系，未同时订立书面劳动合同的，应当自用工之日起1个月内订立书面劳动合同。用人单位与劳动者在用工前订立劳动合同的，劳动关系自用工之日起建立。劳动合同分为固定期限劳动合同、无固定期限劳动合同和完成一定任务为期限的劳动合同。劳动合同由用人单位与劳动者协商一致，并经用人单位与劳动者在劳动合同文本上签字或者盖章生效。劳动合同文本由用人单位和劳动者各执一份。

> **诚 举案说法**
>
> 某服装公司招聘销售人员，在签订劳动合同时，要求员工交200元制服押金，以便制作统一的工作服装，并表示在员工与公司结束劳动关系时将制服完好返还公司后，公司将该押金全额返还给员工。部分员工认为公司收取制服押金的行为违反了法律规定，遂向劳动行政部门投诉。
>
> 评析：根据法律的规定，用人单位不得以任何名义向劳动者收取财物，该公司以提供制服的名义收取押金的做法违反了法律的规定，劳动行政部门可以责令该公司将制服押金返还给员工，并可以根据实际收取押金的员工人数按每人500元以上2000元以下的标准对公司处以罚款。

2. 劳动合同的主要内容

劳动合同的主要内容包括劳动合同的必备条款、劳动合同的约定条款和医疗期。

劳动合同的必备条款有：用人单位的名称、住所和法定代表人或者主要负责人；劳动者的姓名、住址和居民身份证或者其他有效身份证件号码；劳动合同期限；工作内容和工作地点；工作时间和休息休假；劳动报酬；社会保险；劳动保护、劳动条件和职业危害防护等。除了劳动合同必备条款之外，用人单位与劳动者可以在劳动合同中约定试用期、培训、保守秘密、补充保险和福利待遇等其他事项。但约定事项不能违反法律、法规的强制性规定，否则该约定无效。企业职工因患病或非因工负伤，需要停止工作，进行医疗时，根据本人实际参加工作年限和在本单位工作年限，给予3个月到24个月的医疗期。

3. 劳动合同的变更

用人单位与劳动者协商一致，可以变更劳动合同约定的内容。变更劳动合同，应当采用书面形式。变更后的劳动合同文本由用人单位和劳动者各执一份。

劳动合同的变更是对原合同内容的修改、补充或者废止，而不是签订新的劳动合同。同订立新的劳动合同一样，变更劳动合同也应当遵循平等自愿、协商一致的原则，不得违反法律、行政法规的规定。未对变更劳动合同达成一致意见的,任何一方都不得擅自变更劳动合同。

4. 劳动合同的解除

劳动合同解除分为协商解除和法定解除两种情况。

协商解除,又称意定解除,是指劳动合同订立后,双方当事人因某种原因,在完全自愿的基础上协商一致,合意解除劳动合同,提前终止劳动合同的效力。

法定解除,是指在出现国家法律、法规或劳动合同规定的可以解除劳动合同的情形时,不需双方当事人一致同意,劳动合同效力可以自然或由单方提前终止。法定解除又分为用人单位的单方解除和劳动者的单方解除。

(1) 劳动者解除劳动合同。劳动者提前通知解除劳动合同的情形有:劳动者在试用期内提前3日通知用人单位,可以解除劳动合同;劳动者提前30日以书面形式通知用人单位,可以解除劳动合同。

劳动者单方解除劳动合同的情形有:用人单位未按照劳动合同约定提供劳动保护或者劳动条件的;用人单位未及时足额支付劳动报酬的;用人单位未依法为劳动者缴纳社会保险费的;用人单位的规章制度违反法律、法规的规定,损害劳动者权益的;用人单位以欺诈、胁迫的手段或者乘人之危,使劳动者在违背真实意思的情况下订立或者变更劳动合同的;用人单位在劳动合同中免除自己的法定责任、排除劳动者权利的;用人单位违反法律、行政法规强制性规定的;法律、行政法规规定劳动者可以解除劳动合同的其他情形。

劳动者不需要事先告知即可解除劳动合同的情形有:在试用期内的;用人单位以暴力、威胁或者非法限制人身自由的手段强迫劳动者劳动的;用人单位违章指挥、强令冒险作业危及劳动者人身安全的。

(2) 用人单位解除劳动合同。有下列情形之一的,用人单位可提前30日以书面形式通知劳动者本人,并应当依照国家有关规定给予经济补偿,可以解除劳动合同:劳动者患病或者非因工负伤,在规定的医疗期满后不能从事原工作,也不能从事由用人单位另行安排的工作的;劳动者不能胜任工作,经过培训或者调整工作岗位,仍不能胜任工作的;劳动合同订立时所依据的客观情况发生重大变化,致使劳动合同无法履行,经用人单位与劳动者协商,未能就变更劳动合同内容达成协议的。

用人单位单方解除劳动合同(过失性辞退)的情形有:劳动者在试用期间被证明不符合录用条件的;劳动者严重违反用人单位的规章制度的;劳动者严重失职,营私舞弊,给用人单位造成重大损害的;劳动者同时与其他用人单位建立劳动关系,对完成本单位的工作任务造成严重影响,或者经用人单位提出,拒不改正的;劳动者以欺骗、胁迫的手段或者乘人之危,使用人单位在违背真实意思的情况下订立或者变更劳动合同的;劳动者被依法追究刑事责任的。

用人单位可以裁减人员的情形有:依照《中华人民共和国企业破产法》的规定进行重整的;生产经营发生严重困难的;企业转产、重大技术革新或者经营方式调整,经变更劳动合同后,仍需裁减人员的;其他因劳动合同订立时所依据的客观经济情况发生重大变化,致使劳动合同无法履行的。

（五）劳动争议及解决方法

劳动争议，是指对劳动者与用人单位因订立、履行、变更、解除或者终止劳动合同发生的争议。

> **法律提示**
>
> 劳动争议的范围有：第一，因确认劳动关系发生的争议；第二，因订立、履行、变更、解除和终止劳动合同发生的争议；第三，因除名、辞退和辞职、离职发生的争议；第四，因工作时间、休息休假、社会保险、福利、培训以及劳动保护发生的争议；第五，因劳动报酬、工伤医疗费、经济补偿、福利、培训以及劳动保护发生的争议；第六，法律、法规规定的其他劳动争议。

解决劳动争议，应当根据事实，遵循合法、公正、及时、着重调解的原则，依法保护当事人的合法权益。

劳动争议的解决方法：用人单位与劳动者发生劳动争议，劳动者可以与用人单位协商，也可以请工会或第三方共同与用人单位协商，达成和解协议；当事人不愿协商、协商不成或达成和解协议后不履行的，可以向调节组织申请调解；不愿调解、调解不成或达成调解协议后不履行的，可以向劳动争议仲裁委员会申请仲裁；对仲裁裁决不服的，可以依法向人民法院提起诉讼或申请撤销仲裁裁决。

二、社会保障制度

（一）社会保障制度的概念

社会保障制度，是指公民因生育、年老、患病、伤残、失业等引起生活困难，由国家和社会提供一定的物质帮助，保障其基本生活需要的制度。社会保障的对象是社会的全体成员，特别是丧失劳动能力、遭遇风险、需要特殊帮助的社会成员。社会保障制度的目的是保障社会成员的基本生存条件。

社会保障制度具有社会性、福利性、强制性、人道性、互济性的特征。社会保障制度是社会稳定和国家长治久安的重要保证。

（二）社会保障体系

社会保障体系是由国家确定的社会保障制度和工作机制所构成的社会保障的有机统一整体。我国的社会保障体系主要包括社会保险、社会救助、社会福利、社会优抚制度。

1. 社会保险制度

社会保险是对劳动风险的社会保障，是指国家对生活困难的公民或劳动者给予一定的物质帮助的制度。社会保险主要包括养老保险、失业保险、医疗保险、工伤保险、生育保险。

（1）养老保险。养老保险，是指劳动者因年老而丧失劳动能力的情况下，依法领取一定数额费用的社会保险制度。我国的职工养老保险有退休、离休和退职三种形式。

（2）失业保险。失业保险，是指劳动者在法定失业期间内获得一定的物质帮助，促进再就业的社会保险制度。现行失业保险待遇主要有：失业保险金，医疗补助金，丧葬补助金和抚恤金，接受职业培训、职业介绍的补贴。

（3）医疗保险。医疗保险，是指劳动者及其供养亲属非因工病伤后从国家和社会获得医疗帮助的社会保险制度。医疗保险待遇主要表现为医疗服务，包括药品、诊疗、住院等项目。目前，我国医疗保险改革正在进行，新的医疗保障体系亟待建立。

（4）工伤保险。工伤保险即职业伤害保险，是指劳动者因工致伤、致残、死亡时，依法获得经济赔偿和物质帮助的一种社会保险制度。工伤保险包括工伤和职业病。

（5）生育保险。生育保险，是指女职工因孕育而从国家和社会获得医疗、休息等物质帮助的社会保险制度。生育保险待遇的项目有：产假、生育津贴和生育医疗待遇。

2. 社会救助制度

社会救助，又称社会救济，是指国家和社会对陷入生活困难的公民，给予财物救济和生活扶助，以保障其最低生活标准的制度。社会救助体系具体包括灾害救助、贫困地区救助、法律援助和社会互助。

3. 社会福利制度

社会福利，是指国家和社会为维持和提高公民的生活质量而提供一定的物质帮助，以满足公民的共同和特殊生活需要的制度。社会福利的法律制度主要有公共福利、职业福利两类，涉及住房、教育、文化、卫生福利，老年人、妇女、儿童、残疾人等特殊群体福利和职业福利基金等。

4. 社会优抚制度

社会优抚，是指国家和社会对军人及其家属提供褒扬和优惠性质的物质帮助，以保障其生活水平不低于当地一般生活水平的制度。社会优抚的具体法律制度包括：对革命烈士、因公牺牲或伤残军人的社会抚恤制度；对现役军人及亲属的社会优待制度；对军人退役或离退休安置制度。

第六节　环境保护法和自然资源保护法

一、环境保护法

（一）环境保护法概述

环境法，是指调整因保护和改善人类生存环境和自然资源、防治污染和其他公害而产生的各种社会关系的法律规范的总称。环境法主要包括自然资源法和环境保护法。

我国于1989年12月26日通过了《环境保护法》，2014年4月修订。

环境保护的对象和范围是：大气、水、海洋、土地、矿藏、森林、草原、湿地、野生生物、自然遗迹、人文遗迹、自然保护区、风景名胜区、城市和乡村等。

（二）环境保护法的基本原则

（1）环境保护同经济、社会持续发展相协调原则。

（2）预防为主、防治结合、综合治理原则。

（3）环境责任原则。环境污染者付费，环境责任原则是对"利用者补偿，开发者保护，破坏者恢复"等原则的概括，是指在环境资源的开发、利用、保护和管理过程中，各类主体所应履行的环境保护法律义务及违反相应义务所应承担的不利法律后果。

（4）依靠群众保护环境原则。

（三）环境保护的基本制度

（1）环境影响评价制度。即在某地区进行可能影响环境的工程建设，在规划或其他活动之前，对其活动可能造成的周围地区环境影响进行调查、预测和评价，并提出防治环境污染和破坏的对策，以及制订相应的方案。

（2）环境保护责任制度。即以环境法为依据，把环境保护工作纳入计划，以责任制为核心，以签订合同的形式，规定企业在环境保护方面的具体权利和义务的法律责任制度。

（3）排污收费制度。即国家机关对排放污染物质的企业、事业单位和个体生产经营者，依法征收费用的制度。征收标准必须略高于防治污染设施所需要的费用。排污者缴纳排污费，不免除其防治污染、赔偿污染损害的责任和法律、行政法规规定的其他责任。

（4）限期治理制度。即对造成环境严重污染的企业、事业单位，人民政府决定限期治理，被限期治理的单位必须如期完成治理任务的制度。

（5）排污申报登记和许可证制度。向大气排放污染物的单位，必须按照规定向所在地的环境保护主管部门申报拥有的污染物排放设施、处理设施和正常作业条件下排放污染物的种类、数量和浓度，并提供防治大气污染方面的有关技术资料；排放污染物的种类、数量和浓度有重大改变的，必须及时申报。实行排污许可证的地区，排污单位必须取得环境保护主管部门颁发的排污许可证，才可排放污染物。

（6）环境监测制度。环境监测对象，主要是指污染源和环境质量的状况。目前，我国环境保护系统设置了监测站，形成监测网络并建立检测数据共享机制，加强了对环境的管理。

（7）环境事故报告和强制应急措施制度。即因发生环境污染事故或者其他突发性事件，使环境受到污染或者可能受到污染，威胁居民生命财产安全的紧急情况时，必须依法进行通报和报告有关情况并及时采取应急措施的环境法律制度。

> **举案说法**
>
> A厂在开发利用储灰场和清运粉煤灰的过程中，对清运作业监督不力，致使10吨粉煤灰被倾倒进B河，造成水体污染。当地环境保护主管部门根据水污染防治法和排污收费的规定，对该厂罚款5万元，同时征收排污费20万元。A厂不服，认为对于违法排放污染物的行为，环境保护主管部门不能在罚款的同时征收排污费，遂向人民法院提起诉讼。对于违法排放污染物的行为，环境保护主管部门能否在罚款的同时征收排污费？
>
> 评析：环境保护主管部门可以在罚款的同时征收排污费。因为征收排污费或超标排污费不是行政处罚，不以违反行政法律、法规为前提条件，与行政处罚不同，适用条件也不同，二者并不相互排斥。因此，因违法排污受到行政处罚的企业、事业单位，仍然应当依法缴纳排污费或超标排污费。

(8) 防治污染转嫁制度。我国《环境保护法》规定：禁止引进不符合我国环境保护规定的技术、设备、材料和产品；任何单位不得将产生严重污染的生产设备转移给没有污染防治能力的单位使用。

二、自然资源法

（一）自然资源法的概念

自然资源，是指在一定的社会经济条件下，能够为人们所利用的自然因素的总称。它包括矿藏、水流、森林、山岭、草原、荒地、滩涂、野生动植物等资源。

自然资源法，是指调整在自然资源的管理、开发、利用和保护过程中所发生的各种社会关系的法律规范的总称。

（二）自然资源法的基本原则

我国自然资源法的基本原则主要有：重要自然资源属于国家所有的原则；统一规划、多目标开发和综合利用的原则；既利用自然资源，又保护自然生态平衡的原则；"开源与节流"的原则。

（三）自然资源保护的基本制度

1. 土地管理法

土地管理法，是指调整在土地的管理、保护、开发、利用过程中所发生的经济关系的法律规范的总称。我国法律意义上的土地包括国家和集体所有的耕地、园地、林地、草原、内陆水域、沿海滩涂、工矿用地、交通用地和国防用地，以及荒地、沙漠、戈壁和其他未开发利用的土地。

我国《宪法》和《土地管理法》规定：我国实行土地的社会主义公有制。城市的土地属于国家所有；农村和城市郊区的土地除法律规定属于国家所有的之外，属于集体所有；宅基地、自留山，也属于集体所有。

任何单位和个人均不得侵占、买卖或者以其他形式非法转让土地。土地使用权依法实行有偿、有期限转让制度。土地的所有权、使用权和承包经营权受国家法律保护，任何单位和个人不得侵犯。

国家实行土地的统一管理制度，贯彻十分珍惜和合理利用土地的方针。有关单位和个人需要使用土地的，必须提出申请，得到批准方可使用。土地使用者负有保护土地的义务。

2. 水法

水法，是指调整关于水的开发、利用、管理、保护、防治水害的过程中所发生的经济关系的法律规范的总称。水法所称的水资源，是指地表水和地下水，不包括海水。

水资源属于国家所有。农村集体经济组织所有的水塘、水库中的水，属于集体所有。国家保护依法开发、利用水资源的单位和个人的合法权益。

开发和利用水资源，应当首先满足城乡居民生活用水，统筹兼顾工业、农业、生态环境用水和航运等需要。国家实行计划用水，厉行节约用水，大力推行节约用水措施，推广节约用水新技术、新工艺，发展节水型工业、农业和服务业，建立节水型社会。

3. 森林法

森林资源所有权包括国家所有和集体所有两种形式。法律允许公民个人享有对林木的所有权，对林木所在地的使用权。全民所有和集体所有的森林、林木和林地，个人所有的林木和使用的林地，由县级以上地方人民政府登记造册，核发证书，确认所有权或使用权。

为了保护现有的森林资源，合理利用森林资源，国家实行林木采伐许可证制度。

植树造林、保护森林，是公民应尽的义务。各级人民政府应当组织全民义务开展植树造林活动。国家决定每年的3月12日为我国的植树节。《森林法》还规定了全国森林覆盖率的奋斗目标为30%。

4. 矿产资源法

在我国，不论矿产资源所依附的土地归谁所有或者使用，矿产资源都属于国家所有。国家对矿产资源的勘察，实行统一登记制度。不履行登记手续，不得进行勘察工作。对矿产资源的开采，实行许可证制度。开办矿产企业，须按国家规定的审查批准和管理办法进行申报，领取开采许可证，方得采矿权。没有领取采矿许可证的，一律不许开采。转让采矿权和变更矿区范围，均须原审批机关批准。

5. 草原法

我国草原属于国家所有，由法律规定属于集体所有的除外。全民所有的草原，可以固定给集体长期使用。全民所有、集体所有以及集体长期给固定使用的草原，可以由集体或者个人承包从事畜牧业生产。草原的使用权和所有权，受法律保护，任何单位和个人不得侵犯。

《草原法》规定保护草原的主要措施是：禁止滥垦和破坏草原，维护草原生态平衡，加强草原的防鼠虫害管理。

6. 渔业法

我国渔业资源包括内水、滩涂、领海以及由我国管辖的一切其他海域内鱼类水产资源。渔业法，是指调整在渔业管理和渔业资源的增殖、保护以及发展养殖业、捕捞业过程中所发生的经济关系的法律规范的总称。

国家对渔业实行以养殖为主，养殖、捕捞、加工并举，因地制宜，各有侧重的方针。国家鼓励全民所有制单位、集体所有制单位和个人充分利用适于养殖的水面、滩涂，发展养殖业。

我国实行渔业捕捞许可证制度。从事外海、远洋捕捞业，必须经国务院渔业行政主管部门批准；从事内水、近海捕捞业，必须向渔业行政主管部门申请领取捕捞许可证。

国家对渔业资源增殖和保护的主要措施有：征收渔业资源保护费；建立禁渔区和禁渔期制度；禁止采用破坏渔业资源的捕捞手段；建立保护珍贵鱼种制度；建立施工工程保护制度，保护和改善渔业水域的生态环境，防治污染。

复习思考题

在线答题

一、简答题

1. 简述经济法的概念及调整对象。
2. 简述经济法的基本原则。
3. 简述企业的概念及种类。
4. 简述公司法的概念及特征。
5. 简述有限责任公司的概念及特征、设立的条件。
6. 简述股份有限公司的概念及特征、设立的条件。
7. 列举不正当竞争行为的种类及所承担的法律责任。
8. 消费者的权利和经营者的义务是什么？
9. 简述用人单位解除劳动合同的几种情形。
10. 简述产品质量责任的承担方式。
11. 环境保护的基本制度有哪些？

二、案例分析

1. 20××年1月，甲、乙和丙共同设立一个合伙企业，合伙协议约定：甲以现金人民币5万元出资，乙以房屋作价人民币8万元出资，丙以劳务作价人民币4万元出资；各合伙人按相同比例分配盈利、分担亏损。合伙企业成立后，为扩大经营，于20××年6月向银行贷款人民币5万元，期限为1年。20××年7月，丁经甲、乙、丙同意加入合伙企业。20××年8月，甲提出退伙，乙、丙和丁决定解散合伙企业，并将合伙企业现有的财产价值人民币3万元予以分配，但对未到期的银行贷款未予清偿。第二年6月，银行贷款到期后，银行找合伙企业清偿债务，发现该企业已经解散，遂向甲要求偿还全部贷款，甲称自己早已退伙，不负责清偿债务。银行向乙要求偿还全部贷款，乙表示只按照合伙协议约定的比例清偿相应数额。银行向丙要求偿还全部贷款，丙表示自己是以劳务出资的，不承担偿还贷款的义务。银行向丁要求偿还全部贷款，丁称该贷款是在自己入伙前发生的，不负责清偿债务。

根据上述案情，请分析：

甲、乙、丙、丁各自的主张能否成立？为什么？

2. 张某是某建筑工程学院的学生，经人介绍到某工程建设监理有限公司实习，担任质检员，月工资800元，双方未签订书面劳动合同。有一次，他在工地检查打桩的护桶时，他的手不慎被打桩机的三角带搅住，造成左手两根手指骨折、一根手指肌腱断裂。为此，张某要求享受工伤待遇。

根据上述案情，请分析：

张某在实习过程中受伤是否受《劳动法》保护？

第九章　诉讼与仲裁

食品厂甲和商场乙签订了一份长期供货合同。最初的一段时间内，甲都能够按照合同的约定交付货物。但是后来由于受到外部的冲击，甲的效益下滑。同时，由于机器设备老化，甲生产出来的产品质量下降。因此，甲供给乙的产品多为次品，导致消费者大量投诉，严重影响了乙的经济效益，给乙造成的直接经济损失大约为15万元。乙多次与甲交涉，但是均未能就损害赔偿的具体数额达成一致意见，后来双方商定，将该合同纠纷提交乙所在城市的仲裁委员会仲裁，并且签署了仲裁协议。如果在签订了仲裁协议后，商场乙认为该仲裁协议不发生法律效力，双方当事人就此发生争议，此时有关的当事人应当向何机构寻求解决？

该案涉及的问题是，社会生活中产生的矛盾和纠纷在法律上以何种手段去解决？这就需要了解诉讼与仲裁的法律知识。诉讼法又称程序法，是关于诉讼程序的法律规范的总称。本章将学习刑事诉讼法、民事诉讼法、行政诉讼法、仲裁法，目的在于理解并掌握诉讼与仲裁的基本知识，树立程序正义的观念，增强运用法律知识来解决社会系统中存在的实际法律问题的能力。

重点提示

- 刑事诉讼法的基本原则
- 刑事诉讼制度
- 刑事诉讼程序
- 民事诉讼法的基本原则
- 民事诉讼审判制度
- 民事诉讼证据
- 行政诉讼法的特有原则
- 行政诉讼的受案范围
- 行政诉讼程序
- 仲裁的适用范围
- 仲裁的基本原则及基本制度

第一节　刑事诉讼法

一、刑事诉讼法的概念

刑事诉讼法是国家的基本部门法之一，它是关于刑事诉讼程序的分类规范的总和。

广义的刑事诉讼法，是指一切与刑事诉讼程序有关的法律规范，即我国的人民法院、人民检察院、公安机关和诉讼参与人进行刑事诉讼所必须遵守的法律规范。

狭义的刑事诉讼法，是指国家最高权力机关制定的一部比较系统、全面的成文刑事诉讼法典。在我国，狭义的刑事诉讼法是指1979年7月1日通过的《刑事诉讼法》，该法分别于1996年3月、2012年3月和2018年10月进行三次修正。

二、刑事诉讼法的基本原则

刑事诉讼法的基本原则，是指贯穿于整个刑事诉讼程序始终，体现现代刑事诉讼的目的、决定现代刑事诉讼的基本特征、指导司法机关和诉讼参与人进行诉讼活动的基本准则。刑事诉讼法的基本原则主要有：

（一）人民法院、人民检察院、公安机关依法行使职权的原则

对刑事案件的侦查、拘留、执行逮捕、预审，由公安机关负责。检察、批准逮捕、检察机关直接受理的案件的侦查、提起公诉，由人民检察院负责。审判由人民法院负责。除了法律特别规定的以外，其他任何机关、团体和个人都无权行使这些权力。人民法院、人民检察院和公安机关进行刑事诉讼，必须严格遵守《刑事诉讼法》和其他法律的有关规定，这是侦查权、检察权和审判权由专门机关行使的法律依据。

（二）以事实为根据，以法律为准绳原则

人民法院、人民检察院和公安机关进行刑事诉讼，必须以事实为根据，以法律为准绳。这是我国刑事诉讼法的一个最重要的原则。

（三）公民在适用法律上一律平等原则

人民法院、人民检察院和公安机关进行刑事诉讼，对于一切公民，在适用法律上一律平等，在法律面前，不允许有任何特权。

（四）分工负责、互相配合、互相制约原则

人民法院、人民检察院和公安机关进行刑事诉讼，应当分工负责、互相配合、互相制约，以保证准确有效地执行法律。

（五）被告人有权获得辩护的原则

人民法院审判案件，被告人有权获得辩护，人民法院有义务保证被告人获得辩护。

（六）未经法院依法判决，对任何人不得确定有罪

（1）在刑事诉讼中，确定被告人有罪的权力由人民法院统一行使。
（2）人民法院的判决必须依法做出。

（七）人民检察院依法对刑事诉讼实行法律监督

这一原则的基本内容有：在我国，人民检察院是国家的法律监督机关，有权对刑事诉讼、民事诉讼、行政诉讼实行法律监督。在刑事诉讼中，人民检察院对公安机关的立案侦

查、人民法院的审判和执行机关的执行活动是否合法进行监督。这种监督贯穿于刑事诉讼活动的始终。

（八）各民族公民有权使用本民族语言文字进行诉讼

各民族公民都有用本民族语言文字进行诉讼的权利。人民法院、人民检察院和公安机关对于不通晓当地通用的语言文字的诉讼参与人，应当为他们翻译。在少数民族聚居或者多民族杂居的地区，应当用当地通用的语言进行审讯，用当地通用的文字发布判决书、布告和其他文件。

> **知识链接**
>
> 在起诉阶段，有不告不理原则、国家公诉原则、起诉法定原则和起诉裁量原则；在审判阶段，有直接审理原则、公开审判原则、集中审理原则等。这些原则虽然很重要，但它们并不完全具有"刑事诉讼法的基本原则"的意义。只有那些作用于刑事诉讼全过程或者多个诉讼阶段，对国家专门机关和诉讼参与人的诉讼行为具有普遍规范和指导作用，对刑事诉讼目的的实现和刑事诉讼法的贯彻执行具有整体性保障作用的原则，才是刑事诉讼法的基本原则。基本原则是公正司法、维护人权的理论指引。

三、刑事诉讼制度

（一）管辖

管辖，是指公安机关、人民检察院和人民法院等在直接受理刑事案件上的权限划分，以及人民法院系统内部在审理第一审刑事案件上的权限划分。

刑事诉讼管辖的种类有立案管辖和审判管辖。审判管辖可以分为普通管辖和专门管辖。

1. 立案管辖

立案管辖又称为部门管辖，是指人民法院、人民检察院和公安机关在直接受理刑事案件问题上的权限划分。根据《刑事诉讼法》的规定，人民法院直接受理的案件有：告诉才处理的案件；被害人有证据证明的轻微刑事案件；被害人有证据证明对被告人侵犯自己人身、财产权利的行为应当追究刑事责任，而公安机关或者人民检察院不予追究被告人刑事责任的案件。

人民检察院直接受理的案件有：贪污贿赂犯罪案件；国家工作人员的渎职犯罪案件；司法工作人员利用职权实施的非法拘禁、刑讯逼供、非法搜查等侵犯公民、损害司法公正的犯罪案件；国家机关工作人员利用职权实施的其他重大犯罪案件，需要由人民检察院直接受理的时候，经省级以上检察机关决定，可以由人民检察院立案侦查。

公安机关直接受理的案件有：除由人民法院直接受理和人民检察院自行侦查的刑事案件外的绝大多数案件。

 案例讨论

王某是某公安派出所所长，一天，王某将隐藏在张某家中的盗窃犯李某抓获，羁押在某派出所。当晚7时许，李某的亲友田某到派出所说情，要求王某将李某放掉。第二天早晨，王某趁无人之机，把李某所带的戒具打开，将李某放走。请讨论：此案应由哪个司法机关立案侦查？

2. 审判管辖

审判管辖，是指人民法院之间在审判第一审刑事案件上的权限划分。它包括级别管辖、地域管辖、指定管辖和专门管辖。

（1）级别管辖。级别管辖，是指各级人民法院受理第一审刑事案件的权限划分。

各级人民法院审判第一审刑事案件的权限范围如下：

基层人民法院管辖第一审普通刑事案件，但是依照《刑事诉讼法》的规定，由上级人民法院管辖的除外。中级人民法院管辖第一审刑事案件是：危害国家安全、恐怖活动案件；可能判处无期徒刑、死刑的普通刑事案件。高级人民法院管辖的第一审刑事案件是全省（直辖市、自治区）性的重大刑事案件。最高人民法院管辖的第一审刑事案件是全国性的重大刑事案件。

全国性的重大刑事案件，是指犯罪性质极其严重，案情十分复杂，在国际、国内都有重大影响的刑事案件。

此外，《刑事诉讼法》还规定：上级人民法院在必要的时候，可以审判下级人民法院管辖的第一审刑事案件；下级人民法院认为案情重大、复杂，需要由上级人民法院审判的第一审刑事案件，可以请求移送上一级人民法院审判。

（2）地域管辖。地域管辖，是指同级人民法院之间审判第一审刑事案件的权限划分。

级别管辖是确定上下级人民法院之间对第一审刑事案件的管辖范围，地域管辖则是确定同一级别不同地区的人民法院之间对第一审刑事案件的管辖范围。地域管辖是要解决第一审刑事案件审判权的最终归属问题。

《刑事诉讼法》规定：刑事案件由犯罪地的人民法院管辖，如果由被告人居住地的人民法院审判更为适宜的，可以由被告人居住地的人民法院管辖。

（3）指定管辖。指定管辖，是指上级人民法院依照法律规定，指定其辖区的下级人民法院对某一案件行使管辖权。

《刑事诉讼法》规定：上级人民法院可以指定下级人民法院审判管辖不明的案件，也可以指定下级人民法院将案件移送其他人民法院审判。

（4）专门管辖。专门管辖，是指各类专门人民法院之间以及专门人民法院与普通人民法院之间就第一审刑事案件受理范围的分工，所要解决的是专门人民法院审判哪些案件的问题。

 法律词典

《最高人民法院关于适用〈中华人民共和国刑事诉讼法〉的解释》第11条规定：罪犯在脱逃期间犯罪的，由服刑地的人民法院管辖。但是，在犯罪地抓犯罪犯并发现其在脱逃期间的犯罪的，由犯罪地的人民法院管辖。

在我国具有刑事管辖权的专门法院有军事法院和铁路运输法院。

（二）证据

刑事诉讼证据，是指在刑事诉讼中能够证明案件真实情况的一切事实。

证据的种类，是指表现证据事实内容的各种外部形式。

根据《刑事诉讼法》第50条的规定，证据包括：物证；书证；证人证言；被害人陈述；犯罪嫌疑人、被告人供述和辩解；鉴定意见；勘验、检查、辨认、侦查实验等笔录；视听资料、电子数据。

（三）刑事诉讼中的强制措施

刑事诉讼中的强制措施，是指公安机关、人民检察院、人民法院在刑事诉讼中为保证刑事诉讼活动顺利进行，依法对犯罪嫌疑人、被告人采取的限制或者剥夺人身自由的方法。其目的在于防止犯罪嫌疑人、被告人逃匿、毁灭罪证或继续犯罪，保证刑事诉讼目的得以实现。

刑事诉讼法规定了五种强制措施，按照强制力度从轻到重的顺序排列，分别是拘传、取保候审、监视居住、拘留和逮捕。

1. 拘传

拘传，是指公安机关、人民检察院和人民法院依法强制未被羁押的犯罪嫌疑人、被告人到指定地点接受讯问的强制方法。拘传是强制措施中最轻的一种。

拘传适用的主体是刑事诉讼中的公安机关、人民检察院、人民法院。拘传适用的对象是未被羁押的犯罪嫌疑人、被告人，即没有被拘留或逮捕的犯罪嫌疑人、被告人。拘传适用的主体对已经在押的犯罪嫌疑人、被告人进行讯问，可随时进行，不需要拘传。

2. 取保候审

取保候审，是指公安机关、人民检察院和人民法院依法责令犯罪嫌疑人、被告人提出保证人或者缴纳保证金，并出具保证书。以保证其不逃避或妨碍侦查、起诉和审判，并随传随到的一种强制措施。

取保候审是一种限制人身自由的强制措施，其适用对象是符合一定条件的犯罪嫌疑人、被告人。依法执行取保候审的机关是公安机关。取保候审最长不得超过12个月。

下列犯罪嫌疑人、被告人可以取保候审：

（1）可能判处管制、拘役或者独立适用附加刑的。

（2）可能判处有期徒刑以上刑罚，采取取保候审不致发生社会危险性的。

（3）患有严重疾病、生活不能自理，怀孕或者正在哺乳自己婴儿的妇女，采取取保候审不致发生社会危险的。

（4）羁押期限届满，案件尚未办结需要采取取保候审的。

3. 监视居住

监视居住，是指公安机关、人民检察院、人民法院依法责令犯罪嫌疑人、被告人在一定期限内未经批准不得离开住处或指定居所，并对其行动加以监视和控制的强制措施。

监视居住比取保候审更严厉地限制了被监视居住人的人身自由。监视居住的适用对象、范围与取保候审大致相同。公安机关、人民检察院和人民法院对符合法定条件的犯罪嫌疑人、被告人，既可以根据案件情况决定取保候审，也可以监视居住，但不得对同一个人同时适用取保候审和监视居住。对犯罪嫌疑人、被告人不能提供保证人或交纳保证金的，只能适用监视居住。监视居住最长时间不得超过6个月。

4. 拘留

拘留，是指公安机关、人民检察院对直接受理的案件，在侦查过程中遇到法定的紧急情况时，对于现行犯或重大嫌疑人所采取的临时剥夺其人身自由的一种强制措施。拘留是具有临机性的暂时剥夺人身自由的强制措施。拘留具备的两个条件是：拘留对象须是现行犯或重大嫌疑人；具有法定的紧急情形。公安机关对被拘留的人，应当在拘留后的24小时以内进行讯问。在发现不应当拘留的时候，必须立即释放，发给释放证明。

5. 逮捕

逮捕，是指公安机关、人民检察院和人民法院为保证刑事诉讼的顺利进行，在一定期限内依法剥夺犯罪嫌疑人、被告人人身自由，予以羁押，并进行审查的强制措施。

逮捕是刑事强制措施中最为严厉的方法，其严厉性表现为强行剥夺人身自由，羁押审查，通常直至判决生效时止。逮捕是相对稳定地羁押期限较长的剥夺人身自由的强制措施。

> **法律提示**
>
> 被监视居住的犯罪嫌疑人、被告人依法应当遵守以下规定：未经执行机关批准不得离开执行监视居住的住所；未经执行机关批准不得会见他人或者通信；在传讯的时候及时到案；不得以任何形式干扰证人作证；不得毁灭、伪造证据或者串供；将护照等出入境证件、身份证件、驾驶证件交执行机关保存。

（四）附带民事诉讼

附带民事诉讼，是指审判机关在刑事诉讼过程中，在依法解决被告人刑事责任的同时，附带解决由遭受物质损失的被害人或人民检察院提起的，由于被告人的犯罪行为而使被害人遭受物质损失的赔偿问题而进行的诉讼活动。

附带民事诉讼实质上是一种特殊的民事诉讼。当被告人的犯罪行为触犯了刑法，并且使被害人遭受了物质损失的时候，被告人的这一犯罪行为在刑法上构成犯罪，应当追究刑事责任；在民法上又属于民事侵权行为，应当承担民事赔偿责任。

附带民事诉讼成立的条件：

（1）以刑事诉讼的成立为前提。

（2）被害人或国家、集体的物质损失必须由被告人的犯罪行为直接造成。

（3）在刑事诉讼开始以后判决宣告以前提起。

附带民事诉讼原则上应当同刑事案件一并审判。

四、刑事诉讼参加人

刑事诉讼参加人，是指在刑事诉讼中，除司法人员以外的享有一定诉讼权利和承担一定诉讼义务的人，包括当事人和其他诉讼参与人。

（一）当事人

当事人，是指与案件事实和诉讼结果有着直接利害关系，对诉讼进程有较大影响的诉讼参与人，包括以下几种：

1. 被害人

被害人，是指合法权益遭受犯罪行为直接侵害的人。被害人既可以是自然人，也可以是法人或不具有法人资格的其他单位。公诉案件实行国家追诉制度，被害人不是原告，但他对人民检察院做出的不起诉决定有权向上级人民检察院申诉。对于上级人民检察院维持不起诉决定的，被害人可以向人民法院起诉；也可以不经申诉，直接起诉。

2. 自诉人

自诉人，是指在自诉案件中以个人名义直接向人民法院提起刑事诉讼，请求追究被告人刑事责任的一方当事人。他是自诉案件的原告人，通常是被害人。

3. 犯罪嫌疑人

犯罪嫌疑人，是指在刑事诉讼中被指控犯罪，尚未起诉到人民法院的当事人。

4. 被告人

被告人，是指被人民检察院向人民法院提起公诉或者被自诉人直接向人民法院起诉，要求追究其刑事责任的当事人。

5. 附带民事诉讼的原告人和被告人

附带民事诉讼的原告人，是指因被告人的犯罪行为而直接遭受物质损失，并在刑事诉讼中提起附带民事诉讼要求得到赔偿的当事人；附带民事诉讼的被告人，是指对被告人的犯罪行为造成物质损失而负有赔偿责任的人。

（二）其他诉讼参与人

其他诉讼参与人，是指诉讼参与人中，除当事人以外的，与案件没有直接利害关系的诉讼参与人，包括以下几种：

1. 法定代理人

法定代理人，是指依照法律的规定，对被代理人负有保护责任的人。法定代理人包括被代理人的父母、养父母、监护人和负有保护责任的机关、团体的代表。

2. 诉讼代理人

诉讼代理人，是指公诉案件的被害人及其法定代理人或者近亲属、自诉案件的自诉人及其法定代理人委托代为参加诉讼的人和附带民事诉讼的当事人及其法定代理人委托代为参加诉讼的人。

3. 辩护人

辩护人，是指在诉讼中接受犯罪嫌疑人、被告人及其法定代理人的委托，或经人民法院指定履行辩护职责的诉讼参与人。辩护人可以是律师，人民团体或犯罪嫌疑人、被告人所在单位推荐的人，犯罪嫌疑人、被告人的监护人及亲友。

 案例讨论

刘某，女，16周岁，某中学学生，因涉嫌盗窃被公安机关立案侦查。在侦查过程中，依照我国《刑事诉讼法》的规定，侦查人员讯问刘某时，可以通知其父母到场。请讨论：刘某的父母是否应到场？

4. 证人

证人，是指了解案情并向司法机关陈述所了解案情的诉讼参与人。

5. 鉴定人

鉴定人，是指被司法机关指派或聘请，运用自己的专门知识和技能，对案件中的专门性问题进行分析判断并提出书面鉴定意见的人。

鉴定人的分析判断意见是鉴定结论，是一种独立的诉讼证据。

6. 翻译人员

翻译人员，是指受司法机关指派或聘请为特定的诉讼参与人提供语言文字或手势翻译的人员。

五、刑事诉讼程序

（一）立案

立案，即立案的程序，是指公安机关、人民检察院和人民法院对接受的报案、控告、举报和自首的材料进行审查后，认为有犯罪事实发生并需要追究刑事责任时，决定将其作为刑事案件进行侦查或审判的诉讼活动。立案是诉讼活动的开始和必经程序，是一个完整的诉讼程序，是刑事诉讼中的独立诉讼程序。

（二）侦查

侦查，是指公安机关、人民检察院在办理刑事案件过程中，依照法律进行的专门调查工作和有关的强制措施。其主要任务是，依照法定程序收集和审查证据材料，查清犯罪事实，查获犯罪嫌疑人，为起诉做好准备。

侦查是刑事诉讼程序中的一个独立的诉讼阶段，是国家专门机关同犯罪做斗争的强有力的手段。

（三）起诉

起诉，是指依法享有刑事起诉权的机关或个人，对刑事被告人提出控诉，要求人民法院予以审判，以追究被告人刑事责任的诉讼行为。起诉是审判的前提，没有起诉也就不会有审判。

根据提起诉讼主体的不同，起诉可以分为公诉和自诉两种形式。

1. 公诉

公诉，是指由人民检察院代表国家，向人民法院控诉被告人犯罪，要求对被告人进行审判的诉讼活动。它是联结侦查与审判的唯一桥梁。

提起公诉必须具备的条件是：犯罪事实已经查清；证据确实、充分；依法应当追究的刑事责任。

2. 自诉

自诉，是指被害人及其法定代理人、近亲属为了维护被害人的合法权益，以个人名义向人民法院起诉，控诉被告人犯罪，要求追究被告人刑事责任的诉讼活动。

自诉必须具备的条件是：由被害人及其法定代理人、近亲属提起；有明确的被告人和具体的诉讼请求；属于人民法院直接受理案件的范围；被害人有证据证明；属于受诉人民法院管辖。

在这两种刑事起诉中，我国实行的是以公诉为主，自诉为辅的起诉制度。

（四）审判

审判，是指人民法院对刑事案件依法进行审理并做出裁判的诉讼活动。

1. 第一审程序

第一审程序，是指人民法院对刑事案件进行初次审判的诉讼程序。第一审程序包括公诉案件的第一审程序和自诉案件的第一审程序。

公诉案件的第一审程序有如下环节：开庭、法庭调查、法庭辩论、被告人的最后陈述、评议和宣判。

2. 第二审程序

第二审程序又称为上诉审程序，是指上一级人民法院根据当事人的上诉或人民检察院的抗诉，对下一级人民法院做出的未生效的判决或裁定进行第二次审理的诉讼程序。

第二审程序是审判阶段的一个独立程序，它是由于对未生效的第一审判决或裁定不服提起上诉和抗诉而引起的。

> **法律词典**
>
> 《刑事诉讼法》第237条规定：第二审人民法院审理被告人或者他的法定代理人、辩护人、近亲属上诉的案件，不得加重被告人的刑罚。第二审人民法院发回原审人民法院重新审判的案件，除有新的犯罪事实，人民检察院补充起诉的以外，原审人民法院也不得加重被告人的刑罚。
>
> 人民检察院提出抗诉或者自诉人提出上诉的，不受前款规定的限制。

上诉，是指享有上诉权的人不服地方各级人民法院未生效的第一审判决或裁定时，依照法定程序要求上级人民法院重新审判的诉讼行为。

有权提出上诉的主体包括：

（1）被告人、自诉人和他们的法定代理人。

（2）被告人的辩护人和近亲属，经被告人同意，可以提出上诉。

（3）附带民事诉讼的当事人和他们的法定代理人。

抗诉，是指地方各级人民检察院认为同级人民法院未生效的第一审刑事判决、裁定确有错误时，依法提请上一级人民法院对案件重新审判的一种诉讼活动。抗诉是行使检察权的一种方式，属于法律监督的性质。

有权提出抗诉的机关是：地方各级人民检察院认为本级人民法院第一审的判决、裁定确有错误时，应当向上一级人民法院提出抗诉。

第二审法院审判上诉案件，不得加重被告人的刑罚，但人民检察院提出抗诉或自诉人提出上诉的，不受此限制。

（五）审判监督程序

审判监督程序又称再审程序，是指人民法院、人民检察院对已经生效的判决或裁定，发现在认定事实或者适用法律上确有错误，依法提起并由人民法院进行重新审判的诉讼程序。

各级人民法院院长和审判委员会、最高人民法院和其他上级人民法院、最高人民检察

> **举案说法**
>
> 被告人郑某在法庭审判期间死亡，同时根据已查明的案件事实和认定的证据材料，已能够确认郑某无罪。《最高人民法院关于适用〈中华人民共和国刑事诉讼法〉的解释》第295条规定：被告人死亡的，应当裁定终止审理；但有证据证明被告人无罪，经缺席审理确认无罪的，应当判决宣告被告人无罪。对于本案，人民法院应当做出以判决宣告无罪的决定。

院和其他上级人民检察院，有权提起审判监督程序。

（六）执行

执行，是指将已生效的判决或裁定所确定的内容付诸实施的诉讼活动。它是刑事诉讼的最后程序，只有通过执行程序，刑事诉讼的任务才能最终完成。人民法院、监狱、公安机关是执行机关。人民法院负责执行死刑立即执行、罚金、没收财产以及无罪或者免除处罚的判决。对于被判处死刑缓期2年执行、无期徒刑、有期徒刑的罪犯，由公安机关依法将该罪犯送交监狱执行刑罚。对于被判处管制、拘役、剥夺政治权利的罪犯以及暂予监外执行的罪犯由公安机关执行。

第二节 民事诉讼法

一、民事诉讼法的概念

民事诉讼，是指人民法院、当事人和其他诉讼参与人，在审理民事诉讼案件的过程中所进行的各种诉讼活动，以及由这些活动所产生的各种诉讼关系的总和。

民事诉讼法，是指国家制定或认可的，规范法院和当事人、其他诉讼参与人的法律规范的总和。我国于1991年4月9日通过《民事诉讼法》，并分别于2007年10月、2012年8月、2017年6月和2021年12月对其进行了修正。

二、民事诉讼法的基本原则

（一）当事人平等原则

民事诉讼当事人有平等的诉讼权利。人民法院审理民事案件，应当保障和便利当事人行使诉讼权利，对当事人在适用法律上一律平等。

（二）同等原则与对等原则

外国人、无国籍人、外国企业和组织在人民法院起诉、应诉，同中华人民共和国公民、法人和其他组织有同等的诉讼权利和诉讼义务。

外国法院对中华人民共和国公民、法人和其他组织的民事诉讼权利加以限制的，中华人民共和国人民法院对该国公民、企业和组织的民事诉讼权利实行对等原则。

（三）法院调解原则

人民法院审理民事案件，应当根据自愿和合法原则进行调解；调解不成的，应当及时判决。

（四）辩论原则

人民法院审理民事案件时，当事人有权进行辩论。在民事诉讼过程中，双方当事人有权在人民法院的主持下，就案件事实和争议问题，各自陈述自己的主张和根据，互相进行反驳和答辩，以澄清事实，明辨是非，维护自己的合法权利。

（五）人民法院独立审判原则

民事案件的审判权由人民法院行使。人民法院依照法律的规定对民事案件独立进行审判，不受行政机关、社会团体和个人的干涉。

（六）人民检察院监督原则

人民检察院有权对民事审判活动实行法律监督，即监督审判人员贪赃枉法、徇私舞弊等违法行为；监督人民法院做出的生效判决和裁定是否正确、合法。

三、民事诉讼审判制度

（一）合议制度

合议制度，是指由3名以上审判人员组成审判组织，代表人民法院行使审判权，对案件进行审理并做出裁决的制度。合议制度是相对于独任制度而言的，后者是指由一名审判员独立地对案件进行审理和裁决的制度。人民法院审理第一审民事案件，除了适用简易程序，特别程序（选民资格案件及重大、疑难的案件除外），督促程序，公示催告程序审理的民事案件由审判员一人独任审理以外，一律由审判员、陪审员共同组成合议庭或者由审判员组成合议庭。人民法院审理第二审民事案件，由审判员组成合议庭。合议庭的成员，应当是3人以上的单数。

（二）回避制度

回避制度，是指参与某案件民事诉讼活动的审判人员、书记员、翻译人员、鉴定人、勘验人是案件的当事人，或者当事人、诉讼代理人的近亲属，或者与案件有利害关系，或者与案件当事人、诉讼代理人有其他关系，可能影响对案件公正审理的，应当自行回避，当事人有权用口头或者书面方式申请他们回避。上述人员接受当事人、诉讼代理人请客送礼，或者违反规定会见当事人、诉讼代理人的，当事人有权要求他们回避。

（三）公开审判制度

公开审判制度，是指人民法院的审判活动依法向社会公开的制度。法律规定，人民法院审理民事或行政案件，除了涉及国家秘密、个人隐私的案件或者法律另有规定的以外，应当公开进行。离婚案件，涉及商业秘密的案件，当事人申请不公开审理的，可以不公开审理。公开审判包括审判过程公开和审判结果公开两项内容。不论案件是否公开审理，一律公开宣告判决。

（四）两审终审制度

两审终审制度，是指某一案件经过两级人民法院审判后即告终结的制度。根据《中华人民共和国人民法院组织法》的规定，我国法院分为三级：最高人民法院、地方各级人民法院和专门人民法院，其中，地方各级人民法院分为高级人民法院、中级人民法院和基层人民法院。除了最高人民法院以外，其他各级人民法院都有自己的上一级人民法院。按照两审终审制，一个案件由第一审人民法院审判后，当事人如果不服，有权在法定期限内向上一级人民法院提起上诉，由上一级人民法院进行第二审审判。第二审人民法院的判决、裁定是终审的判决、裁定。适用特别程序、监督程序、公示催告程序审理的案件，实行一审终审制度。对终审判决、裁定，当事人不得上诉。如果发现终审裁判确有错误，可以通过审判监督程序予以纠正。

四、民事诉讼管辖

民事诉讼管辖，是指各级人民法院之间以及不同地区同级人民法院之间，受理第一审民事案件、经济案件的职权范围和具体分工。管辖按照不同的标准做了多种分类，我国《民事诉讼法》规定的民事诉讼管辖包括级别管辖、地域管辖、移送管辖和指定管辖。

（一）级别管辖

级别管辖，是指按照案件性质、案件繁简和影响范围来确定上下级人民法院受理第一审案件的分工和权限。大多数民事案件均归基层人民法院管辖。

（二）地域管辖

地域管辖，是指按照地域标准也即按照人民法院的辖区和民事案件的隶属管辖，确定同级人民法院之间受理第一审民事案件的分工和权限。地域管辖又分为一般地域管辖、特殊地域管辖和专属管辖等。

1. 一般地域管辖

一般地域管辖又称为普通管辖，是指按照当事人所在地与人民法院辖区的隶属关系来确定的案件管辖的人民法院。通常，一般地域管辖实行原告就被告原则，即由被告住所地的人民法院管辖案件，原告向被告住所地的人民法院起诉。此规定既有利于被告应诉，又便于人民法院行使审判权，还有利于人民法院采取财产保全和执行措施；同时，也可以在一定程度上防止原告滥用起诉权。

2. 特殊地域管辖

特殊地域管辖又称特别管辖，是指以诉讼标的所在地、法律事实所在地为标准确定的案件管辖的人民法院。我国的《民事诉讼法》规定了合同纠纷、保险合同纠纷、票据纠纷等十种特殊地域管辖的诉讼。

案例讨论

王某（女）与李某（男）二人于在A市甲区某街道办事处登记结婚，婚后二人一直居住在B市乙区。20××年王某与李某在C市生产的假烟被公安机关查获，C市丙区人民法院于当年12月以生产、销售伪劣产品罪判处李某和王某有期徒刑5年。判决生效后，李某与王某被关押在位于C市丁区的监狱。在服刑期间，王某拟向人民法院起诉离婚。请讨论：哪个地方的人民法院对本案有管辖权？

3. 专属管辖

专属管辖，是指法律强制规定某类案件必须由特定的人民法院管辖，其他人民法院无权管辖，当事人也不得协议变更的管辖。专属管辖的案件主要有以下三类：

（1）因不动产纠纷提起的诉讼，由不动产所在地人民法院管辖。

（2）因港口作业中发生纠纷提起的诉讼，由港口所在地人民法院管辖。

（3）因继承遗产纠纷提起的诉讼，由被继承人死亡时住所地或主要遗产所在地人民法院管辖。

两个以上人民法院都有管辖权的诉讼，原告可以向其中一个人民法院起诉；原告向两个以上有管辖权的人民法院起诉的，由最先立案的人民法院管辖。

（三）移送管辖

移送管辖，是指人民法院在受理民事案件时，发现自己对案件并无管辖权，依法将案件移送给有管辖权的人民法院审理。

（四）指定管辖

指定管辖，是指上级人民法院以裁定方式指定其下级人民法院对某一案件行使管辖权。指定管辖适用于以下三种情形：

（1）受移送的人民法院认为受移送的案件依照规定不属于本院管辖的。

（2）有管辖权的人民法院由于特殊原因，不能行使管辖权的。

（3）人民法院之间通过协商未能解决管辖权争议的。

五、民事诉讼证据

（一）证据

证据，是指能够证明民事案件真实情况的各种事实，也是人民法院认定有争议的案件事实的根据。

民事诉讼证据构成的要件有：

（1）必须是客观存在的事实，即具有客观性。

（2）必须与待证事实存在着联系，即具有关联性。

（3）必须符合法律的要求，不为法律所禁止，即具有合法性。

（二）种类

民事诉讼证据的种类有：当事人的陈述、书证、物证、视听资料、电子数据、证人证言、鉴定意见和勘验笔录。

证据必须查证属实，才能作为认定事实的根据。

六、民事诉讼程序

依照法律的规定，人民法院审判民事案件实行两审终审制度。因此，我国民事案件的审判程序分为第一审程序、第二审程序、特别程序、审判监督程序、督促程序、公示催告程序、执行程序和涉外民事诉讼程序。下面介绍第一审程序和第二审程序。

（一）第一审程序

第一审程序，是指人民法院对当事人起诉的民事案件受理后进行初次审判所适用的程序，包括第一审普通程序和简易程序。

第一审普通程序是人民法院审理第一审民事案件时通常适用的程序，包括以下几个阶段：

1. 起诉和受理

起诉，是指公民、法人或者其他组织认为自己所享有的或依法由自己支配、管理的民事权益受到侵害，或与他人发生民事权益的争议，以自己的名义请求人民法院通过审判给予司法保护的诉讼行为。起诉必须符合下列条件：原告是与本案有直接利害关系的公民、法人和其他组织；有明确的被告；有具体的诉讼请求和事实、理由；属于人民法院受理民事诉讼的范围和受诉人民法院管辖。

受理，是指人民法院通过对原告起诉的审查，认为符合法定条件，决定立案审理，从而引起诉讼程序开始进行的职权行为。人民法院经过对起诉的审查，认为符合起诉条件的，应当在7日内立案，并通知当事人；不符合起诉条件的，应当在7日内做出裁定书，不予受理；原告对裁定不服的，可以提起上诉。

2. 开庭审理

开庭审理，是指受诉人民法院在完成审理前的各项准备后，于确定的日期，在双方当事人及其他诉讼参与人的参加下，依照法定的形式和程序，在法庭上对民事案件进行实体审理的诉讼活动。

依照《民事诉讼法》的规定，开庭审理分为开庭准备、法庭调查、法庭辩论和宣告判决四个阶段。

（二）第二审程序

在我国，由于实行两审终审制度，所以有第一审程序和第二审程序的区别。

民事诉讼当事人不服地方各级人民法院未生效的第一审判决、裁定，在法定期限内提起上诉，请求上一级人民法院进行审判，上一级人民法院对当事人的上诉案件进行审理所适用的程序叫作第二审程序。

第二审程序是为了保证当事人依法行使上诉权和上一级人民法院依法进行审判而设置

的。《民事诉讼法》关于第二审程序的全部条文，都是针对审判上诉案件所做的规定。因此，第二审程序是审理上诉案件的程序，也称上诉审程序。人民法院适用第二审程序对上诉案件进行审理后所做的判决、裁定，是终审判决、裁定，当事人不得上诉。因此，第二审程序又称为终审程序。

> **案例讨论**
>
> 甲、乙发生口角，乙将甲房屋的门窗砸坏。甲起诉要求乙赔偿财产损失，人民法院审理后，判决认定甲的诉讼请求成立。判决生效后，甲认为自己不仅在财产上受到损失，而且在精神上也受到损害，于是又向人民法院起诉，要求乙赔偿因该侵权行为导致的精神损害。请讨论：人民法院就精神损害赔偿一案是否应受理？为什么？

七、民事诉讼参加人

民事诉讼参加人，是指为保护自身的民事权益和依法应由其保护的民事权益而参加民事诉讼，依法享有民事诉讼权利和承担民事诉讼义务的人。民事诉讼参加人包括诉讼当事人和诉讼代理人。证人、鉴定人、翻译人员虽也参加诉讼，但与诉讼结果无利害关系，因而属于诉讼参与人。

（一）诉讼当事人

诉讼当事人，是指因自己的民事权益或依法受自己保护的民事权益受到侵犯或发生争议，以自己的名义进行诉讼并受人民法院裁决约束的利害关系人。诉讼当事人包括原告和被告、共同诉讼人和第三人。

1. 原告和被告

原告，是指因民事权益发生争议或者争议受到侵害，以自己的名义要求人民法院保护合法权益而提出诉讼的公民、法人或者其他组织。被告，是指因为民事权益发生争议或被指控侵害他人民事权益，而被人民法院通知应诉的公民、法人或者其他组织。原告可以放弃或变更诉讼请求，被告可以承认或反驳诉讼请求，有权提出反诉。

2. 共同诉讼人

共同诉讼，是指当事人一方或双方为两人和两人以上，其诉讼标的是共同的，或诉讼标的是同一种类，经人民法院认为可以合并审理并经当事人同意的诉讼形态。其中，原告为两人和两人以上的，称为共同原告；被告为两人和两人以上的，称为共同被告。共同原告和共同被告统称为共同诉讼人。

3. 第三人

第三人，是指在民事诉讼中，对他人之间的诉讼标的有独立的请求权，或者与案件处理结果有法律上的利害关系而参加诉讼的人。第三人分为有独立请求权的第三人和无独立请求权的第三人。

（二）诉讼代理人

诉讼代理人，是指以当事人一方的名义，在法律规定或者当事人授予的权限范围内能

代理实施诉讼行为,接受诉讼行为的人。诉讼代理人的特点是:有诉讼行为能力;以被代

  案例讨论

张某(6周岁)与袁某(7周岁)一起做游戏时,将袁某的眼睛严重损伤。袁某的父亲要求张家赔偿袁某的医药费和伤残费6万元。张某的父亲以张某是未成年人为由拒绝赔偿。袁家无奈只好诉至人民法院。请讨论:本案诉讼参与人的地位应如何表述?

理人的名义,并且为了维护被代理人的利益进行诉讼活动;在代理权限范围内实施诉讼行为;诉讼代理的法律后果由被代理人承担;同一诉讼代理人在同一案件中只能代理一方当事人,也不能在担任一方当事人的诉讼代理人的同时又是该诉讼的对方当事人。

诉讼代理人分为法定代理人、指定代理人和委托代理人。

八、诉讼时效

(一)诉讼时效的概念

诉讼时效,是指权利人在法定期间内不行使权利而失去诉讼保护的制度。

当权利人知道自己的权利受到侵害后,必须在法律规定的诉讼时效期间内向人民法院请求保护;超过法定期限提出请求的,人民法院不予保护,权利人的胜诉权归于消灭。但义务人自愿履行的,不受诉讼时效的限制。

(二)诉讼时效期间

诉讼时效期间,是指权利人请求人民法院或仲裁机关保护其民事权利的法定期间。它主要包括以下几种:

1. 普通诉讼时效期间

普通诉讼时效期间也称为一般诉讼时效期间,是指由民事普通法规定的具有普遍意义的诉讼时效期间。《民法典》规定:除法律另有规定外,一般诉讼时效为3年。

2. 特别诉讼时效期间

特别诉讼时效期间也称为特殊诉讼时效期间,是指由民事普通法或特别法规定的,仅适用于特定民事法律关系的诉讼时效期间。如《专利法》第68条、《中华人民共和国海商法》中涉及的时效均为特别诉讼时效期间。

3. 最长的诉讼时效期间

诉讼时效期间,均从权利人知道或者应当知道权利被侵害时计算。但是,从权利被侵害之日起超过20年的,人民法院不予保护。有特殊情况的,法院可以延长诉讼时效期间。

第三节　行政诉讼法

一、行政诉讼法的概念

行政诉讼，是指公民、法人或者其他组织在认为行政机关或法律、法规授权的组织所做出的具体行政行为侵犯了自己的合法权益时，在法定的期间内，依法向人民法院请求司法保护，人民法院通过对被诉讼行政行为的合法性进行审查，在双方当事人和其他诉讼参与人的参与下，对该行政争议进行审理和裁判的司法活动。

广义的行政诉讼法，是指调整行政权被行使过程中所产生的社会关系以及对行政权进行规范和控制的法律规范的总称。

狭义的行政诉讼法，是指1989年4月4日由第七届全国人民代表大会第二次会议通过的《行政诉讼法》，该法分别于2014年11月、2017年6月进行修正。

> **案例讨论**
> 自然资源部决定公开招标开采某矿藏，甲、乙、丙、丁四家企业应标。甲企业在招标过程中发现自然资源部违反招标程序。请讨论：甲企业对此可否起诉？

二、行政诉讼法的特有原则

行政诉讼法的特有原则主要有以下几种：

（一）不适用调解的原则

人民法院审理行政案件，不适用调解。因为行政诉讼是人民法院审理行政机关的具体行政行为是否合法的诉讼，人民法院在审理过程中，只能根据事实和法律的规定进行裁决。行政诉讼不能采取调解的方式结案。

（二）不停止行政执行的原则

具体行政行为的执行，不因公民、法人或者其他组织提起诉讼而停止执行。但有下列情况之一者，可停止执行：① 被告认为需要停止执行的；② 原告或者利害关系人申请停止执行，人民法院认为该行政行为的执行会造成难以弥补的损失，并且停止执行不损害国家利益、社会公共利益的；③ 人民法院认为该行政行为的执行会给国家利益、社会公共利益造成重大损害的；④ 法律、法规规定停止执行的。

（三）当事人法律地位平等原则

当事人法律地位平等原则是民事诉讼和行政诉讼共有的原则。在行政诉讼中，双方当事人平等地行使诉讼权利，人民法院对双方当事人平等地适用法律。但作为被告的行政机关，负有更多的诉讼义务，既没有起诉权，也没有反诉权，并且负主要举证责任。

（四）对具体行政行为进行合法性审查原则

行政诉讼中，人民法院只审查具体行政行为，不审查其他行政行为，如抽象行政行为；只审查具体行政行为的合法性，不审查其合理性。

三、行政诉讼法的受案范围

公民、法人或者其他组织认为行政机关和行政机关工作人员的具体行政行为侵犯其合法权益，有权向人民法院提起行政诉讼。

> **举案说法**
>
> 王某系某大型钢管厂的工人，2017年厂里分房未被列入分房名单，王某不服，以大型钢管厂为被告，向人民法院提起行政诉讼。人民法院审理认为，被告不合格，驳回了王某的起诉。
>
> 评析：本案情所讲的大型钢管厂给职工分房的行为，属于"私人行政的范畴"，不是行政诉讼法上的行政。行政诉讼法上的行政通常是指公共行政，即国家行政机关或者法律、法规授权行使行政职能的组织对国家与公共事务的组织、管理。因此，王某对大型钢管厂分房时未将其列入分房名单的做法不服，不能向人民法院提起行政诉讼。

《行政诉讼法》第12条规定：人民法院受理公民、法人或者其他组织提起的下列诉讼：

（1）对行政拘留、暂扣或者吊销许可证和执照、责令停产停业、没收违法所得、没收非法财物、罚款、警告等行政处罚不服的。

（2）对限制人身自由或者对财产的查封、扣押、冻结等行政强制措施和行政强制执行不服的。

（3）申请行政许可，行政机关拒绝或者在法定期限内不予答复，或者对行政机关做出的有关行政许可的其他决定不服的。

（4）对行政机关做出的关于确认土地、矿藏、水流、森林、山岭、草原、荒地、滩涂、海域等自然资源的所有权或者使用权的决定不服的。

（5）对征收、征用决定及其补偿决定不服的。

（6）申请行政机关履行保护人身权、财产权等合法权益的法定职责，行政机关拒绝履行或者不予答复的。

（7）认为行政机关侵犯其经营自主权或者农村土地承包经营权、农村土地经营权的。

（8）认为行政机关滥用行政权力排除或者限制竞争的。

（9）认为行政机关违法集资、摊派费用或者违法要求履行其他义务的。

（10）认为行政机关没有依法支付抚恤金、最低生活保障待遇或者社会保险待遇的。

（11）认为行政机关不依法履行、未按照约定履行或者违法变更、解除政府特许经营协议、土地房屋征收补偿协议等协议的。

（12）认为行政机关侵犯其他人身权、财产权等合法权益的。

除前款规定外，人民法院受理法律、法规规定可以提起诉讼的其他行政案件。

《行政诉讼法》第13条规定：人民法院不受理公民、法人或者其他组织对下列事项提起的诉讼：

（1）国防、外交等国家行为。
（2）行政法规、规章或者行政机关制定、发布的具有普遍约束力的决定、命令。
（3）行政机关对行政机关工作人员的奖惩、任免等决定。
（4）法律规定由行政机关最终裁决的行政行为。

四、行政诉讼管辖

行政诉讼管辖，是指上下级人民法院之间和同级人民法院之间受理第一审行政案件的分工和权限。《行政诉讼法》规定的管辖有以下几种：

（一）级别管辖

（1）基层人民法院管辖第一审行政案件。
（2）中级人民法院管辖下列第一审行政案件：
第一，对国务院部门或者县级以上地方人民政府所做的行政行为提起诉讼的案件。
第二，海关处理的案件。
第三，本辖区内重大、复杂的案件。
第四，其他法律规定由中级人民法院管辖的案件。

> **法律词典**
>
> 属于中级人民法院管辖的"本辖区内重大、复杂的案件"包括：
> （1）社会影响重大的共同诉讼案件。
> （2）涉外或者涉及香港特别行政区、澳门特别行政区、台湾地区的案件。
> （3）其他重大、复杂案件。

（3）高级人民法院管辖本辖区内重大、复杂的第一审行政案件。
（4）最高人民法院管辖全国范围内重大、复杂的第一审行政案件。

（二）地域管辖

行政案件由最初做出具体行政行为的行政机关所在地人民法院管辖。经复议的案件，复议机关改变原具体行政行为的，也可以由复议机关所在地人民法院管辖。

对限制人身自由的行政强制措施不服提起的诉讼，由被告所在地或原告所在地人民法院管辖。因不动产提起的行政诉讼，由不动产所在地人民法院管辖。

（三）移送管辖

移送管辖，是指某一人民法院受理行政案件后，经审查发现自己没有管辖权，将案件移送给有管辖权的人民法院审理。接受移送的人民法院不得将案件再移送，如果受移送的人民法院认为移送的案件不属于自己管辖，可报请共同上一级人民法院指定管辖。

（四）指定管辖

指定管辖，是指上级法院以裁定的方式指定某一下级人民级法院管辖某一行政案件。《行政诉讼法》规定：有管辖权的人民法院，因特殊原因不能行使管辖权或因对管辖权发生争议，由上级人民法院指定管辖法院。

> **举案说法**
>
> XX省XX市工商行政管理局对甲公司做出罚款100万元的决定，甲公司不服，向XX省工商行政管理局申请行政复议，省工商行政管理局做出了罚款80万元的行政复议决定，甲公司仍不服，拟提起行政诉讼。请问：甲公司可以向哪一级人民法院提起诉讼？
>
> 评析：根据《行政诉讼法》的规定，甲公司可以选择的人民法院有XX市工商行政管理局所在地人民法院、XX省工商行政管理局所在地人民法院。

五、行政诉讼程序

行政诉讼程序包括起诉和受理、审理和判决、执行三个阶段。

（一）起诉和受理

起诉，是指公民、法人或其他组织认为行政机关的具体行政行为侵犯其合法权益时，依法请求人民法院行使国家审判权给予司法救济的诉讼行为。

对属于人民法院受案范围的行政案件，公民、法人或者其他组织可以先向行政机关申请复议，对复议决定不服的，再向人民法院提起诉讼；也可以直接向人民法院提起诉讼。

法律、法规规定应当先向行政机关申请复议，对复议不服再向人民法院提起诉讼的，依照法律、法规的规定。

提起诉讼应当符合下列条件：

（1）原告认为具体行政行为侵犯其合法权益的公民、法人或其他组织；
（2）有明确的被告；
（3）有具体的诉讼请求和事实根据；
（4）属于人民法院受案范围和受诉人民法院管辖。

公民、法人或者其他组织不服复议决定的，可以在收到复议决定书之日起15日内向人民法院提起起诉；公民、法人或者其他组织直接向人民法院提起诉讼的，应当自知道或者应当做出行政行为之日起6个月内提出。法律另有规定的除外。公民、法人或其他组织因不可抗力或者其他特殊情况耽误法定期限的，在障碍消除后10日内，可以申请延长期限，由人民法院决定。

（二）审理和判决

人民法院公开审理行政案件，但涉及国家秘密、个人隐私和法律另有规定的除外。

人民法院审理行政案件，由审判员组成合议庭，或由审判员、陪审员组成合议庭。合议庭的成员人数，应当是3人以上的单数。

《行政诉讼法》规定：人民法院审理行政案件，不适用调解。人民法院审理行政案件，以法律和行政法规、地方性法规为依据。人民法院审理民族自治地方的行政案件，并以该民族自治地方的自治条例和单行条例为依据。人民法院审理行政案件，参照规章。

人民法院应当在立案之日起6个月内做出第一审判决，鉴定、处理管辖异议以及中止诉讼的时间不计算在内。有特殊情况需要延长的，由高级人民法院批准，高级人民法院审理第一审案件需要延长的，由最高人民法院批准，基层人民法院申请延长审理期限的，应当直接报请高级人民法院批准，同时报中级人民法院备案。

当事人不服人民法院第一审判决的，有权在判决书送达之日起15日内向上一级人民法院提起上诉。当事人不服第一审人民法院裁定的，有权在裁定书送达之日起10日内向上一级人民法院提起上诉。上诉的对象既可以是一审判决也可以是一审裁定，当事人的上诉必须在一定期限内提出，逾期则失去上诉权。

人民法院审理上诉案件，应当自收到上诉状之日起3个月内做出终审判决，有特殊情况需要延长的，由高级人民法院批准，高级人民法院审理上诉案件需要延长的，由最高人民法院批准。

（三）执行

执行是实现法律文书所确定的权利和义务的程序，是行政诉讼程序中一个重要环节。当然，这个程序并非诉讼的必经程序。这是对于执行概念的一般理解，即对于各种诉讼形式而言，执行过程都是对于生效裁判的执行。但是，在行政诉讼中，对于执行的规定以及理解与刑事诉讼、民事诉讼有着较大的区别，主要区别是，《行政诉讼法》规定的执行范围既包括了对于法院生效裁判的执行，还包括了对于非诉行政行为的强制执行。

1. 对行政机关拒绝履行生效法律文书的司法措施

《行政诉讼法》第96条规定：行政机关拒绝履行判决、裁定、调解书的，第一审人民法院可以采取下列措施：

（1）对应当归还的罚款或者应当给付的款额，通知银行从该行政机关的账户内划拨。

（2）在规定期限内不履行的，从期满之日起，对该行政机关负责人按日处五十元至一百元的罚款。

（3）将行政机关拒绝履行的情况予以公告。

（4）向监察机关或者该行政机关的上一级行政机关提出司法建议。接受司法建议的机关，根据有关规定进行处理，并将处理情况告知人民法院。

（5）拒不履行判决、裁定、调解书，社会影响恶劣的，可以对该行政机关直接负责的主管人员和其他直接责任人员予以拘留；情节严重，构成犯罪的，依法追究刑事责任。

2. 裁执分离

裁执分离，是指制作裁决的机关与执行裁决的机关分立，不能由同一个机关既行使裁决权又行使执行实施权。非诉执行案件中的裁执分离，是指由人民法院行使对非诉行政行为的合法性审查权力和是否准予强制执行的权力，人民法院做出准予执行裁定后，由申请强制执行的行政机关具体执行和具体实施的制度。

六、行政诉讼参与人

行政诉讼参与人，是指因起诉或应诉参加行政诉讼活动的人。行政诉讼参与人包括原告、被告和行政诉讼的第三人（以下简称"第三人"）以及他们的诉讼代理人。这里的"当事人"，是指原告、被告和第三人。他们的共同特点是：与被诉的行政行为有着法律上的利害关系，以自己的名义参与行政诉讼活动并接受人民法院裁判的拘束。

（一）原告

原告，是指对具体行政行为不服，依照我国《行政诉讼法》的规定向人民法院起诉的利害关系人。

人民法院是否受理，取决于起诉人是否具有原告资格。原告资格的构成要件是：起诉人须是自己的合法权益受到侵害的人；起诉人与具体行政行为之间具备法律上的利害关系。

（二）被告

被告，是指原告起诉其具体行政行为侵犯自己的合法权益，由人民法院通知应诉的行政机关或法律、法规、规章授权的组织。

被告的特征为：被告只能是行政机关或法律、法规或规章的授权组织，既不是国家，也不是行政关系的工作人员；被告只能是行政主体；被告必须是有人起诉并且由人民法院通知应诉的行政主体。

（三）第三人

第三人，是指与被诉具体行政行为有利害关系，依申请或人民法院通知，参加到诉讼中来的公民、法人或其他组织。

第三人的特征为：第三人是与作为本诉的诉讼标的具体行政行为存在着利害关系；从范围来讲，不仅包括相对人或相关人，而且也包括行政机关或法律、法规、规章授权的组织，理论上可以将第三人分为类似于原告地位的第三人和类似于被告地位的第三人；第三人是本诉已经开始，但是尚未做出终审判决之前参与进来的；第三人在诉讼中具有独立的法律地位，既不必然依附于原告，也不必然依附于被告。第三人与原被告的地位相似，所以在行政诉讼中，第三人享有与原被告基本相同的权利。

（四）诉讼代理人

诉讼代理人，是指以当事人的名义，在代理权限范围内代替或协助当事人进行行政诉讼活动的人。

诉讼代理人的特征为：他们是以被代理人的名义而不是以自己的名义从事行政诉讼活动的人，参与诉讼的目的是为了维护被代理人而不是自己的合法权益；诉讼代理人必须在代理权限范围内活动，由此产生的后果由被代理人承担。

> **案例讨论**
>
> 张某和王某发生口角，张某将王某打成轻微伤，县公安局对张某罚款200元。请讨论：对于此罚款200元的治安管理处罚，行政相对人和相关人分别是谁？

第四节 仲 裁

一、仲裁的概念、特征和适用范围

（一）仲裁的概念

仲裁，是指由经济纠纷的各方当事人共同选定仲裁机构，对纠纷依法定程序做出具有约束力的裁决的活动。

仲裁作为一种法律制度，是指双方当事人在争议发生前或争议发生后达成的协议，将争议事项提交非司法机关的第三者进行审理，并由其做出具有约束力的裁决，双方当事人对此有义务执行的一种解决争议的方式。

仲裁法，是指由国家制定或认可的，规定仲裁的范围和基本原则、仲裁机构的地位及设立、仲裁庭的组成和仲裁程序的进行、当事人和仲裁机构在仲裁活动中必须遵守的行为规则、仲裁裁决的效力及其执行等内容以及调整由此引起的仲裁法律关系的法律规范的总称。

我国于1994年8月31日通过《中华人民共和国仲裁法》（以下简称《仲裁法》），并分别于2009年8月、2017年9月进行修正。

（二）仲裁的特征

（1）仲裁以双方当事人自愿协商为基础。

（2）仲裁由双方当事人自愿选择的中立第三者（仲裁机构）进行裁判。仲裁机构是民间性的组织，不是国家的行政机关或司法机关，对经济纠纷案件没有强制管辖权。

（3）仲裁裁决对双方当事人都具有约束力。

（三）仲裁的适用范围

（1）平等主体的公民、法人和其他组织之间发生的合同纠纷和其他财产权益纠纷，可以仲裁。

（2）《仲裁法》还规定了不允许仲裁的事项：婚姻、收养、监护、扶养、继承纠纷；依法应当由行政机关处理的行政争议。

（3）下列仲裁不适用《仲裁法》，不属于《仲裁法》所规定的仲裁范围，而由其他法律予以调整：

第一，劳动争议的仲裁。

第二，农业集体经济组织内部的农业承包合同纠纷的仲裁。

（四）仲裁的基本原则

仲裁的基本原则，是指在仲裁活动中，仲裁机构、双方当事人及其他仲裁参与人必须遵循的基本行为准则。

> **法律提示**
> 自愿原则是仲裁制度的首要原则，是当事人意思自治的直接体现。

1. 自愿原则

当事人选择仲裁方式解决纠纷，应当双方自愿，达成仲裁协议。没有仲裁协议，一方申请仲裁的，仲裁委员会不予受理。

2. 依据事实和法律，公平合理地解决纠纷的原则

仲裁要坚持以事实为依据，以法律为准绳的原则，在法律没有规定或者规定不完备的情况下，仲裁庭可以按照公平合理的一般原则来解决纠纷。

3. 独立仲裁原则

仲裁机关不依附于任何机关而独立存在，仲裁依法独立进行，不受任何行政机关、社会团体和个人的干涉。

4. 一裁终局原则

仲裁实行一裁终局制度，即仲裁庭做出的仲裁裁决为终局裁决。裁决做出后，当事人就同一纠纷再申请仲裁或者向人民法院起诉的，仲裁委员会或者人民法院不予受理。

二、仲裁的基本制度

为了公正、及时、有效地解决民（商）事纠纷，促进仲裁事业的发展，借鉴国际通行做法，仲裁法规定了如下基本制度：

（一）或裁或审制度

或裁或审制度，是指争议发生前或发生后，当事人有权选择解决争议的途径，或者双方达成仲裁协议，将争议提交仲裁机构，或者争议发生后向人民法院提起诉讼，通过诉讼途径解决争议。

（二）一裁终局制度

一裁终局制度，是指仲裁机构受理并经仲裁庭审理的纠纷，一经仲裁庭裁决，该裁决即发生终局的法律效力，当事人不能就同一纠纷向人民法院起诉，也不能向其他仲裁机构再申请仲裁。

（三）仲裁回避制度

仲裁回避制度，是指承办案件的仲裁员遇有法律规定的情形，可能影响公正裁决时，不参加该案的仲裁审理而更换仲裁员的制度。

（四）开庭审理与书面审理相结合制度

开庭审理，是指仲裁庭召集双方当事人及其他仲裁参与人，在特定的时间及场所，由仲裁庭主持，面对面地进行调查、质证、辩论等仲裁活动的审理方式。

书面审理，是指双方当事人不必亲自到庭，仲裁庭只根据双方提供的仲裁申请书、答辩书以及其他书面材料对案件进行审理并做出裁决的审理方式。

张某和王某因合同纠纷向甲市仲裁委员会申请仲裁。仲裁庭做出裁决后，张某不服，拟再次申请仲裁，或向人民法院起诉。请讨论：张某是否可以再次申请仲裁或向人民法院起诉？

《仲裁法》第39条规定：仲裁应当开庭进行。当事人协议不开庭的，仲裁庭可以根据仲裁申请书、答辩书以及其他材料做出裁决。这是开庭审理与书面审理相结合的法律依据。

三、仲裁程序

（一）申请和受理

1. 仲裁的申请

仲裁不实行级别管辖和地域管辖，当事人可以向双方约定的仲裁机构申请仲裁。当事人申请仲裁应符合以下条件：有仲裁协议；有具体的仲裁请求和事实、理由；属于仲裁委员会的受理范围。当事人申请仲裁，应当向仲裁委员会递交仲裁协议、仲裁申请书及副本。

2. 仲裁的受理

仲裁委员会收到仲裁申请书之日起5日内，认为符合条件的，应当受理，并通知当事人；认为不符合受理条件的，应当书面通知当事人不予受理，并说明理由。仲裁委员会受理后，应当在仲裁规则规定的期限内将仲裁规则和仲裁员名册送达申请人，并将仲裁申请书副本和仲裁规则、仲裁员名册送达被申请人。被申请人收到仲裁申请书副本后，应当在仲裁规则规定的期限内向仲裁委员会提交答辩书。仲裁委员会收到答辩书后，应当在仲裁规则规定的期限内将答辩书副本送达申请人。

（二）仲裁庭的组成

《仲裁法》第31条规定：当事人约定由3名仲裁员组成仲裁庭的，应当各自选定或者各自委托仲裁委员会主任指定1名仲裁员，第3名仲裁员由当事人共同选定或者共同委托仲裁委员会主任指定。第3名仲裁员是首席仲裁员。

仲裁庭可以由3名仲裁员或者1名仲裁员组成。由3名仲裁员组成的，设首席仲裁员。

（三）仲裁协会

仲裁协会是社会团体法人，是仲裁委员会的自律性组织。仲裁协会的职责是：根据章程对仲裁委员会及其组成人员、仲裁员的违纪行为进行监督；依照《仲裁法》和《民事诉讼法》的有关规定制定仲裁规则。

> **举案说法**
>
> 张某、李某因合同纠纷一案达成仲裁协议，张某选定A仲裁员，李某选定B仲裁员，另由仲裁委员会主任指定1名首席仲裁员，3人组成仲裁庭。仲裁庭在做出裁决时产生了两种不同的意见。根据《仲裁法》的规定，仲裁庭应当采取的做法是什么？
>
> 评析：仲裁裁决应按多数仲裁员的意见做出。在仲裁庭不能形成多数意见时，裁决应当按首席仲裁员的意见做出裁决。

（四）仲裁协议

仲裁协议，是指当事人双方签订的，当合同所列事项的一部分或全部发生纠纷时，应将纠纷交由仲裁机构仲裁的协议。仲裁协议包括合同中订立的仲裁条款和以其他书面方式在纠纷发生前或发生后达成的请求仲裁的协议。

仲裁协议一经依法成立，即具有法律约束力。仲裁协议独立存在，合同的变更、解除、终止或者无效，不影响仲裁协议的效力。

（五）开庭和裁决

1. 开庭

仲裁庭应当开庭审理案件。但经双方当事人申请或者征得双方当事人同意，仲裁庭也认为不必开庭审理的，仲裁庭可以只依据书面文件进行审理并做出裁决。仲裁不公开进行。当事人协议公开的，可以分开进行，但涉及国家秘密的除外。

仲裁委员会应当在仲裁规则规定的期限内，将开庭日期通知双方当事人。申请人经书面通知，无正当理由不到庭或者未经仲裁庭许可中途退庭的，可以视为撤回仲裁申请。被申请人经书面通知，无正当理由不到庭或者未经仲裁许可中途退庭的，可以缺席裁决。

2. 裁决

仲裁庭在做出裁决之前，可以先行调解。调解达成协议的，仲裁庭制作调解书，调解书与裁决书具有同等法律效力。调解不成的，仲裁庭应及时做出裁决。裁决书自做出之日起发生法律效力。

复习思考题

在线答题

一、简答题

1. 刑事诉讼法的基本原则有哪些？
2. 刑事诉讼中的强制措施有哪些？
3. 刑事诉讼与民事诉讼各包括哪些程序？
4. 简述民事诉讼法的概念及基本原则。
5. 行政诉讼法的特有原则是什么？
6. 行政诉讼法的受案范围有哪些？
7. 简述仲裁的概念、特征及适用范围。

二、案例分析

1. 原告甲公司向人民法院起诉被告乙及丙公司。起诉状中称，被告乙原是其营销部经理，被丙公司高薪挖去，在丙公司负责市场推销工作。乙利用其在甲公司所掌握的商业秘密，将甲公司的销售与进货渠道几乎全部提供给丙公司，甲公司因而损失严重。甲公司请求乙和丙公司承担连带赔偿责任；同时，申请不公开审理，保护商业秘密。

根据上述案情，请分析：

人民法院能否同意原告不公开审理的要求？

2. A省的个体户姜某由B省的甲县运5吨化工原料到丙县，途经B省的甲、乙、丙三县交界时，化学原料外溢，污染了甲县村民王某、乙县李某和丙县张某的稻田，造成禾苗枯死。受害村民要求赔偿，但由于赔偿数额争议较大，未能达成协议。为此，甲县的王某首先向甲县人民法院提起诉讼。甲县人民法院受理后，认为该案应由被告所在地人民法院管辖，于是将案件移送到姜某所在地的基层人民法院。与此同时，村民李某、张某也分别向自己所在地的基层人民法院提起诉讼，要求姜某赔偿损失。乙县和丙县人民法院都认为对该案有管辖权，与A省姜某住所地的基层人民法院就管辖问题发生争议，协商不成，A省姜某住所地的基层法院即向A省某中级人民法院报请指定管辖。

根据上述案情，请分析：

（1）哪个人民法院对此案有管辖权？

（2）甲县人民法院的移送是否正确？

（3）A省基层人民法院报请指定管辖是否正确？

3. 甲公司与乙公司因合同纠纷诉至人民法院，人民法院经审理判决甲公司败诉，甲公司不服，提起上诉。第二审人民法院判决驳回上诉，维持原判。

根据上述案情，请分析：

第二审人民法院判决的法律效力有哪些？

参考文献

[1] 谷春德，杨晓青.法学概论［M］.6版.北京：中国人民大学出版社，2021.
[2] 姜明安.行政法与行政诉讼法［M］.7版.北京：北京大学出版社，2019.
[3] 高铭暄，马克昌.刑法学［M］.10版.北京：北京大学大学出版社，高等教育出版社，2022.
[4] 王利明.民法［M］.8版.北京：中国人民大学出版社，2018.
[5] 赵旭东.合同法学［M］.2版.北京：中央广播电视大学出版社，2015.
[6] 杨紫烜，徐杰.经济法学［M］.7版.北京：北京大学出版社，2015.
[7] 陈光中.刑事诉讼法［M］.6版.北京：北京大学出版社，高等教育出版社，2016.
[8] 张卫平.民事诉讼法学［M］.2版.北京：国家开放大学出版社，2019.